Java praxisnah

Profitieren Sie von Programmierprofis

Von
Ulrich Bode (Hrsg.)

Mit Beiträgen von
Ulrich Bode, Andreas Haug, Florian Hawlitzek,
Thomas Herrmann, Henrik Klagges, Robert Kuzelj,
Michael Maretzke, Horst Mayer, Michael Mayr,
Gerhard Müller, René Schneider, Matthias Thurner.

Oldenbourg Verlag München Wien

Titelillustration „Kaffee, Kekse und Java": Peter Kornherr

Bibliografische Information Der Deutschen Bibliothek

Die Deutsche Bibliothek verzeichnet diese Publikation in der Deutschen Nationalbibliografie; detaillierte bibliografische Daten sind im Internet über <http://dnb.ddb.de> abrufbar.

© 2003 Oldenbourg Wissenschaftsverlag GmbH
Rosenheimer Straße 145, D-81671 München
Telefon: (089) 45051-0
www.oldenbourg-verlag.de

Lektorat: Christian Kornherr
Herstellung: Rainer Hartl
Umschlagkonzeption: Kraxenberger Kommunikationshaus, München
Gedruckt auf säure- und chlorfreiem Papier
Druck: R. Oldenbourg Graphische Betriebe Druckerei GmbH

ISBN 3-486-27267-5

1   Vorwort

„Lerne von Kollegen" ist eine hervorragende Lernmethode für Softwareentwickler[1]. Das haben sich auch verschiedene Java-Entwicklerinnen und -Entwickler in München gedacht. Sie treffen sich seit zwei Jahren einmal im Monat zum Erfahrungsaustausch. In gegenseitigen Vorträgen und Diskussionsrunden werden Java-Technologien vorgestellt und eigene Vorgehensweisen diskutiert.

Aus diesen Veranstaltungen ist zusammen mit dem Oldenbourg Verlag die Idee zu diesem Buch entstanden. „Aus der Praxis für die Praxis" ist die Leitlinie des Buches. Wir wollen anderen Entwicklern einen Einblick geben, wie wir es in der täglichen Praxis machen.

Java hat eine neue Qualität in die Entwicklung von Software gebracht. Immer toller werden die Konzepte und immer umfangreicher die verfügbare Technologie. Wie soll man da den Überblick behalten? Wie geht man mit der Technologie um? Das Erlernen der Sprachelemente von Java ist verhältnismäßig einfach. Viel schwieriger ist der Umgang mit den vielen APIs (*Application Programming Interface*).

Auf der einen Seite riskiert man die Technik auszureizen und sich und das Projekt mit abgehobenen High-Tech-Konzepten zum Absturz zu bringen. Auf der anderen Seite verlangt Java einen qualitätsbewussten Stil, der ein Quick&Dirty-Programmieren in unerfreulichen Fehlerwüsten enden lässt. Wie also den richtigen Mittelweg finden? Dabei soll dieses Buch helfen.

Der Münchner Java Arbeitskreis wird zum einen von der Gesellschaft für Informatik e.V.[2] getragen, zum anderen von der Java User Group e.V.[3]. Interessenten können sich auf www.gi-ev.de unter Regionalgruppe München, AK Java, in den Newsletter eintragen.

Zum Buch gibt es eine Homepage[4]. Diese enthält nicht nur über das Buch hinaus weitere Beispiele und die üblichen Fehlerkorrekturen, sondern auch zusätzliche Informationen. Ein unentgeltlicher Newsletter rundet das Angebot ab. Tragen Sie sich ein!

Mein herzlicher Dank gilt allen Autoren, die in ihrer Freizeit die Beiträge verfasst haben. Ein besonderer Dank geht an Michael Niedermair vom Münchner TeX–Stammtisch für die fachkundige Unterstützung. Beim Oldenbourg Verlag möchte ich mich für die gute Zusammenarbeit bedanken.

München   Ulrich Bode

---

[1] Das gilt natürlich auch für Softwareentwicklerinnen. Soweit möglich haben wir uns bemüht neutrale Formulierungen zu finden. Dies gelang aber leider nicht durchgängig. In diesen Fällen bitten wir um gedankliche Ergänzung durch die Lesenden.

[2] www.gi-ev.de

[3] www.java.de

[4] www.java-praxis.de

Inhaltsverzeichnis

2 Automatisierte Integration mit Anthill & Co.

Thomas Herrmann

2.1 Überblick

Das vorliegende Kapitel basiert auf dem am 8. Oktober 2002 beim GI Arbeitskreis Java gehaltenen Vortrag „Automatisierte Integration - Toolunterstützter Build- und Integrationsprozess für Java-Projekte".

Es beschreibt zunächst einige der Probleme, die bei der Arbeit an Softwareprojekten in kleinen und großen Teams auftreten, insbesondere, wenn es sich hierbei um verteilte Teams handelt.

Anschließend werden Konzepte und Lösungsansätze für einige dieser Probleme vorgestellt. Die präsentierte Entwicklungsumgebung basiert dabei ausschließlich auf frei verfügbaren Werkzeugen, die zum großen Teil im Rahmen von Open-Source-Projekten weiterentwickelt werden.

Der Einsatz derartiger Werkzeuge bietet sich gerade in kleineren Unternehmen und Projektteams an, da diese einerseits kostengünstig (da frei verfügbar) sind und andererseits (durch die Verfügbarkeit des Source-Codes) im Bedarfsfall einfach an das eigene Umfeld angepasst werden können.

Der Hauptteil des Kapitels widmet sich dann dem Softwarewerkzeug **Anthill**, das im Unternehmen des Autors seit einigen Monaten erfolgreich für die Integration der Arbeitsergebnisse eingesetzt wird.

2.2 Probleme bei der Softwareentwicklung im (virtuellen) Team

Jedes größere Softwaresystem wird heutzutage in mehr oder weniger großen Teams entwickelt. Nach der Festlegung der Gesamtarchitektur des Systems durch einen Software-Architekten oder ein kleines Architektur-Team erfolgt die Realisierung in der Regel unabhängig voneinander durch mehrere Softwareentwickler oder Entwicklerteams.

Trotz der (meist zu Projektbeginn) definierten Vorgaben für die Entwicklung gibt es diverse Probleme bei der Zusammenarbeit eines Teams von Entwicklern.

So gibt es immer **persönliche Vorlieben der Entwickler**, z.B. in Bezug auf den eingesetzen **Editor** oder die eingesetze **IDE** oder auch das **Code-Layout** (Einrückungen, Klammersetzung etc.).

Das Zusammenspiel der Softwarekomponenten bedarf der genauen **Abstimmung von Schnittstellen** zwischen diesen Komponenten. Theoretisch kann dies jeweils vor der Entwicklung einzelner Komponenten erfolgen. Die Praxis zeigt jedoch, dass oftmals während der Entwicklung weitere Funktionalitäten benötigt werden, die Schnittstellenänderungen und/oder -erweiterungen hervorrufen.

In großen Projekten erfolgt diese Abstimmung im Idealfall regelmäßig in entsprechenden Abstimmungsgremien. Die dadurch entstehenden Zeitverzögerungen und der zusätzliche Aufwand führen jedoch nicht selten zu „Übergangslösungen", die saubere Software-Architekturen unterlaufen und Funktionalitäten falsch zuordnen, nur um die festzementierten Schnittstellen nicht ändern zu müssen.

Ein weiteres Problem stellt die **Vielzahl von Versionen** einzelner Source-Dateien und auch ganzer Module dar. Hier verliert man ohne den Einsatz geeigneter Verwaltungstools schnell den Überblick. Insbesondere kann die Kompatibilität zwischen Objekten oft nicht einfach überprüft werden.

Bei der Arbeit an einem Modul kann der Entwickler relativ einfach lokale Fehler ausschließen, z.B. durch Nutzung von Unit-Tests. Das Auffinden **nicht-lokaler Fehler (Integrationsprobleme)** ist jedoch schon wesentlich schwieriger, da der einzelne Entwickler oftmals gar nicht die Infrastruktur zum Betrieb und damit zum Test des Gesamtsystems zur Verfügung hat (man denke z.B. an verteilte Anwendungen). Eine möglichst frühzeitige Integration der Entwicklungsergebnisse ist daher wünschenswert.

2.3   Lösungsideen und Lösungskonzepte

Um die angesprochenen Probleme zu vermeiden oder zumindest abzuschwächen, haben wir einige Strategien angewandt.

Zunächst wollten wir den Entwicklern die notwendige Freiheit in der Auswahl „ihrer" Werkzeuge geben. Entwickler sollen das verwenden, was sie wollen.

Nachdem wir uns in der Entwicklung ausschließlich auf Java-Anwendungen konzentrieren, ist unsere einzige Anforderung die Verwendung von Standard-Java-Werkzeugen. Dies bedeutet z.B., dass die Erstellung des Systems keine IDE-spezifischen Bibliotheken erfordern darf.

Eine Vereinheitlichung des Source-Codes erfolgt einerseits durch Programmierrichtlinien. Anstatt hier eine eigene Definition vorzunehmen, stützen wir uns jedoch auf die von Sun veröffentlichten Code-Konventionen (siehe `http://java.sun.com/docs/codeconv/`).

Die Einhaltung dieser Konventionen kann durch den Einsatz des Werkzeuges **Checkstyle** (siehe unten) überprüft werden. Darüber hinaus verwenden wir die Möglichkeit, Source-Code mit Hilfe von Tools gemäß den Programmierrichtlinien zu formatieren.

Tabelle 2.1: Im Entwicklungsprozess eingesetzte Werkzeuge

Aufgabe	Werkzeug
Versionsmanagement	CVS
Buildprozess	Ant
Integration	Anthill
Unit-Tests	JUnit
Browsebare Sourcen	Java2HTML
Code-Check	Checkstyle
Doku-Update	PHPWiki

Anstatt einmal festgeschriebene Schnittstellen in Stein zu meißeln, wird in der Entwicklung die Evolution von Schnittstellen propagiert. Um die dadurch hervorgerufene häufige Änderung der Schnittstellen in den Griff zu bekommen, ist eine laufende Integration der Module notwendig. Dieses Vorgehen wurde unter dem Namen **Continuous Integration** bekannt.

Unsere grundlegende Idee bei der Softwareentwicklung ist, **Fehler und Probleme möglichst frühzeitig und vollständig zu erkennen**.

Hierzu haben wir versucht,

- einheitliche Strukturen und Prozesse zu definieren,

- kleine, überschaubare Einheiten zu bilden und

- eine laufende Integration durchzuführen.

Um dieses Ziel zu erreichen, ist die Verwendung mehrerer Werkzeuge notwendig, die im nächsten Abschnitt dargestellt werden. Eine zentrale Rolle spielt dabei das Integrationswerkzeug **Anthill**.

2.4   Werkzeuge

In der Tabelle 2.1 sind die von uns für die verschiedenen Themenbereiche eingesetzten Werkzeuge dargestellt. Im Folgenden wird ein kurzer Überblick über diese Werkzeuge gegeben. Eine genauere Betrachtung würde den Umfang dieses Kapitels sprengen. Weitere Informationen sind unter den am Ende dieses Kapitels aufgeführten Links zu finden.

Eine ganz zentrale Rolle spielt hierbei das Source-Repository. Hierfür kommt bei uns **CVS** zum Einsatz. Dieses seit vielen Jahren bewährte Versionsmanagement ist geeignet für kleine bis mittlere Teams und zeigt seine Stärken insbesondere bei verteilten Teams. Es besitzt natürlich nicht die Mächtigkeit der „großen" Versions- und Change-Managementsysteme wie ClearCase oder ChangeSynergy, leistet aber bei überschaubaren Projekten sicher und effizient seine Dienste. CVS, selbst ein Open-Source-System, wird daher in beinahe allen bekannten Open-Source-Projekten verwendet.

Zur Übersetzung der Java-Sourcen kommt **Ant** zum Einsatz, das sich in diesem Bereich als Standard-Werkzeug etabliert hat. Ant ist auf allen Plattformen, die eine Java-VM unterstützen, lauffähig und bietet damit die besten Voraussetzungen als plattformunabhängiges Build-Werkzeug. Insbesondere läßt sich Ant auch in einige populäre integrierte Entwicklungsumgebungen (IDEs) integrieren.

Die Integration der Module wird durch **Anthill** unterstützt. Anthill wird weiter unten in diesem Kapitel im Detail vorgestellt.

Um Module nur dann freizugeben, wenn sie nicht nur syntaktisch korrekt sind, sondern auch ein Mindestmaß an definierter Funktionalität korrekt implementieren, werden Modultests mit Hilfe von **JUnit** durchgeführt. Die Ausführung der Unit-Tests wird ein Bestandteil des Standard-Build-Prozesses werden.

Der Einsatz von **Java2HTML** ermöglicht die Veröffentlichung der Sourcen als Web-Seiten. Damit können Entwickler Source-Code von Modulen einsehen, die sie gar nicht selbst als Source-Module verfügbar haben.

Zur Prüfung des Source-Codes, insbesondere in Bezug auf Einhaltung der Programmier-richtlinien, setzen wir **Checkstyle** ein. Über Parametereinstellungen kann Checkstyle sehr gut an die zu überprüfenden Richtlinien angepasst werden.

Um das Problem fehlender oder veralteter Dokumentation zu mildern, kommt **PHP-Wiki** zum Einsatz. PHPWiki ist eine der vielen verfügbaren Implementierungen eines WikiWikiWeb. Die Grundidee hierbei ist die Möglichkeit, Webseiten jederzeit (durch einen definierten Nutzerkreis) ändern zu lassen. Hiermit sind Notizen und die Dokumentation von Änderungen einfach und ohne großen Zeitaufwand möglich.

2.5   Einheitliche Modulstruktur

Zur Vereinfachung und Automatisierung des Build- und Integrationsprozesses ist die Vereinheitlichung der einzelnen Module von großem Vorteil.

Daher entschlossen wir uns schon frühzeitig, eine möglichst einheitliche Modulstruktur und insbesondere einen einheitlichen Buildprozess zu definieren.

Neben der Möglichkeit, Dinge leichter Automatisieren zu können, bietet die einheitliche Modulstruktur auch ein schnelles Zurechtfinden, auch in fremden Modulen.

2.5.1   Modultypen

Zunächst wurden von uns die wichtigsten Modultypen identifiziert.

Diese sind:

- **Bibliotheksmodule**, die verwendete 3rd-Party-Software kapseln. Diese Module (z.B. Log4J) werden in der Regel nur in compilierter Form als jar-Dateien und nicht im Source-Code verwaltet. Um die jeweils eingesetzte Version verwalten zu können, pflegen wir sie dennoch im CVS. Die Struktur der Bibliotheksmodule ist im nächsten Abschnitt dargestellt.

- **(Java-) Entwicklungsmodule**, die als Ergebnis jar-Files und gegebenenfalls
  weitere Dateien wie z.B. Property-Dateien, Grafiken etc. erstellen. Die Übersetzung erfolgt durch ein standardisiertes Ant-Build-Script. Die Struktur der Java-
  Entwicklungsmodule ist ebenfalls im nächsten Abschnitt beschrieben.

- **Web-Module**, die neben Java-Code auch JSP-Dateien und Servlets enthalten.
  Diese Module werden von „normalen" Java-Entwicklungsmodulen unterschieden,
  da das Build-Script anders ist.

Neben den genannten Modultypen wollen wir zukünftig eine weitere Klassifizierung der
Module durchführen und die jeweils am besten geeignete Modulstruktur definieren.

2.5.2 Beispiele Modulstruktur

Nachfolgend wird die Struktur der Bibliotheksmodule und der Entwicklungsmodule
beispielhaft dargestellt. Durch die Vereinheitlichung der Modulstruktur und der darauf
aufbauenden Skripten konnten wir den Aufwand zur Einführung neuer Module auf ein
Minimalmaß reduzieren.

Der Aufwand zur Einführung eines Moduls (inklusive der Aufnahme in Anthill) als
eigenständiges CVS-Modul liegt inzwischen bei weinigen Minuten.

Bibliotheksmodule.

```
<dev>
  |
  +-- <modul>        Verzeichnis des CVS-Moduls
  |    |
  |    +--- export Exportierte Dateien des 3rd-Party- Moduls
  |    |                    (im CVS)
  |    +--- src    buildNumber
  |              build.xml
  |              release.xml
  |
  +-- <modul>.export
```

Entwicklungsmodule.

```
<dev>
  |
  +-- <modul>     Verzeichnis des CVS-Moduls
  |    |          buildNumber
  |    |          import.list
  |    |          module.properties
  |    |
  |    +--- export  Exportierte Dateien des Moduls
  |    |                    (durch build erstellt)
```

```
|     +--- import   Importierte Dateien des Moduls
|     |                   (durch build gefüllt)
|     +--- doc      Modul-Dokumentation
|     |                (im CVS und generiert)
|     +--- class    Übersetzte Klassen
|     |                   (durch build gefüllt)
|     +--- src      Basis-Sourceverzeichnis
|                      build.xml
|                      release.xml
|                      Version.java.template
|
+-- <modul>.export
```

2.6   Das Integrationstool Anthill

Die Idee, die Integration der Softwareentwicklungsergebnisse automatisiert durchzufüh-
ren, wurde von uns schon lange verfolgt. Durch den Start eines größeren Projektes
Anfang 2002, bei dem wir u.a. mehrere freie MitarbeiterInnen beschäftigten, wurde der
Leidensdruck hierfür natürlich nochmals erhöht.

Nach einigen Recherchen wurde beschlossen, das Werkzeug **Anthill** hierfür in einer
Probeinstallation einzusetzen. Einige Wochen später wunderten sich alle Beteiligten,
wie man vorher eigentlich ohne ein derartiges Werkzeug klargekommen war.

2.6.1   Das Konzept von Anthill

Die Grundidee von Anthill ist **Continuous Integration**, das heißt die laufende Integration der entstehenden Projektergebnisse. Durch diese laufende Integration sollen
Fehler im Zusammenspiel der einzelnen Module möglichst führzeitig erkannt werden.

Die **Reproduzierbarkeit** von Ergebnissen wird dabei durch Build-Protokolle, Proto-
kollierung der Testergebnisse, Dokumentation und Metriken sowie Kennzeichnung der
jeweils verwendeten Source-Dateien erreicht.

Nach erfolgreichen Builds erfolgt die Markierung, „Tagging", aller in diesem Build verwendeten Sourcen mit einer Buildnummer. Diese wird bei jedem Build inkrementiert.

Um bei auftretenden Problemen jederzeit die verwendeten Programm-Sourcen reprodu-
zieren zu können, haben wir eine Abfragemöglichkeit der Build-Nummer zur Laufzeit
implementiert.

2.6.2   Arbeitsablauf mit Anthill

Der Ablauf, der durch Anthill implementiert wird, ist in 2.1 dargestellt.

Die Arbeitsschritte sind dabei die Folgenden:

- **Regelmäßige Prüfung auf Änderungen** durch Prüfung des Source-Code-Repository. Falls dort keine Änderungen erkannt wurden, wird die Verarbeitung beendet. Die Überprüfung erfolgt regelmäßig über sogenannte **Schedules**.

- **Update der Work-Area** mit der neuesten Version aus dem Source-Code-Repository und Update der geänderten Dateien.

- **Inkrement der Build-Nummer**, um diesen Build jederzeit eindeutig identifizieren zu können.

- **Tagging der Sourcen** mit der verwendeten Build-Nummer. Durch diese Markierung können jederzeit für jeden Build die hierfür verwendeten Sourcen reproduziert werden.

- **Build**, also Übersetzung des aktuellen Entwicklungsstandes. Idealerweise werden im Rahmen des Builds auch die Modultests durchgeführt.

- **Release** des Moduls, falls der Build und der Modultest erfolgreich verlaufen ist. In der Regel werden die Build-Ergebnisse dabei an eine zentrale Stelle (z.B. Intranet) kopiert, von wo sie von allen Entwicklern einsehbar sind.

- **Information per E-Mail** über das Build-Ergebnis an registierte Benutzer. Je nach Build-Ergebnis können die so informierten Entwickler gegebenenfalls Korrekturen an dem Modul vornehmen.

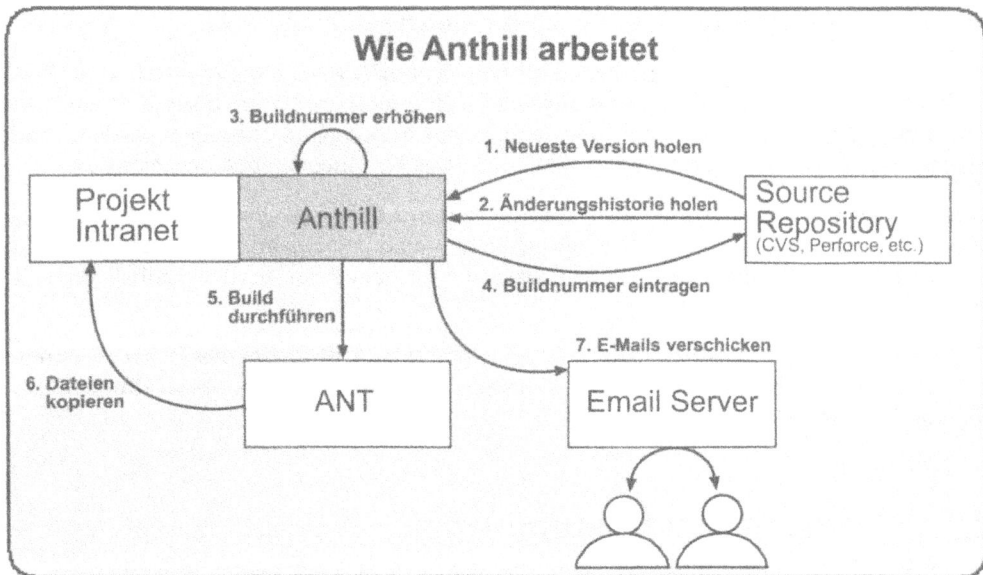

Abb. 2.1: Arbeitsablauf mit Anthill

2.6.3   Unterstützung durch Urbancode

Der Support durch Urbancode, dem Hersteller von Anthill, erfolgt über eine Mailing-liste, zu der man sich auf der Urbancode-Website anmelden kann. Dieser Support ist in der Regel ganz ausgezeichnet. Die Probleme der Anwender werden sehr ernst genommen und Korrekturen von Fehlern sind oftmals im nächsten veröffentlichten Build enthalten.

Neben Fehlerbehebungen erfolgt aber auch die Umsetzung von Erweiterungswünschen sehr schnell, wenn es sich um Erweiterungen von allgemeinem Interesse handelt, die sich nahtlos in das Anthill-Konzept integrieren lassen.

2.6.4   Die Zukunft von Anthill

Im Dezember 2002 wurde von Urbancode angekündigt, dass das nächste Release (das bisher immer als Anthill 2 bezeichnet worden war) unter dem neuen Namen **Anthill Pro** als kommerzielles Produkt verfügbar sein würde.

Bei Anthill Pro handelt es sich um ein vollständiges Redesign von Anthill. Besonderer Wert wurde hierbei auf größtmögliche Flexibilität gelegt, sowohl in Bezug auf die eingesetzten Werkzeuge als auch im Hinblick auf Konfigurierbarkeit.

So kann der Build durch das Konzept sogenannter *builder* in Anthill Pro nicht nur mit Hilfe von *ant*, sondern auch mittels *make* erfolgen. Außerdem werden neben CVS auch ClearCase, Perforce, PVCS und Visual Source Safe über *RepositoryAdapter* unterstützt. Eine Integration mit Tools wie *Bugzilla* ist geplant.

Der Preis für diese kommerzielle Anthill-Version beträgt US-$ 1.299,-. Ein Preview-Release von **Anthill Pro** finden Sie auf der Website von Urbancode.

Dies bedeutet jedoch keinesfalls den Tod von **Anthill**, ganz im Gegenteil. Eine Nach-frage bei Urbancode ergab, dass es zukünftig als „richtiges" Open-Source-Projekt wei-terentwickelt werden soll. Bisher konnte zwar der Source-Code bezogen werden, Ände-rungen und Erweiterungen konnten aber nur über Urbancode eingebracht werden.

Zukünftig wird der Source-Code der Version **Anthill OS** (Open Source) in einem öffent-lichen Source-Repository zur Verfügung stehen und kann somit von den hoffentlich vielen Entwicklern, die diese Version warten und erweitern werden, selbst verwaltet werden.

Es bleibt zu hoffen, dass die Anwendergemeinde von Anthill OS dieses hervorragende Werkzeug in Zukunft genau so aktiv weiterentwickeln wird, wie es bisher durch Urban-code selbst erfolgt ist.

2.7   Zusammenfassung

In den vorangegangenen Abschnitten wurde dargestellt, wie man gerade mit einfachen Mitteln und unter Einsatz frei verfügbarer Werkzeuge den Softwareentwicklungsprozess entscheidend verbessern kann.

Gerade das Konzept der kontinuierlichen Integration ermöglicht die frühzeitige Erkennung von Programmfehlern durch die schnelle Zusammenführung der Arbeitsergebnisse aller beteiligten Teammitglieder.

Die auf diese Weise frühzeitig identifizierten Probleme können dadurch zeitnah gelöst werden. Insgesamt ergibt sich damit ein schnellerer Entwicklungsprozess und gleichzeitig eine bessere Qualität der Entwicklungsergebnisse.

2.8   Links

Alle in diesem Kapitel angesprochenen Werkzeuge können kostenlos über das Internet bezogen werden (Stand der folgenden WWW-Links: 31.1.2003).

Anthill, das in diesem Kapitel vorgestellte Werkzeug, ist auf der Website von Urbancode unter `http://www.urbancode.com/projects/anthill/` zu finden.

Die aktuelle und geplante Funktionalität der kommerziellen Version **Anthill Pro** kann unter `http://www.urbancode.com/products/anthillpro/profeatures.jsp` nachgelesen werden.

Ant ist das für Java-Projekte am häufigsten verwendete Build-Tool. Es ist Teil des Apache-Projektes und unter `http://ant.apache.org/` zu finden.

CVS, Abkürzung für **C**oncurrent **V**ersion **S**ystem ist ein einfaches Versionsmanagementsystem, das in nahezu allen Open-Source-Projekten verwendet wird. Zu finden unter (`http://www.gnu.org/software/cvs/`).

Der „Standard" für Unit-Tests in Java ist sicherlich **jUnit**, `http://www.junit.org/`.

Um aus Java-Programmcode navigierbare HTML-Seiten zu machen, bietet sich das Werkzeug **Java2HTML** unter `http://www.java2html.com/` an.

Checkstyle dient der Überprüfung von Java-Programmen gegen formale Kriterien, wie sie z.B. in Programmierrichtlinien definiert sind (`http://checkstyle.sourceforge.net/`).

Gerade in den Phasen der Ideenfindung kann die Kommunikation innerhalb eines Teams durch den Einsatz eines sogenannten „Wikiwebs" unterstützt werden, wie es z.B. **PHP-Wiki** darstellt. Zu finden unter `http://phpwiki.sourceforge.net/`.

2.9   Über den Autor

Thomas Herrmann war schon während seines Studiums an der Technischen Universität München freiberuflich als Anwendungsentwickler tätig. Nach dem Abschluss als Diplominformatiker widmete er sich freiberuflich weiteren Aufgaben in der kommerziellen Anwendungsentwicklung. Die Schwerpunkte seiner Tätigkeit lagen in der Erstellung von Softwaremodellen und Softwarearchitekturen.

Zusammen mit seiner Frau Michaela gründete Thomas Herrmann 1998 die Teleteach GmbH (`http://www.teleteach.de/`), die seither als Beratungs- und Softwareunternehmen im damals gerade beginnenden eLearning-Markt tätig ist.

Die in diesem Kapitel beschriebenen Vorgehensweisen werden von Teleteach bei der Entwicklung der Teleteach Learning Suite (TLS) sowie zur Unterstützung von Kundenprojekten eingesetzt.

3 Source-Code-Generatoren

Robert Kuzelj

Generierung mausert sich langsam zum kommenden Hype-Thema. Mit der *Model-Driven-Architecture* (MDA) und dem *Generative Programming* sind zwei Konzepte im Fokus des IT-Interesses, bei denen die Generierung von Source-Code wesentlicher Bestandteil ist. Grund genug, Möglichkeiten zur Generierung von Source-Code für und auf der Java-Plattform vozustellen! Dieser Beitrag stellt drei konkrete Ansätze vor (Java, XSLT und Jython) und bewertet diese.

3.1 Definition

Genau wie seinerzeit Herr Pfeiffer („mit drei eff") bleibt erst einmal zu klären: wat is eigentlich en Generator?[1] Da stellen wir uns mal janz dumm und greifen einfach auf die Definition der beiden Päpste des „Generativ Programming" zurück (Czarnecki und Eisenecker): „A Generator is a Programm that takes a higher-level specification of a piece of software and produces its implementation". Sicherlich eine zutreffende Definition nur dummerweise so generisch, dass sie auch auf jeden Druckertreiber passt. Im Sinne dieses Beitrags möchte ich die Definition etwas einengen: „Ein Generator ist ein Programm, das ein Spezifikationsartefakt in kompilierbaren und ausführbaren Java-Code umwandelt."

3.2 Motivation

Doch warum sollte man überhaupt Code generieren wollen? Immerhin kann es doch sehr lustig sein, einfach vor sich hinzu hacken. Die folgende unvollständige Liste beschreibt einige Gründe für die Nutzung von Generatoren:

UML-Modell-Transformation. Der häufigste Grund dürfte wohl sein, dass man bereits ein High-level-Modell hat und dieses direkt in Code transformieren möchte. Jedes UML-Modellierung-Werkzeug kann so etwas. So werden aus UML-Klassen und Pattern-beschreibungen etwa Java-Klassenrümpfe erzeugt.

Aspekte einweben. Das Einweben von Aspekten, die sich durch die ganze Architektur hindurch ziehen (z.B. Logging oder Profiling), können leichter mitgeneriert werden und müssen nicht mühsam per Hand überall appliziert werden.

---

[1] Eine Anspielung auf den Roman „Feuerzangenbowle" verfilmt mit Heinz Rühmann. Berühmt ist der Satz: „Also wat is en Dampfmaschin? Da stelle mer uns janz dumm."

Reduktion der technischen Komplexität. In Projekten, die sich vornehmlich mit fachlicher Logik beschäftigen, ist es mitunter nötig, die Entwickler vor der technischen Komplexität zu schützen. So können leicht Wrapperklassen generiert werden, die EJB-konform sind und die nur die fachlichen Klassen aufrufen.

Nutzung von nicht unterstützten Sprach-/Modellierungskonzepten. Dies wird häufig genutzt, um Konstrukte in der Modellierungplattform zu nutzen, die auf der Ziel-plattform nicht vorhanden sind. Ein prominentes Beispiel ist hier die objektorientierte Sprache Eiffel, die als Zwischenschritt vor dem Kompilieren den Eiffel-Code in C-Code umwandelt.

Optimierung. Es ist oftmals einfacher, bereits in der Spezifikation zu definieren, dass bestimmte Optimierungen angewandt werden sollen. So könnten weitere Metadaten bei einer UML-Klasse spezifizieren, dass Objekte dieser Klasse gepoolt werden sollen. Oder dass diese Klasse serialisierbar sein und ein spezielles binäres Serialisierungsformat nutzen soll, um Bandbreite zu sparen und damit performanter zu sein.

3.3   Forderungen

Generatoren generieren natürlich in erster Linie Sourcen, die Sie verwenden können bzw. sollen. Darüber hinaus gibt es allerdings auch allgemeinere Anforderungen, die die Auswahl einer Generatoren-Plattform und die Erzeugung des Generats beeinflussen. Dieser Einflüsse sollten Sie sich immer bewusst sein, um die für Sie optimale Lösung zu finden.

3.3.1   Allgemein

Für jedes definierte Spezifikationselement muss mindestens eine Transformationsregel in das oder die Zielsysteme vorliegen. D.h. es muss eine lauffähige Architektur vorliegen, in die das Generat eingefügt werden kann und in der dieses ausgeführt werden kann. Anders gesagt: Fangen Sie nicht an, einen Generator zu schreiben, wenn Sie nicht wissen, für welche Architektur dies geschehen soll oder wenn Sie nicht wissen, wie sie diese Architektur abstrakt spezifizieren können. Es ist den Aufwand nicht wert.

3.3.2   Generatoren-Plattform

Einfaches String-Handling. Für Source-Code-Generatoren ist es wichtig, dass die ausgewählte Plattform in jedem Fall ein einfaches String-Handling unterstützt. Konka-tinieren von Strings anhand des „+" anstatt eines Methodenaufrufs und auch String-Interpolation können den Generator-Code enorm vereinfachen.

Lesbarkeit. Lesbarkeit meint in diesem Fall vor allem, dass die Ausgabe innerhalb eines Generators leicht zu finden ist und nicht völlig untergeht.

Unterstützung „moderner" Programmierkonzepte. Da ein Generator (oder Generatoren-Framework) in Abhängigkeit der Zielarchitektur auch sehr komplex werden kann, weil sehr viel Code generiert werden muss, ist es notwendig, dass die Generatoren-Plattform möglichst viele moderne Programmierkonzepte, wie OOP, AOP etc., unterstützt.

Toolunterstützung. Je komplexer die Ausgabe des Generators, desto komplexer wird natürlich auch der Generator selbst. In gleichem Maße steigt natürlich auch die Notwendigkeit von Tools wie Editoren oder Debugger.

Erlernbarkeit. Die Komplexität eines Generators sollte, wenn möglich, nicht durch eine neue Sprache oder durch ein unnötig umständliches Framework erhöht werden. Am besten ist sicherlich, wenn Generatorsprache und Zielsystemesprache die gleiche sind (allerdings nur wenn die Zielsprache den obigen Anforderungen genügt).

Plattform. Eine Generator-Plattform sollte natürlich auf möglichst vielen Plattformen zur Verfügung stehen.

3.3.3 Generat

Das Ergebnis des Generierungsvorgangs (Generat) muss natürlich auch einige gewünschte Eigenschaften ausweisen.

Änderbar. Das Ergebnis muss durch den Anwender änderbar sein, da es nicht auszuschließen ist, dass der Generator entweder fehlerhaft ist oder die generierte Architektur das Problem an der Hand nur unzureichend abbildet.

Code-Größe. Die Größe der generierten Dateien ist für die Änderungsbereitschaft durch den User von enormer Bedeutung. Wenn Sie mehrere Dateien mit mehreren hundert oder gar tausend Zeilen Code generieren, ist die Wahrscheinlichkeit, dass sich ein User daran traut recht gering - dafür ist die Wahrscheinlichkeit, dass Sie ein Architektur-Problem haben, um so größer, wenn Sie mehrere tausend Zeile Java-Code generieren. Als Fausregel gilt hier: je höherwertig Ihre Zielplattform ist, desto geringer ist die Menge des zu generierenden Codes.

Whitespaces. Dass Whitespaces für die Änderungsfreundlichkeit ganz entscheidend sind, zeigt nachfolgendes Beispiel in Abb. 3.1. Überzeugt?

3.4   Prozess

Wenn Sie vorhaben, einen generativen Ansatz in Ihrer Softwareentwicklung zu wählen, sollten Sie jedoch vorher prüfen, ob sich dieser Ansatz mit Ihrem aktuellen Vorgehen bei der Softwareentwicklung vereinbaren lässt. Zu allererst muss eine definierte Software-Architektur vorhanden sein und es sollte zumindest ein manueller Prototyp auf Grundlage dieser Architektur entwickelt worden sein. Erst dann können Sie anfangen, einen

```
EjbBankImpl.java - Editor                              _ □ X
Datei  Bearbeiten  Format  Ansicht  ?
package org.pragmatico.gengensrc.ejb; import
org.pragmatico.gen.defs.InsufficientFundsException; import
org.pragmatico.gen.defs.NonExistingAccountException; import
org.pragmatico.gen.defs.Bank; import  org.pragmatico.gen.defs.Account;
import java.rmi.RemoteException; import javax.ejb.EJBException; import
javax.ejb.SessionContext; import java.rmi.RemoteException; import
javax.ejb.SessionBean; import
org.pragmatico.gengensrc.local.LocalBankImpl; public class EjbBankImpl
 implements SessionBean, Bank {       private Bank bank_;        private
SessionContext ctx_;                      public void ejbActivate() throws
EJBException, RemoteException{}          public void ejbPassivate()
throws EJBException, RemoteException{}          public void ejbCreate()
throws EJBException, RemoteException   {          bank_ = new
LocalBankImpl();  }      public void ejbRemove() throws
EJBException, RemoteException{}         public void
setSessionContext(SessionContext _ctx) throws EJBException,
RemoteException   {           ctx_ = _ctx;   }
public void debit(String _account, double _amount)                  throws
RemoteException, NonExistingAccountException,
InsufficientFundsException    {          bank_.debit(_account,
_amount);    }       public void credit(String _account, double
_amount)    }        throws RemoteException,
NonExistingAccountException    {          bank_.credit(_account,
_amount);    }       public Account getAccountInfo(String _account)
throws RemoteException, NonExistingAccountException    {
return bank_.getAccountInfo(_account);  }        public void
updateAccountInfo(Account _account)            throws RemoteException
{          bank_.updateAccountInfo(_account);      }  }
```

Abb. 3.1: *Whitespaces außer Rand und Band*

Generator auf Grundlage dieses Prototyps zu entwickeln. Denken Sie bitte auch daran, einen fertigen Generator immer auch mit den Sourcen des Generators auszuliefern. Die Nutzer des Generators müssen auch in der Lage sein, diesen zu ändern, sofern er entweder fehlerhaft ist oder den Anforderungen der Entwickler nicht gerecht wird. Zudem ist es wichtig, dass eine Feedback-Loop installiert wird, um die Anforderungen des Teams in die Weiterentwicklung des Generators fließen zu lassen. Hierzu ist es sinnvoll, den Generator-Entwickler als Teammitglied des Nutzer-Teams und der Architektur-Gruppe zu installieren. Bedenken Sie: Wenn der Generator-Entwickler einem separaten Entwickler-Team angehört, kann er schnell zu einem Flaschenhals werden, wenn auf die Anforderungen der Nutzer nicht mehr zeitnah eingegangen wird. Dies führt dann zur Nichtakzeptanz des Generators und früher oder später dazu, dass der Generator nicht mehr genutzt wird.

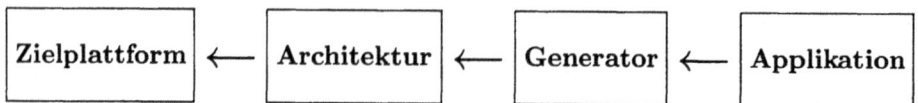

| Zielplattform | ← | Architektur | ← | Generator | ← | Applikation |

Abb. 3.2: *Struktur*

3.5   Ansätze

Die Entwicklung eines Generators setzt zudem noch eine Entscheidung hinsichtlich der technischen, architekturellen und der Aspekte bezüglich des Modells voraus.

3.5.1   Modell

Ein Generator benötigt immer eine high-level-Spezifikation (gemeinhin auch als Modell bekannt). Dieses Modell kann entweder technische oder fachliche Aspekte der Lösung beschreiben (und natürlich auch beides). Dabei ist es für den Generator-Entwickler erst einmal von Bedeutung, in welcher Form dieses Modell vorliegt. Im Augenblick sind die folgenden drei Ansätze die meist verbreitetsten:

XML. XML ist nicht nur ein universelles Datenaustauschformat, sondern kann auch direkt als Modell zur Generierung genutzt werden. Insbesondere da die meisten UML-Tools heutzutage ihre Informationen als XML-Variante (XMI) exportieren können.

Source-Code. Source-Code selbst kann natürlich ebenfalls als Modell verwendet werden. Der Generator muss dann in einem Kontext genutzt werden, der eine bestimmte Semantik impliziert. Außerdem sollte für den Source-Code dann ein Parser zur Verfügung stehen, da ansonsten die Implementierung des Generators sehr mühselig wird.

Metamodell-API. Die meisten Modellierungstools stellen eine API zur Verfügung, die es ermöglicht, die Informationen in einem Modell auszulesen (bei Rose z.B. das Rose Extensibility Interface).

3.5.2   Technisch

Neben der Frage nach der Präsentation des Modells muss zudem auch geklärt werden, was eigentlich generiert werden soll. Auch hierfür gibt es mehrere Ansätze.

Source-Transformation. Wenn als Modell Source-Code gewählt wurde, ist einer der bekanntesten Ansätze sicher die Source-Code-Transformation selbst. Üblicherweise wird der Source-Code durch eine Präprozessor verändert bevor er an den Compiler gesandt wird. Solch ein Vorgehen wird von jeder C/C++-IDE unterstützt.

Source-Code-Ausgabe. Dieser Ansatz wird definitiv am häufigsten verwandt und „fühlt" sich am natürlichsten an, da die meisten Entwickler mit einem Generator die Erzeugung von Source-Code in einer Hochsprache wie z.B. Java verbinden.

Byte-Code-Ausgabe. Byte-Code-Systeme erzeugen aus den Modellinformationen entweder direkt Class-Dateien oder verändern bereits bestehende Class-Dateien anhand des gegebenen Modells. In Java hat sich hier die Bibliothek BCEL als Standard herauskristallisiert.

Reflektive-Systeme. Diese Art der Generierung ist im eigentlichen Sinne keine Generierung, da hier Modellinformationen zur Laufzeit eines Programmes interpretiert werden und gestützt durch begleitende Framworks das Verhalten eines Programmes ändern. Oftmals werden solche Systeme auch in Kombination mit Byte-Code-Systemen verwendet.

3.5.3   Architektur

Generatoren-Systeme können in Abhängigkeit des Zielsystems sehr komplex werden.
Um diese Komplexität in den Griff zu bekommen, muss die Architektur des Generators
sorgfältig geplant sein. Folgende Muster wurden bereits erfolgreich für die Erstellung
von Generatoren angewandt:

Inline Code Expansion. Dieser Ansatz ist definitiv der einfachste, da üblicherweise
nur ein Zeilenweiser Parser benötigt wird, der zudem nur eine relativ geringen Makro-
sprachumfang beherrschen muss.

```
#def use_pool=TRUE
public Connection getPool()
{
    Connection result;
#if use_pool
    return ConnectionPool.getInstance().getConnection();
#else
    return new Connection();
#endif
}
```

Das obige Beispiel erzeugt den folgenden Code.

```
public Connection getPool()
{
    Connection result;
    return ConnectionPool.getInstance().getConnection();
}
```

Template + Filtering. Die meisten Generatoren definieren Templates, d.h. statische
Textteile, in die anschließend die notwendigen Informationen gemerged werden. Oft
müssen diese Informationen jedoch noch aus dem Wust der Gesamtinformationen her-
ausgefiltert werden. So enthält z.B. das *Xml Metadata Interchange (XMI)* alle Daten
eines UML-Modells, also auch Daten zur Visualisierung von Klassendiagrammen mit
Positionsangaben etc. Diese Daten sind natürlich völlig unerheblich, wenn es nur darum
geht, Klassenrümpfe aus UML-Klassen zu erzeugen.

Template + Metamodell. Dieser Ansatz ist dem Vorherigen sehr ähnlich, nur dass
in diesem Falle die Informationen nicht mehr gefiltert werden müssen, sondern bereits
in einfacher Form als Modell zur Verfügung stehen. Template + Metamodell und Template + Filtering werden häufig in Kombination mit Templating-Systemen wie *Velocity*
genutzt. Das folgende Beispiel zeigt ein Template für ein *ValueObject* mit *Velocity*.

```
public class ${cls.Name}
#if (${cls.is_serializable()})
implements Serializable
#end
```

```
{
    #foreach ( ${attr} in ${cls.Attributes})
    private ${attr.Type} ${attr.Name};
    public ${attr.Type} get${attr.Name}()
    {
        return ${attr.Name};
    }
    #end
}
```

API-Basiert. Bei API-Basierten Systemen erzeugt man zunächst eine *Abstract Syntax Tree (AST)*, der in einem weiteren Schritt dann in Source-Code oder Byte-Code umgewandelt wird.

```
TypeBuilder tbuilder = new TypeBuilder();
MethodBuilder mbuilder = new MethodBuilder();
ParamBuilder pbuilder = new ParamBuilder();
StatementBuilder sbuilder = new StatementBuilder();
...//andere builder werden instanziert
Type t = tbuilder.create
                    ("Bank", new String[] {"Service"}, null);
Method m = mbuilder.create(t, "debit", "void");
Parameter p1 = pbuilder.create("String", "_account");
Parameter p2 = pbuilder.create("double", "_amount");
Statement stmt = sbuilder.create(...
                                // erzeugt jetzt statements
mBuilder.addParameters(m, new Parameter[]{p1, p2});
tbuilder.addMethods(t, new Method[]{m});

tbuilder.write("/tmp/generated/Bank.java");
```

```
erzeugt den folgenden Code:
public class Bank implements Service
{
    public void debit(String _account, double _amount)
    {
        // die statements
    }
}
```

Reflection-Frameworks. Reflection-Frameworks erzeugen nicht Source-Code oder Byte-Code, sondern interpretieren Modellinformationen direkt zur Laufzeit. In Java basieren solche Frameworks auf der Verwendung der Klasse *java.lang.reflect.Proxy* oder der Byte-Code einer Klasse wird beim Laden dieser Klasse manipuliert. Die Möglichkeiten sind vielfältig und reichen von einfachen Instrumentierungen mit Debug- oder Profiling-Statements am Anfang und Ende einer Methode bis hin zu Änderungen der Implementierungsstrukturen und der dadurch notwendigen Methodenimplementierungen bzw. Methodenüberschreibung.

3.6   Beispiel

Nachdem Sie nun genügend über die prinzipiellen Mechanismen zur Generatorprogrammierung erfahren haben, möchte ich Ihnen nun an einem Beispiel verschiedene konkrete Ansätze zeigen, um eine serviceorientierte Architektur zu erzeugen.

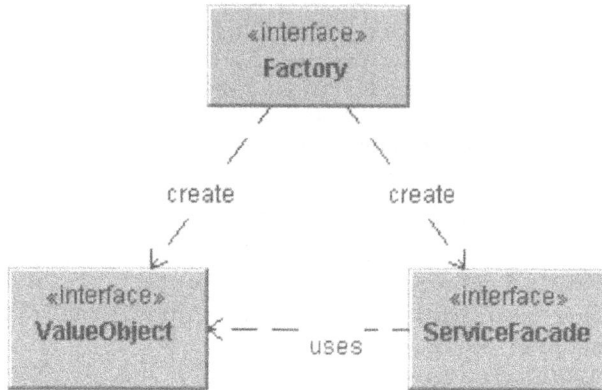

Abb. 3.3: *Abstraktes Modell*

3.6.1   Ziele

- Es wird eine interfacebasierte Architektur definiert.

- Die Interfaces werden zunächst als Java-Sourcen bereitgestellt und dann in eine XML-Form überführt.

- Jede XML-Datei enthält dabei immer ein Tripel von *Factory*, *ValueObject* und *ServiceFacade*.

- Für jedes Interface wird eine lokale Implementierung, eine für RMI und eine für EJB zur Verfügung gestellt.

- Für den Clientprogrammierer ist die Verwendung des Implementierungen hinsichtlich der Lokation transparent.

- Soweit möglich werden lokale Implementierungen von den Remote-Implementierungen wiederverwendet bzw. die Remote-Implementierungen delegieren wenn möglich an die lokalen Instanzen.

- Die EJB-Implementierung wird gemäß des *BusinessInterface*-Musters erzeugt.

3.6.2   XML

Der Code wird anhand der folgenden XML-Datei erzeugt, die einen Bank-Typen (*Ser-viceFacade*), einen Account-Typen (*ValueObject*) und eine BankingFactory (*Factory*) definiert.

```xml
<Module>
  <Type name="Bank" is_interface="true"
        package="org.pragmatico.gen.defs">
    <Tag name="facade_object" value="true"/>
    <Tag name="server_name_rmi" value="terra:1099/bank"/>
    <Tag name="server_name_ejb" value="BankingServer"/>
    <Method name="debit">
      <Parameter type="String" package="java.lang"
                                name="_account"/>
      <Parameter type="double" package="" name="_amount"/>
      <Return type="void" package=""/>
      <Throws type="RemoteException" package="java.rmi"/>
      <Throws type="NonExistingAccountException"
              package="org.pragmatico.gen.defs"/>
      <Throws type="InsufficientFundsException"
              package="org.pragmatico.gen.defs"/>
    </Method>
    <Method name="credit">...</Method>
    <Method name="getAccountInfo">...</Method>
    <Method name="updateAccountInfo">...</Method>
  </Type>
  <Type name="Account" is_interface="true"
        package="org.pragmatico.gen.defs">
    <Tag name="value_object" value="true"/>
    <Tag name="serializable" value="true"/>
    <Method name="getNumber">...</Method>
    <Method name="getBalance">...</Method>
    <Method name="getOwner">...</Method>
    <Method name="setOwner">...</Method>
    <Method name="getAddress">...</Method>
    <Method name="setAddress">...</Method>
  </Type>
  <Type name="BankingFactory" is_interface="true"
        package="org.pragmatico.gen.defs">
    <Tag name="factory_object" value="true"/>
    <Method name="getBank">...</Method>
    <Method name="getAccount">...</Method>
  </Type>
</Module>
```

3.6.3   Modelle

Die erzeugten Java-Sourcen definieren dann folgende Modelle:

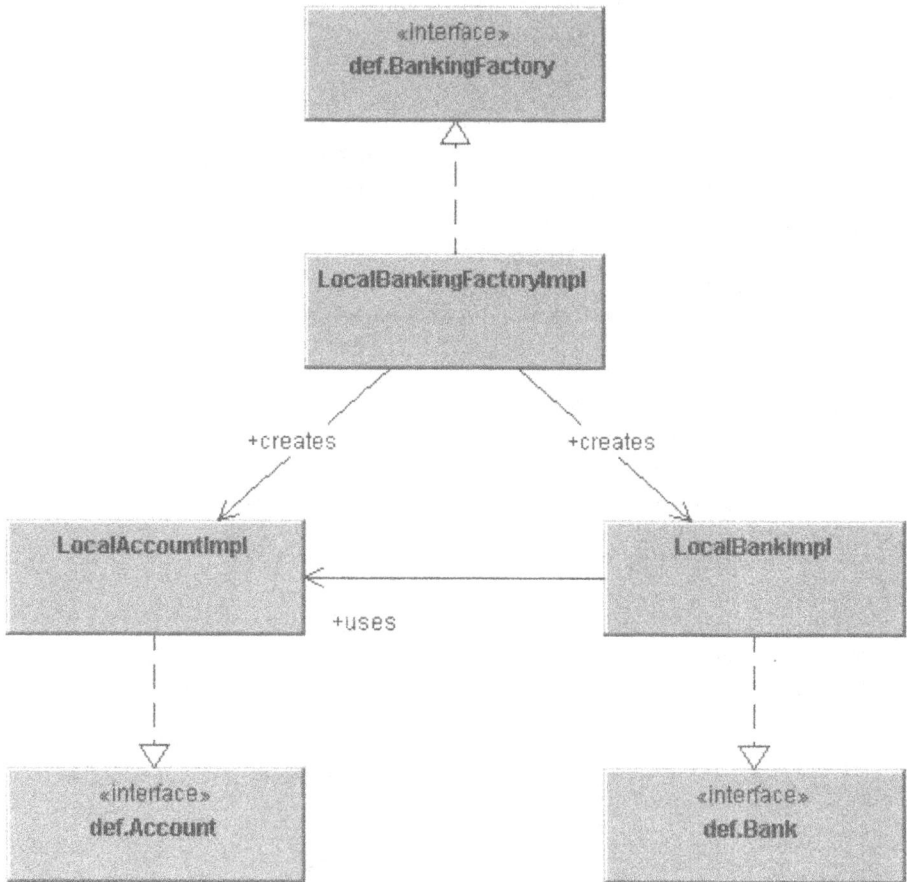

Abb. 3.4: *Lokal*

Die lokale Implementierung generiert drei Klassen, die jeweils eines der drei Interfaces implementiert. Die Klassen für die *Factory* und für das *ValueObject* werden dabei vollständig generiert, während für die Implementierung der *ServiceFacade* leere (aber kompilierbare) Methodenrümpfe erzeugt werden. Dies geschieht, da die *ServiceFacade* in diesem Fall den fachlichen Code beinhaltet, der Generator jedoch nur eine technische Implementierung generiert.

Für die EJB-Implementierung wird kein *ValueObject* erzeugt, stattdessen wird auf die bereits vorhandene lokale Implementierung zurück gegriffen. Zudem werden zwei zusätzliche Typen erzeugt: Das EJBHome-Interface und das EJB-Interface. Beide werden vom EJB-Container benötigt. Die ServiceFacade wird in diesem Fall vollständig generiert. Sie erzeugt eine lokale ServiceFacade und delegiert alle Aufrufe an diese lokale Instanz.

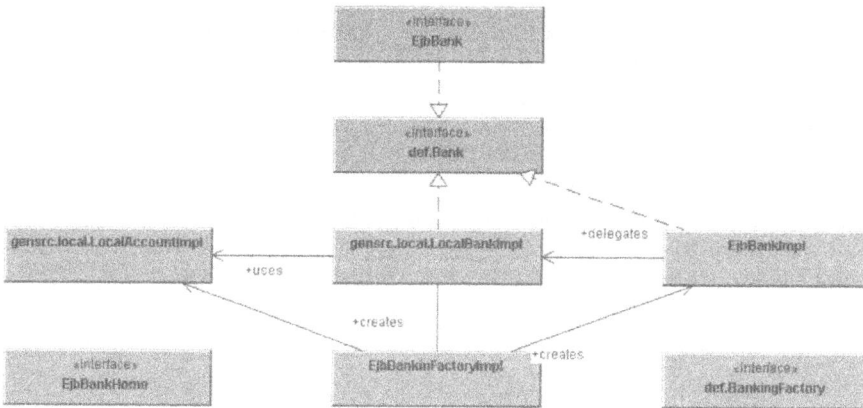

Abb. 3.5: EJB

3.6.4   Generat

```java
package org.pragmatico.gengensrc.ejb;

//imports wurden heraus gelassen.
public interface EjbBank
    extends EJBObject, Bank
{
    public static final String NAME = "BankingServer";
}
package org.pragmatico.gengensrc.ejb;

public interface EjbBankHome
 extends EJBHome, Bank
{
    public EjbBank create()
        throws CreateException, EJBException, RemoteException;
}
package org.pragmatico.gengensrc.ejb;


public class EjbBankImpl
    implements SessionBean, Bank
{
    private Bank bank_;
    private SessionContext ctx_;

    public void ejbActivate() throws EJBException,
        RemoteException{}
    public void ejbPassivate() throws EJBException,
        RemoteException{}
```

```java
    public void ejbCreate() throws EJBException,
        RemoteException
    {
        bank_ = new LocalBankImpl();
    }

    public void ejbRemove() throws EJBException,
        RemoteException{}
    public void setSessionContext(SessionContext _ctx)
        throws EJBException, RemoteException
    {
        ctx_ = _ctx;
    }
    public void debit(String _account, double _amount)
    throws RemoteException, NonExistingAccountException,
          InsufficientFundsException
    {
        bank_.debit(_account, _amount);
    }

    public void credit(String _account, double _amount)
        throws RemoteException, NonExistingAccountException
    {
        bank_.credit(_account, _amount);
    }

    public Account getAccountInfo(String _account)
        throws RemoteException, NonExistingAccountException
    {
        return bank_.getAccountInfo(_account);
    }

    public void updateAccountInfo(Account _account)
        throws RemoteException
    {
        bank_.updateAccountInfo(_account);
    }
}
package org.pragmatico.gengensrc.ejb;

public class EjbBankingFactoryImpl
    implements BankingFactory
{
    /* GENERATEPROLOG NOT IMPLEMENTED YET */
    /* GENERATEINSTANCEVARIABLES NOT IMPLEMENTED YET */
  public EjbBankingFactoryImpl(){}
```

```
public Bank getBank()
{
    try
    {
        Properties props = new Properties();
        props.put("java.naming.factory.initial",
                  "org.jnp.interfaces.NamingContextFactory");
        props.put("java.naming.provider.url",
                  "jnp://localhost:1099");
        props.put("java.naming.factory.url.pkgs",
                  "org.jboss.naming:org.jnp.interfaces");
        InitialContext ctx = new InitialContext(props);
        Object ref = ctx.lookup(EjbBank.NAME);
        EjbBankHome home = (EjbBankHome)
            PortableRemoteObject.narrow(ref, EjbBankHome.class);
        return home.create();
    }
    catch (Throwable ex)
    {
        ex.printStackTrace();
    }
    return null;
}

public Account getAccount()
{
    return new LocalAccountImpl();
}
/* GENERATEEPILOG NOT IMPLEMENTED YET */
}
```

3.7   Java-Generator

Das folgende Kapitel beschreibt die Implementierung der vorgestellten Generatorarchitektur mittels Java. Diese Architektur stellt für jedes zu implementierende Interface und für jede Zielarchitektur eine eigene Klasse zur Verfügung. Zusätzlich werden außerdem noch für jede weitere Klasse oder für jedes weitere Interface, das aufgrund technischer Begebenheiten des Zielsystems benötigt wird, eine weitere Klasse bereitgestellt. Alle Klassen des Generators leiten sich direkt oder indirekt von der Klasse *BaseGenerator* ab. Diese definiert den Ablauf der Generierungsschritte, implementiert das Auslesen der Modellinformationen aus dem XML-Modell, welches über JDOM angesprochen wird, und das Abspeichern des fertigen Generats.

Die Basisklasse implementiert alle Methoden mit einer Standardimplementierung, die der Implementierung des *LocalValueObjectGenerators* angelehnt ist. Nur die Methode *generateMethodImplementation* ist als abstrakt deklariert und muss von jeder Generatorklasse implementiert werden. Außerdem überschreibt jeder Generator die Methode *getClassName*, da jeder erzeugte Typ einer eigenen Namenskonvention gehorcht und

EjbFactoryGenerator
+getClassName()
#generateMethodImplementation()
#generateInstanceVariables()
#getImports()
-generateRemoteObject()

EjbHomeGenerator
#generateInstanceVariables()
#generateInitializer()
#generateMethodImplementation()
#generateMethods()
#getImports()
+getClassName()
+getPackageName()
+generateProlog()

LocalValueObjectGenerator
+generateImplementsClause()
#generateMethodImplementation()
#getImports()

EjbFacadeImplGenerator
+getClassName()
#generateInstanceVariables()
+generateInitializer()
#getImports()
#generateMethodImplementation()

BaseGenerator
+generate()
+getTypeName()
+getTypePackage()
+getClassName()
+getPackageName()
+save()
#generateMethods()
#generateMethod()
#generateParameters()
#generateThrowsClause()
#generateMethodImplementation()
#generateInitializer()
#generateInstanceVariables()
#getImports()
#generatePackageStatement()
-generateImports()
#generateClassHeader()
+generateImplementsClause()
+generateExtendsClause()
+generateProlog()
+generateEpilog()
#getModuleType()

LocalFacadeGenerator
#generateMethodImplementation()
#generateInstanceVariables()

LocalBaseGenerator
+getClassName()
+getPackageName()

EjbFacadeInterfaceGenerator
#generateInstanceVariables()
#generateInitializer()
#generateMethodImplementation()
#generateMethods()
#getImports()
+getClassName()
+generateProlog()

LocalFactoryGenerator
+generateImplementsClause()
#generateMethodImplementation()
#generateInstanceVariables()

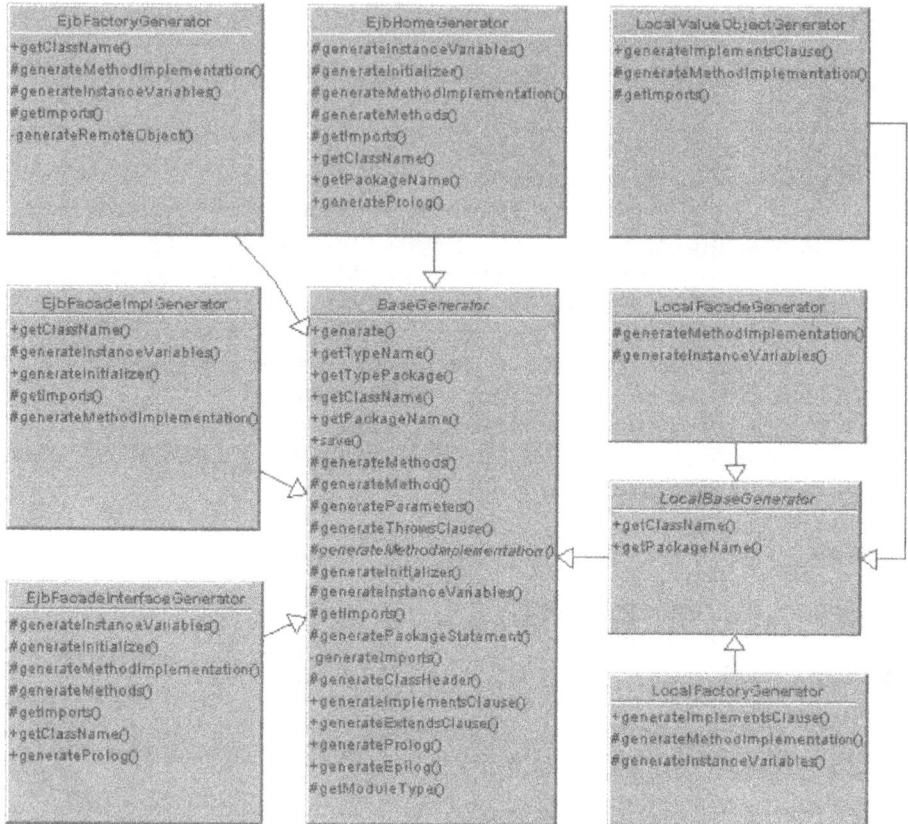

Abb. 3.6: Java Generator

damit auch sichergestellt werden soll, dass beim Schreiben der Sourcen nicht bereits vorhandene andere Dateien überschrieben werden.

3.7.1 Generierungsablauf

Die folgenden (unvollständigen) Codeschnipsel geben einen Überblick über eine konkrete Möglichkeit zur Generierung. Dabei wird über mehrere Generierungsschritte hinweg ein String zusammen gebaut, dessen Aufbau der Syntax und allgemeinen bekannten Source-Code-Konventionen einer Java-Klasse entspricht.

```
public String generate(){
    String result = "";
    result += this.generatePackageStatement();
    result += this.generateImports();
    result += this.generateClassHeader();
    result += this.generateExtendsClause() + "\n";
    result += this.generateImplementsClause() + "\n";
```

```
result += "{\n";
result += this.generateProlog();
result += this.generateInstanceVariables();
result += this.generateInitializer();
result += this.generateMethods();
result += this.generateEpilog();
result += "}";
return result;}
```

Zuerst wird das Package-Statement erzeugt, danach die Imports, der Klassenheader (entweder *class* oder *interface*) und dann die Vererbungsstrukturen. Anschließend wird ein Prolog erzeugt; in diesem kann Code erzeugt werden, der sich nicht in eine der anderen Kategorien einordnen lässt (z.B. Klassenvariablen oder statische Initialisierer). Auf den Prolog folgt die Erzeugung der Instanzvariablen, der Konstruktoren und der Methoden. Zum Schluss wird noch ein Epilog generiert; dieser kann z.B. zur Definition einer main-Methode genutzt werden. Die interessanteste Methode ist *generateMethods*. Sie ruft für jedes XML-Methodenelement *generateMethod* auf ,um die übergebenen Methodenmetadaten in eine korrekte Methoden-Definiton umzuwandeln.

```
protected String generateMethod(Element _method){
  String result = "";
  result += "\tpublic" +
    _method.getChild("Return").getAttributeValue("type")
      + " ";
  result += _method.getAttributeValue("name");
  result += "(" + this.generateParameters(_method) + ")\n"
  result += this.generateThrowsClause(_method) + "\t{\n";
  result += this.generateMethodImplementation(_method);
  result += "\t}\n\n";
  return result;
}
```

In *generateMethod* werden noch Methoden zur Generierung der Parameterlisten und der Throws-Klausel aufgerufen.

```
protected String generateParameters(Element _method){
  String result = "";
  Element param;
  List params = _method.getChildren("Parameter");
  for (int counter = 0; counter < params.size(); counter++){
    param = (Element) params.get(counter);
    result += param.getAttributeValue("type") + " " +
              param.getAttributeValue("name");
    if (counter < params.size() - 1){
      result += ", ";}}
  return result;}
```

Bei der Erzeugung der Parameterlisten und der Throws-Klauseln muss auf das abschließende Komma geachtet werden - dies ist in Java syntaktisch nicht gestattet.

3.7.2   Methodenimplementierung

Um den erzeugten Code mit Funktionalität zu bestücken, muss jeder Generator die
Methode *generateMethodImplementation* implementieren. Anhand des LocalFacadeGe-
nerators und des EjbFacadeImplGenerators lassen sich die Unterschiede zwischen den
Generatoren leicht aufzeigen.

Lokal.

```
protected String generateMethodImplementation(Element _method){
  String type_pack = _method.getChild("Return")
                             .getAttributeValue("package");
  if (type_pack.equals("")){
    String type = _method.getChild("Return")
                         .getAttributeValue("type");
    if (type.equals("byte") || type.equals("short") ||
       type.equals("int") || type.equals("long")){
     return "\t\treturn 0;\n";}
    else if (type.equals("float") ||
             type.equals("double")){
     return "\t\treturn 0.0\n;";}
    else if (type.equals("boolean")){
     return "\t\treturn false;\n";}
    else{
     return "\t\treturn;\n";}
        }
  else{
    return "\t\treturn null;\n";}
        }
```

Die lokale Implementierung generiert grundsätzlich leere Methodenrümpfe, allerdings
immer unter der Prämisse, dass das Generat sofort (sprich ohne manuelle Interventi-
on) kompilierbar ist. Deshalb muss bei der Generation überprüft werden, ob die Methode einen Rückgabewert hat und falls ja von welchem Typ. In Abhängigkeit von
dieser Prüfung werden dann Return-Statements generiert. Für die elementaren Java-
Datentypen werden entweder *0* oder *false* generiert, und sofern der Rückgabetyp ein
Referenzdatentyp ist, wird ein *null* zurückgegeben. Diese Implementierung wird später
natürlich von den Anwendungsprogrammierern durch den korrekten funktionalen Code
ersetzt.

EJB. Die Facadenimplementierung, die durch den entsprechenden EJB-Generator erzeugt wird, delegiert den Aufruf einer Methode der Facade einfach nur an eine lokale
Instanz innerhalb dieser Session-Bean weiter.

```
protected String generateMethodImplementation(Element _method){
  String result = "\t\t";
  Element param;
  List params = _method.getChildren("Parameter");
```

```
String type =
  _method.getChild("Return").getAttributeValue("type");
if (!type.equals("void")){
  result += "return ";}
result += this.getDelegatorName() + "." +
        _method.getAttributeValue("name") + "(";
for (int counter = 0; counter < params.size(); counter ++){
  param = (Element) params.get(counter);
  result += param.getAttributeValue("name");
  if (counter < params.size() − 1){
    result += ", ";}
  }
result += ");\n";
return result;
}
```

3.7.3 XSLT-Generator

Der XSLT-Generator folgt bezüglich der physikalischen Aufteilung den Vorgaben des
Java-Generators: Für jede zu erzeugende Klasse wird eine Stylesheet-Datei zur Verfügung
gestellt. XSLT-Funktionen, die an verschiedenen Stellen wiederverwendet werden können,
werden in eigene Dateien ausgelagert und über <xsl:import> eingebunden. Die Ausla-
gerung von XSLT-Templates und das Einbinden über <xsl:import> und <xsl:include>
macht zudem eine Art Vererbungsmechanismus mit anschließendem Überschreiben in
„Kind"-Templates möglich. Das folgende Diagramm zeigt die Abhängigkeiten der verschiedenen Stylesheets untereinander. Alle Stylesheets „erben" entweder direkt oder
indirekt von *local-object.xsl* und überschreiben eines oder mehrere der dort definierten
Templates oder implementieren gar erst eines der von *local-object.xsl* erwarteten Templates. Damit lässt sich sehr leicht das Template-Pattern der GoF nachbilden (verzeihen
Sie den kleinen Wortwitz).

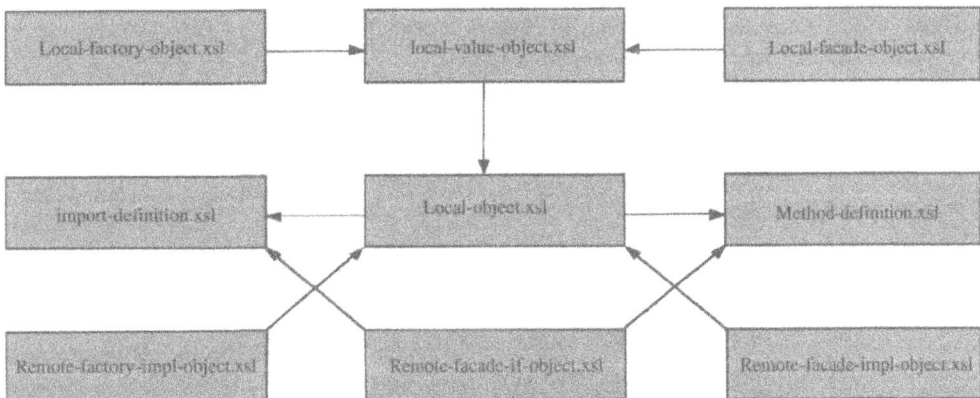

Abb. 3.7:

Local-Object.xsl. Ähnlich wie die Java-Klasse *BaseGenerator* definiert die Datei *local-object.xsl* den generellen Ablauf der Generierung. Auch sie folgt dabei den durch die Javasyntax oder durch bekannte Konventionen vorgegebenen Schema einer Javaklasse: Package-Definition, Imports, Klassendefiniton, Prolog, Instanzvariablen, Initialisierer, Methoden, Epilog.

```
<xsl:template name = "create-object">
  <xsl:param name="TYPE"/>
  <xsl:param name="NAME_PREFIX"/>
  <xsl:param name="PACK_POSTFIX"/>
  <xsl:variable name="PACK">
  <xsl:call-template name="package-name">
    <xsl:with-param name="FQPACK" select="$TYPE/@package"/>
  </xsl:call-template>
  </xsl:variable>
    <xsl:variable name="TYPE_NAME" >
    <xsl:value-of select=
        "concat($NAME_PREFIX, $TYPE/@name, "Impl")"/>
  </xsl:variable>
<Type name="{concat($PACK, ".", $PACK_POSTFIX, ".",
        $TYPE_NAME)}">
package <xsl:value-of select="concat($PACK, ".",
        $PACK_POSTFIX)"/>;
  <xsl:variable name="IMPORTS">
    <xsl:call-template name="create-import-element-list">
      <xsl:with-param name="METHODS"
            select="$TYPE/Method"/>
    </xsl:call-template>
  </xsl:variable>

import <xsl:value-of select="concat($TYPE/@package, ".",
                    $TYPE/@name)"/>;&#x0a;
  <xsl:call-template name="create-imports">
    <xsl:with-param name="IMPORTS"
                select="xalan:nodeset($IMPORTS)/Import"/>
  </xsl:call-template>
  <xsl:call-template name="create-user-imports">
    <xsl:with-param name="TYPE" select="$TYPE"/>
  </xsl:call-template>

public class <xsl:value-of select="$TYPE_NAME"/>
  <xsl:call-template name="create-extends">
    <xsl:with-param name="TYPE" select="$TYPE"/>
  </xsl:call-template>
  <xsl:call-template name="create-implements">
    <xsl:with-param name="TYPE" select="$TYPE"/>
  </xsl:call-template>
```

```
{
  <xsl:call-template name="create-prolog">
    <xsl:with-param name="TYPE" select="$TYPE"/>
  </xsl:call-template>
  <xsl:call-template name="create-instance-vars">
    <xsl:with-param name="TYPE" select="$TYPE"/>
    <xsl:with-param name="METHODS"
           select="$TYPE/Method"/>
  </xsl:call-template>
  <xsl:call-template name="create-initializers">
    <xsl:with-param name="TYPE" select="$TYPE"/>
    <xsl:with-param name="TYPE_NAME"
             select="$TYPE_NAME"/>
  </xsl:call-template>
  <xsl:call-template name="create-methods">
    <xsl:with-param name="TYPE" select="$TYPE"/>
    <xsl:with-param name="METHODS"
           select="$TYPE/Method"/>
  </xsl:call-template>
  <xsl:call-template name="create-epilog">
    <xsl:with-param name="TYPE" select="$TYPE"/>
  </xsl:call-template>
}
</Type>
</xsl:template>

<xsl:template name="create-extends">
  <xsl:param name="TYPE"/>
  /* CREATE EXTENDS EMPTY */
</xsl:template>

<xsl:template name="create-implements">
  <xsl:param name="TYPE"/>
  /* CREATE IMPELEMENTS EMPTY */
</xsl:template>
```

Da XSLT keine Ausgabe in Dateien vornehmen kann, läuft der Generierungsvorgang in diesem Falle zweistufig ab. Für jedes <Type>-Element wird zunächst der entsprechende Java-Source-Code generiert. Diese Ausgabe wird Bestandteil eines <Type>-Elements, das den Namen der erzeugten Javaklasse kennt. Im weiteren Verlauf wird dieser flache XML-Baum (Wurzel und <Type>-Elemente) dann einer Javaklasse übergeben, die für jedes <Type>-Element den Name und der Text-Knoten ausliest und dieser Text in eine Datei mit dem entsprechenden Namen und der Endung *.java* speichert. Im Gegensatz zu der Javaimplementierung wird im Falle der XSLT-Implementierung der Name der zu erzeugenden Klasse als Parameter übergeben (zumindest der Pre- und der Postfix).

3.7.4   XSLT-Facadenimplementierung

Die folgenden Ausschnitte zeigen Implementierungen der *ServiceFacade* (lokal und RMI).
Gestartet werden beide Generatoren durch Anwenden eines Templates auf alle Elemente
und Filter auf `<Type>`-Element mit dem Attributwert `facade_object` auf dem Attribut
name. Es wird das Template `create-object` aufgerufen, das in der Datei *local-object.xsl*
definiert ist. Dieses wird durch `<xsl:import>` eingebunden. Für jeglichen von *local-
object.xsl* generierten, abweichenden Code wird in *local-facade-object.xsl* und *remote-
facade-impl.xsl* das für die Generierung zuständige Template überschrieben.

local-facade-object.xsl.

```
<xsl:import href = "local-object.xsl"/>
<xsl:template match = "/">
  <xsl:call-template name="create-object">
    <xsl:with-param name="TYPE"
      select="Module/Type[Tag/@name="facade_object"]"/>
    <xsl:with-param name="NAME_PREFIX"
          select="string("Local")"/>
    <xsl:with-param name="PACK_POSTFIX"
          select="gensrc.local"/>
  </xsl:call-template>
</xsl:template>

<xsl:template name="create-method-impl">
  <xsl:param name="METHOD"/>
  <xsl:variable name="RET_PACK">
    <xsl:value-of select="$METHOD/Return/@package"/>
  </xsl:variable>
  <xsl:variable name="RET_TYPE">
    <xsl:value-of select="$METHOD/Return/@type"/>
  </xsl:variable>
  <xsl:choose>
    <xsl:when test="$RET_TYPE="byte" or $RET_TYPE="short" or
                    $RET_TYPE="int" or $RET_TYPE="long" or
                    $RET_TYPE="float"  or $RET_TYPE="double">
    return 0;
    </xsl:when>
    <xsl:when test="not($RET_TYPE="void")">
    return null;
    </xsl:when>
  </xsl:choose>
</xsl:template>

<xsl:template name="create-implements">
  <xsl:param name="TYPE"/>
  implements <xsl:value-of select="$TYPE/@name"/>
</xsl:template>
```

Die Implementierung von *local-facade-object.xsl* ist recht trivial. Nur die Templates
`create-implements` und `create-method-impl` müssen überschrieben werden. Das liegt
vornehmlich an der Tatsache, dass *local-object.xsl* sehr an die lokale Implementierung
angelehnt ist.

```
<xsl:import href = "local-object.xsl"/>
<xsl:template match = "/">
  <xsl:call-template name="create-object">
    <xsl:with-param name="TYPE"
        select="Module/Type[Tag/@name="facade_object"]"/>
    <xsl:with-param name="NAME_PREFIX"
        select="string("Rmi")"/>
    <xsl:with-param name="PACK_POSTFIX"
        select="gensrc.rmi"/>
  </xsl:call-template>
</xsl:template>

<xsl:template name="create-user-imports">
  ...
</xsl:template>
<xsl:template name="create-method-impl">
  <xsl:param name="TYPE"/>
  <xsl:param name="METHOD"/>
  <xsl:if test="not($METHOD/Return/@type="void")">
    return<xsl:text> </xsl:text>
  </xsl:if>
  <xsl:variable name="LOWERCASE_NAME">
    <xsl:value-of select="translate($TYPE/@name,
                "ABCDEFGHIJKLMNOPQRSTUVWXYZ",
                "abcdefghijklmnopqrstuvwxyz")"/>
  </xsl:variable>
  <xsl:value-of select="concat($LOWERCASE_NAME, "_.",
                    $METHOD/@name, "(")"/>
  <xsl:for-each select="$METHOD/Parameter">
    <xsl:value-of select="@name"/>
    <xsl:if test="not(position()=last())">
      <xsl:text>, </xsl:text>
    </xsl:if>
  </xsl:for-each>
  <xsl:text>);</xsl:text>
</xsl:template>

<xsl:template name="create-extends">
  <xsl:param name="TYPE"/>
  extends UnicastRemoteObject
</xsl:template>
<xsl:template name="create-implements">
```

```
<xsl:param name="TYPE"/>
  implements Rmi<xsl:value-of select="$TYPE/@name"/>
</xsl:template>
<xsl:template name="create-initializers">
  ...
</xsl:template>
<xsl:template name="create-instance-vars">
  <xsl:param name="TYPE"/>

  <!-- BEGINN UMWANDLUNG -->
  <xsl:variable name="LOWERCASE_NAME">
    <xsl:value-of select="translate($TYPE/@name,
           ABCDEFGHIJKLMNOPQRSTUVWXYZ",
           "abcdefghijklmnopqrstuvwxyz")"/>
  </xsl:variable>
  <!-- ENDE UMWANDLUNG -->

  private <xsl:value-of select="concat($TYPE/@name, " ",
           $LOWERCASE_NAME)"/>_;
</xsl:template>
```

Die Implementierung des RMI-Generators ist wesentlich komplexer, da nur der generelle Ablauf mit den Vorgaben von *local-object.xsl* übereinstimmt. Alle konkreten Templates des RMI-Generators generieren einen komplett anderen Source-Code und müssen deshalb überschrieben werden. Offensichtlich wird bei den Beispielen, dass XSLT wesentlich komplexer ist als eine „normale" Prorammiersprache, da schon so einfache Aktionen wie das Umwandeln eines Strings in Kleinbuchstaben mehrere Zeilen Code beanspruchen (im obigen Source-Code am Ende durch Kommentare gekennzeichnet).

3.7.5 Jython-Generator

Auch diese Generatorlösung hält sich in etwa an die Vorgaben der anderen Generatoren. Es wurde eine Klasse *BaseGenerator* definiert, die den standardmäßigen Ablauf der Generierung vorgibt und von der die konkreten Generatoren abgeleitet werden. Für jedes zu implementierende Interface und für jedes Zielsystem existiert eine eigene Generatorklasse. Um die Möglichkeiten von Jython besser auszunutzen, wurde das Design angepasst und Mix-In-Klassen erzeugt, die per multipler Vererbung in die Generatorklassen eingewoben wurden. Abbildung 3.8 zeigt das Design der Jython-Generatoren.

Eine kurze Python-Einführung. Um Ihnen den Einstieg durch den Jython-Code etwas zu erleichtern, erstmal eine winzige Einführung in Python und Jython.

- Python ist eine dynamisch typisierte Sprache.

- In Python ist alles ein Object – inklusive der „elementaren" Datentypen wie `float`, `int` etc., wie auch Funktionen und Klassen.

- Die Einrückung ist Teil der Syntax (und von Neulingen immer wieder heftig diskutiert).

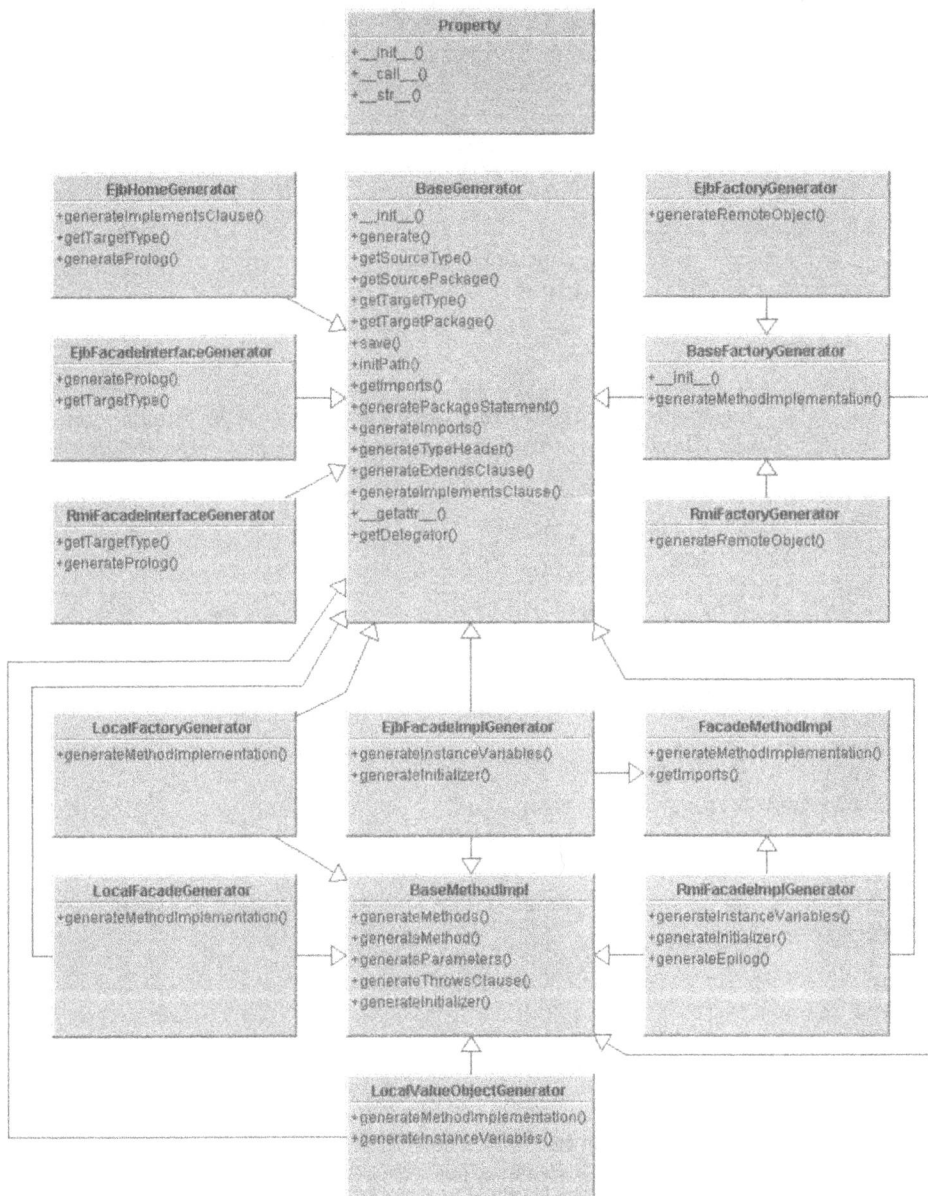

Property
+ __init__()
+ __call__()
+ __str__()

EjbHomeGenerator
+generateImplementsClause()
+getTargetType()
+generateProlog()

BaseGenerator
+__init__()
+generate()
+getSourceType()
+getSourcePackage()
+getTargetType()
+getTargetPackage()
+save()
+initPath()
+getImports()
+generatePackageStatement()
+generateImports()
+generateTypeHeader()
+generateExtendsClause()
+generateImplementsClause()
+__getattr__()
+getDelegator()

EjbFactoryGenerator
+generateRemoteObject()

EjbFacadeInterfaceGenerator
+generateProlog()
+getTargetType()

BaseFactoryGenerator
+__init__()
+generateMethodImplementation()

RmiFacadeInterfaceGenerator
+getTargetType()
+generateProlog()

RmiFactoryGenerator
+generateRemoteObject()

LocalFactoryGenerator
+generateMethodImplementation()

EjbFacadeImplGenerator
+generateInstanceVariables()
+generateInitializer()

FacadeMethodImpl
+generateMethodImplementation()
+getImports()

LocalFacadeGenerator
+generateMethodImplementation()

BaseMethodImpl
+generateMethods()
+generateMethod()
+generateParameters()
+generateThrowsClause()
+generateInitializer()

RmiFacadeImplGenerator
+generateInstanceVariables()
+generateInitializer()
+generateEpilog()

LocalValueObjectGenerator
+generateMethodImplementation()
+generateInstanceVariables()

Abb. 3.8:

- Jython ist eine Implementierung der Sprache Python (Version 2.1) auf der Java-Plattform und hat damit Zugriff auf alle Java-Bibliotheken.

Die folgenden Codebeispiele geben einen Überblick über häufig benötigte Sprachkonstrukte. Eine Funktions-/Methodendefinition leitet sich mit dem Schlüsselwort **def** ein. Gefolgt vom Namen der Funktion und den Parametern (ohne Typ). Abgeschlossen wird das Ganze mit einem Doppelpunkt. Dann folgt der eigentliche Funktionskörper. Abgeschlossen wird eine Funktion (wie im übrigen jede Klasse auch) durch den Anfang des nächsten Sprachkonstrukts auf der gleichen Einrückungsebene - in diesem Fall also der Funktion **foo**.

```
>>def fact(_number):
>>    result = 1
>>    if _number > 1:
>>        result = fact(_number - 1)
>>    return result * _number
>>def foo():
>>        pass
```

Eine Klasse wird durch das Schlüsselwort **class** eingeleitet. Alle Funktionen, die Instanzmethoden dieser Klassen sein sollen, müssen um eine Ebene eingerückt werden.

```
>>class Person:
>>    def __init__(self, _name):
>>        self.Name = _name
>>    def printName(self):
>>        print "your name is" + self.Name + "!"
>>
>> pers = Person("Robert")
>> pers.printName()
your name is Robert!
>> print pers.printName
<bound method Person.printName of
<__main__.Person instance at 0x00E91EE8>>
```

Eine weitere Besonderheit von Python ist der Umgang und die Definition von Listen und Dictionaries.

```
>>items = ["eins", "zwei", "drei"]
>> print items[1]
zwei
```

Listen beginnen mit einer öffnenden eckigen Klammer gefolgt von einer Menge von Elementen, die durch Kommas getrennt werden und einer schließenden eckigen Klammer. Der Zugriff erfolgt ebenfalls durch Einsatz der eckigen Klammern und dem Index des Elements, auf das man zugreifen möchte.

```
>>for item in items:
>>    print item
eins
zwei
drei
```

Das Iterieren über eine Liste wird mit Hilfe der for-Schleife realisiert.

```
>> str = "das ist ein string, aber auch eine Liste!"
>> print str[9:12]
ein
```

Ein weiteres Feature von Python ist die Möglichkeit, auch Strings als Listen zu betrachten und über die Listenoperatoren zuzugreifen. Obiges Beispiel zeigt den Zugriff
auf einen Bereich einer Liste (bzw. eines Strings). Auch die Definition und Nutzung von
Dictionaries ist sehr einfach gelöst. Dictionaries beginnen mit einer geschweiften öffnenden Klammer, dann folgt eine Liste von Schlüssel-Wertepaaren, die durch Kommas
getrennt sind. Beendet wird ein Dictionary durch eine geschweifte schließende Klammer.
Der Zugriff auf Werte des Dictionaries erfolgt gleich wie der Zugriff auf Listen - ebenso
das Iterieren über Dictionaries.

```
>>dict = {"eins": 1, "zwei": 2, "drei": 3}
>>print dict["zwei"]
2
>>for value, key in dict.items():
>>    print key + "-"+ value
eins-1
zwei-2
drei-3
```

Eine weitere Eigenschaft von Python ist, dass nahezu jedes Objekt auch als Dictionary
betrachtet werden kann und entsprechende Zugriffsmethoden bietet. Bei unten stehen-
dem Beispiel wird zunächst auf das *class*-Objekt der Instanz *pers* zugegriffen, dann
wird das Dictionary, das diese Klasse repräsentiert, aufgerufen und auf das Methode-
nobjekt *printName* zugriffen. Dieses Objekt wird ausgeführt, indem der Call-Operator
angewandt wird.

```
>>> pers.__class__.__dict__["printName"]()
your name is Robert!
```

Zu guter Letzt noch die Möglichkeiten der Stringinterpolation. Diese werden durch den
Prozentoperator ermöglicht. Man definiert einen String, der Platzhalter definiert, und
übergibt diesem eine Liste oder ein Dictionary. Bei der Verwendung von Dictionaries
müssen benannte Platzhalter verwendet werden, bei der Verwendung von Listen geschieht eine positionale Ersetzung.

```
>> print "one=%s, two=%s, three=%s"% [1,2,3]
>> dict = {"two":2, "three":3, "one":1}
>> print "one=%(eins)s, two=%(zwei)s, three=%(drei)s"% dict
one=1, two=2, three=3
```

BaseGenerator. Wie bereits beim Javagenerator ist die Klasse *BaseGenerator* der
Kern aller Generatoren. Sie implementiert den Ablauf und definiert für alle zu generierenden Konstrukte eine Methode, die von den Kindklassen überschrieben werden kann.
Zudem sorgt sie für das Abspeichern der generierten Javasourcen und die korrekte Be-
nennung der Javaklassen.

```python
class BaseGenerator:
  def generate(self):
    result = ""
    result += self.generatePackageStatement()
    result += self.generateImports()
    result += self.generateTypeHeader()
    result += self.generateExtendsClause() + "\n"
    result += self.generateImplementsClause() + "\n"
    result += "{\n"
    result += self.generateProlog()
    result += self.generateInstanceVariables()
    result += self.generateInitializer()
    result += self.generateMethods()
    result += self.generateEpilog()
    result += "}"
    return result;
```

FacadeMethodImpl. Diese Klasse implementiert die Generierung der Methoden für Facadenklassen. Sie wird als MixIn-Klasse von allen Generatoren benutzt, die Delegationscode generieren müssen.

```python
class FacadeMethodImpl:
  def generateMethodImplementation(self, _method):
    result = "\t\t";
    params = _method.getChildren("Parameter");
    type = _method.getChild("Return").getAttributeValue("type")
    if type != "void":
      result += "return "
    result += self.getDelegator() + "." + \
              _method.getAttributeValue("name") + "("
    counter = 0
    for param in params:
      result += param.getAttributeValue("name")
      if counter < params.size() - 1:
        result += ", "
      counter += 1
    result += ");\n"
    return result
  ...
```

LocalFacadeGenerator. Diese Klasse generiert die lokale Facade und ist so wie bereits zuvor ihr Java-Gegenpart sehr trivial gehalten, da das Generat dazu gedacht ist, vom Entwickler geändert zu werden. Das einzige, worauf geachtet wurde, ist, dass das Generat sofort kompilierbar ist. Die Klasse erbt nahezu jegliche Implementierung aus den Klassen *BaseGenerator* und *BaseMethodImpl.*

```python
class LocalFacadeGenerator(BaseGenerator, BaseMethodImpl):
  def generateMethodImplementation(self, _method):
    type_pack = _method.getChild("Return") \
                        .getAttributeValue("package")
    if type_pack == "":
      type =
        _method.getChild("Return").getAttributeValue("type");
      if type in ("byte", "short", "int", "long"):
        return "\t\treturn 0;\n"
      elif type in ("float", "double"):
        return "\t\treturn 0.0\n;"
      elif type == "boolean":
        return "\t\treturn false;\n"
      else:
        return "\t\treturn;\n"
    else:
      return "\t\treturn null;\n"
```

RmiFacadeGenerator. Auch diese Klasse ist relativ einfach gehalten und muss nur die Generation des Epilogs und der Initializers übernehmen. Alle anderen Source-Code-Konstrukte werden von den Elternklassen übernommen. Strings mit dreifachen Anführungszeichen ermöglichen Python, Strings über mehrere Zeilen hinweg unter Beibehaltung von Zeilenumbrüchen zu definieren.

```python
class RmiFacadeImplGenerator(FacadeMethodImpl, BaseGenerator, \
                             BaseMethodImpl):
  def generateInitializer(self):
    result = """
public %(ctor)s() throws RemoteException
{

  %(var)s = new %(local_facade)s();
}"""
    return result % {"ctor": self.getTargetType(),
          "var": self.getDelegator(),
          "local_facade": self.local_gen_.getTargetType()}

  def generateEpilog(self):
    result = """
public static void main(String[] args)
{
  try
  {
    Rmi%(src)s %(lsrc)s = new %(target)s();
    Naming.rebind(Rmi%(src)s.NAME, %(lsrc)s);
    System.out.println("%(lsrc)s bound to:" + Rmi%(src)s.NAME);
  }
```

```
  catch (Exception ex)
  {
    System.out.println("could not bind: " + Rmi%(src)s.NAME);
    ex.printStackTrace();
  }
}"""
  name = self.getSourceType()
  return result % {"src": name,
                   "lsrc": name.lower(),
                   "target": self.getTargetType()}
```

3.7.6   Analyse

Nachdem Sie mir also nun durch mehrere Generatorlösung gefolgt sind, stellt sich nun die Frage: Was ist der beste Ansatz? Bevor wir diese Frage beantworten, erst einmal ein Blick auf die nackten Zahlen und einige Hintergrundinformationen. Für jede der Lösungen wurde die Größe aller Generatoren in Kbyte, die Anzahl der Zeilen, die Anzahl der Klassen und die Anzahl der Funktionen/Methoden gemessen. Da XSLT die Konzepte Klasse und Funktion nicht kennt, wurden hier die Dateien als jeweils eine Klasse und die XSLT-Templates als Funktionen gezählt.

Tabelle 3.1: *Code-Analyse*

	Java	XSLT	Jython
KB	29,7	28,7	18,0
LOC	1230	835	583
Classes	13	9	14
Functions	58	52	45

Die Lösungen wurden in folgender Reihenfolge implementiert: Zuerst Java, dann XSLT und zum Schluss Jython, so dass die Jythonimplementierung die ausgefeilteste ist. Im Vergleich zur Java-Version war zum Zeitpunkt der Implementierung mit Jython viel mehr über die fachlichen Anforderungen bekannt und konnte dort einfließen. Daher birgt die Javaversion sicherlich noch Potential zur Verbesserung. Auf der anderen Seite wurde bei der Jython-Implementierung bewusst darauf verzichtet, das volle Potential des Sprachumfangs von Jython auszuschöpfen - damit auch Javaprogrammierer dem vorgestellten Code leicht folgen können. Somit stehen beide Implementierungen trotzdem in korrekter Relation zueinander.

3.7.7   Bewertung

Die Bewertung erfolgt auf Grund der Forderungen aus Punkt 1.3. Die Begründungen der Einschätzung erfolgt im Anschluss an die nachfolgende Tabelle.

XSLT. XSLT relativ leicht erlernbar, hat jedoch unübersehbar Schwächen beim Umgang mit Strings. Konstrukte wie das Zusammenfügen von Strings oder das Erzeugen von Substrings, Umwandlung in Klein- oder Großbuchstaben sind meist nur mit mehreren Zeilen Code zu bewerkstelligen. Ein korrektes Whitespace-Handling ist meist nur

Tabelle 3.2: *Bewertung*

	Java	XSLT	Jython
Leicht erlernbar	***	***	*****
String-Handling	***	**	*****
Whitespace-Handling	****	*	****
Programmier Konzepte	****	**	*****
Lesbarkeit	****	*	*****
Debugging	*****	*	
Plattform	*****	*****	*****

möglich, wenn auf Zeilenumbrüche innerhalb des eigenen XSLT-Codes verzichtet wird. Dies führt jedoch zu schwer lesbarem Code. XSLT unterstützt alle bekannten Programmierkonstrukte aus der strukturierten Programmierung. Alle moderneren Konzepte wie OOP oder AOP werden nicht unterstützt. Dies macht das Entwickeln umfangreicher Generatorenlösungen unpraktikabel, da eine Zerteilung eines komplexen Systems auf Dateiebene meist unzureichend ist. Die Lesbarkeit von XSLT-Code ist nahezu null. Wenn der eigene Source-Code nur noch aus spitzen Klammern besteht, wird man gewissermaßen blind für das Wesentliche. Die Debugging-Möglichkeiten für XSLT sind im Augenblick noch sehr begrenzt und beschränken sich meist auf das Interpretieren eines Stacktrace oder, wenn man Glück hat und eine Ausgabe erzeugt wurde, auf das Überprüfen von Logging-Ausgaben. Nur langsam werden Debbuger für XSLT verfügbar. Die Plattform-Verfügbarkeit von XSLT ist theoretisch nicht beschränkt - praktisch ergeben sich jedoch massive Unterschiede im Laufzeit- (und damit Fehler-)verhalten. Die vorgestellte Lösung wurde unter MSXML 4.0, Xalan 2.2 und Xalan 2.4 getestet. Mit jeweils völlig unterschiedlichen Ergebnissen.

Java. Prinzipiell ist Java eine relativ leicht zu lernende Sprache - die Frage ist jedoch letztlich in diesem Kontext irrelevant, da man davon ausgehen muss, dass jemand, der einen Java-Source-Code-Generator entwickelt, sowieso schon gute oder sehr gute Kenntnisse in Java hat. Das String-Handling in Java ist recht passabel. Es fehlen jedoch Möglichkeiten zur Stringinterpolation und zur Definition von konstanten Strings über mehrere Zeilen (wobei ersteres leicht selbst entwickelt werden kann). Das Whitespace-Handling ist gut, solange nicht zu viele Tabs und Zeilenumbrüche generiert werden müssen. Dies kann zu schwer lesbarem Code führen. Java unterstützt alle modernen Programmierkonstrukte und über AspectJ kann es sogar um AOP erweitert werden. Alleine hinsichtlich der Möglichkeiten zur reflektiven Programmierung ist es sehr kompliziert. Im Kontext eines Generators ist Java-Code recht schwer zu lesen, da es nicht möglich ist, Strings über mehrere Zeilen zu definieren. Dies führt zu viel Code bei dem immer wieder eine String-Konkatination ausgeführt wird. Java ist auf nahezu allen denkbaren Plattformen erhältlich und auf nahezu allen diesen Plattformen gibt es einen oder mehrere Debugger.

Jython. Jython ist durch seine klare Syntax und durch die konsequent durchgezogene Objektorientierung eine sehr leicht zu erlernende Sprache. Das Stringhandling ist durch die einfache Möglichkeit zur Stringinterpolation und durch die Möglichkeit zur Definition von konstanten Strings über mehrere Zeilen leicht anzuwenden. Das Whitespace-Handling ist gut, solange nicht zu viele Tabs und Zeilenumbrüche generiert werden müssen. Dies kann genau wie bei Java zu schwer lesbarem Code führen. Jython unterstützt alle gängigen modernen Programmierkonzepte, zudem ist es sehr leicht, reflektive Programme unter Python zu entwickeln, da alles, was inspiziert werden kann, ein Objekt ist. Die Möglichkeiten des Stringhandlings machen Python im Rahmen einer Generatorenlösung zu einer sehr lesbaren Sprache. Zudem zwingt die syntaktische Notwendigkeit zur Einrückung von vornherein zu lesbarem Source-Code. Als OSS-Projekt wurde Python, ebenfalls wie Java, auf nahezu alle bekannten Plattformen portiert.

3.8   Fazit

Die Empfehlung im Augenblick kann nur Jython oder Java sein. Wenn Sie den Aufwand zum Erlernen eines neuen Systems scheuen und Sie schon Java-Entwickler an Bord haben, dann ist Java sicherlich ein erfolgversprechender Weg. Wenn Sie den Aufwand nicht scheuen (der zudem gering ist), dann werden Sie bei Jython mit einem sehr mächtigen und flexiblen Werkzeug belohnt. XSLT fällt als Lösung definitiv aus, da es seine Stärken in der Erzeugung von XML hat und zudem erst richtig mächtig wird, wenn tiefe rekursive Strukturen vorliegen. Die Abarbeitung eines AST könnte eine gute Anwendungsmöglichkeit sein. Das vorliegende Ziel und Modell sind durch XSLT nur sehr schlecht abzuarbeiten.

3.9   Andere Ansätze

Natürlich gibt es auch noch andere Ansätze, die Sie zur Entwicklung von Generatoren nutzen können.

XDoclet. XDoclet wird oft in Jakarta-Projekten angewandt und stellt viele fertige Templates für die Entwicklung von EJBs zur Verfügung. Wenn Sie jedoch spezielle Anforderungen haben, die von den fertigen Templates nicht abgedeckt werden, dann müssen Sie das XDoclet Framework erweitern. Dieses ist jedoch recht komplex und bisher mäßig dokumentiert. Zudem basieren XDoclet-Templates auf XSLT, was diese Lösung wenig attraktiv macht. Für kleine und mittlere Generatorenprojekte halte ich XDoclet für keine anzustrebende Lösung. Bei großen Projekten kann die rigide Struktur sicherlich helfen, ein sauberes Design zu erzwingen.

Velocity. Velocity ist ein Jakarta-Projekt, das eine simple Scriptsprache definiert, die sich hervoragend zum Skripten von Javabeans eignet. Einziger Wermutstropfen: Das Whitespace-Handling ist erbärmlich.

Jelly. Jelly ist ebenfalls ein Jakarta-Projekt, das sich in den Kopf gesetzt hat, eine Scriptsprache für XML zu entwickeln, die in etwa auch genauso klar ist wie XML.

Cheetah. Cheetah ist eine Bibliothek für Python, die entwickelt wurde, um schnell und einfach Ausgaben für das Web und Text zu bewerkstelligen. Wenn Jython für Sie eine Option ist, dann auch Cheetah.

3.10   Links

Jython - `http://www.jython.org`

Velocity - `http://jakarta.apache.org/velocity/index.html`

Xdoclet - `http://www.xdoclet.org`

Template-patterns - `http://www.voelter.de/data/pub/ProgramGeneration.pdf`

Cheetah - `http://www.cheetahtemplate.org/`

Jelly - `http://jakarta.apache.org/commons/jelly/index.html`

3.11   Über den Autor

Robert Kuzelj ist freischaffender Software Architekt mit den Schwerpunkten Verteilte Systeme (EJB, .NET) und Entwicklung von Generatoren für MDA-Systeme, vornehmlich in der Sprache Python. `www.pragmatico.org`

4   Das Dynamic Attribute Set Pattern

Mit einer Einführung zum Thema Design Patterns

René Schneider und Matthias Thurner

4.1   Definition und Überblick über Patterns

> *„Design Patterns sind Beschreibungen zusammenarbeitender Objekte bzw.*
> *Klassen, die ein allgemeines Entwurfsproblem in einem bestimmten Kontext*
> *lösen. "*

(Gang Of Four)

Anders ausgedrückt: Viele Situationen, die uns in der täglichen Design- und Programmierpraxis begegnen, sind anderen Entwicklern vor uns ebenfalls schon begegnet. Manche dieser Entwickler haben gute Lösungen dafür gefunden, haben diese auf eine allgemein gültige Ebene gehoben, in der Praxis getestet, dokumentiert und publiziert, und damit Design Patterns geschaffen. Design Patterns (auf Deutsch „Entwurfsmuster") oder kurz Patterns dienen also der Weitergabe und der Wiederverwendung von praxiserprobten Lösungen für spezifische Problemstellungen. Gemäß dem Motto: Man muss das Rad nicht neu erfinden.

Dabei sind Patterns prinzipiell unabhängig von der verwendeten Programmiersprache. Viele Patterns beinhalten jedoch Code-Beispiele in einer bestimmten Sprache oder haben eine besondere Relevanz für eine bestimmte Plattform. Auf Basis der Java Plattform sind viele Patterns im Zusammenhang mit der Java 2 Enterprise Edition (J2EE) entstanden.

Patterns sind Lösungsentwürfe, die erst in der speziellen Implementierung zur Problemlösung werden. Sie sind dabei nicht dogmatisch zu behandeln, sondern entfalten ihren Nutzen mitunter dadurch, dass sie verändert und weiterentwickelt werden. Es ist Sache des Entwicklers, wie er ein bestimmtes Pattern einsetzen möchte.

Der nachfolgende Beitrag soll den Nutzen von und die Arbeitsweise mit Patterns näher beleuchten. Außerdem werden mögliche Quellen für Patterns genannt. Im Anschluss erfolgt die praxisbezogene Erläuterung anhand des Dynamic Attribute Set Patterns.

4.2   Nutzen von Patterns

Die Verwendung von Patterns hat drei konkrete Nutzenaspekte:

Produktivitätsgewinn. Der Aufwand für Suche und Verwendung eines Patterns ist meist wesentlich geringer als der evtl. große Aufwand für die Entwicklung einer eigenen Lösung. Dieser Nutzenaspekt ist in Manntagen abschätzbar und kann zu einem Nutzengewinn von Tagen bis Wochen oder Monaten reichen.

Qualitätsgewinn. Die eigene Lösung ist nicht immer unbedingt die Beste. Patterns beinhalten oft „gute" Lösungen, die von fähigen Leuten entwickelt wurden. Zudem sind Patterns oft vielfach praxisbewährt und getestet. Beides zusammen ergibt im Idealfall eine „Best Practice" Lösung. Der Nutzen ist hier zwar nur schwer quantifizierbar, kann aber sehr wesentlich für die Qualität der gesamten Software sein und auch einen erheblichen indirekten Produktivitätsgewinn durch eine „bessere" Architektur nach sich ziehen.

Bessere Übersicht und einfachere Kommunikation. Patterns bezeichnen eine oft komplexe Problemsituation und deren Lösung mit einem kurzen Namen. Sie schaffen somit eine Terminologie zur einfachen und übersichtlichen Beschreibung von ganzen Architekturen. Diese Terminologie kann die Kommunikation über entsprechende Sachverhalte erheblich vereinfachen.

4.3   Arbeitsweise mit Patterns

Die Ansatzpunkte für den eventuellen Einsatz eines Patterns ergeben sich normalerweise aus einer konkreten Problemsituation heraus. Charakteristisch für eine derartige Situation ist meist, dass sie mehrere Lösungsalternativen bietet, jede Lösung den entsprechenden Teil der Software wesentlich prägt und vieles andere darauf aufbaut (Wie soll z.B. die Granularität der Kommunikation zwischen Client und Server beschaffen sein? Sollen viele „kleine" Aufrufe oder wenige „große" Aufrufe erfolgen?).

Der erste Schritt besteht darin, das Problem vollständig zu definieren. Es muss insbesondere festgelegt werden, welche Rahmenbedingungen existieren und welche Ziele verfolgt werden sollen (z.B. Rahmenbedingung: Kommunikation mit geringen Bandbreiten, Ziel: Kurze Antwortzeiten etc.).

Im zweiten Schritt findet die Suche nach geeigneten Patterns statt. Hierzu wird in den entsprechenden Quellen (s. unten) recherchiert. Einzelne Patterns müssen selektiert und auf ihre Relevanz bezüglich der konkreten Problemstellung hin analysiert werden (Welche Patterns betreffen z.B. die Kommunikation zwischen Client und Server? Was ist der Inhalt des „Composite Entity"-Patterns?).

Hat man ein Pattern gefunden, welches geeignet erscheint, das konkrete Problem zu lösen, so sollte anhand eines Prototypen getestet werden, ob diese Lösung tatsächlich erreicht wird (z.B. Implementierung eines Prototypen einmal mit Composite Entities und einmal ohne, mit anschließendem Vergleich der Antwortzeiten unter verschiedenen Lastsituationen).

Ist das Prototyping erfolgreich verlaufen, so kann das entsprechende Pattern – ggf. mit Anpassungen – in das Design der eigentlichen Software übernommen werden.

Das Gute dabei: Selbst wenn man kein geeignetes Pattern zur Lösung des Problems findet, so hat man zumindest das Problem sauber definiert und sich systematisch mit möglichen Alternativen auseinandergesetzt. Erfahrungsgemäß bringt einen das der Lösung oft schon wesentlich näher.

4.4 Quellen für Patterns

Als Quellen für Patterns sind neben der einschlägigen Fachliteratur insbesondere Websites zu nennen, die gängige Patterns online und sofort verfügbar halten.

Literatur. Folgende aktuelle Fachbücher behandeln das Thema Patterns in brauchbarer Form:

- *J2EE Design Patterns Applied* von Matjaz Juric

- *Design Patterns Java Workbook* von Steven John Metsker

- *Core J2EE Patterns: Best Practices and Design Strategies* von Deepak Alur

- *EJB Design Patterns: Advanced Patterns, Processes, and Idioms* von Floyd Marinescu

Daneben gibt es noch eine Vielzahl weiterer Bücher, die sich schwerpunktmäßig oder teilweise mit Patterns beschäftigen.

Websites. Folgende Websites bieten Patterns bzw. Best Practices samt Dokumentation und Beispielen:

- Sun – Java BluePrints
  http://java.sun.com/blueprints
  Unter Patterns findet sich eine Auswahl von J2EE Patterns.

- The Server Side
  http://www.theserverside.com
  Unter Patterns findet sich eine umfangreiche Sammlung von J2EE Patterns. Zudem ist das Buch „EJB Design Patterns" von Floyd Marinescu dort kostenfrei verfügbar.

- PreciseJava
  http://www.precisejava.com

  Best Practices zum Performance Tuning für J2EE und J2SE.

- Pattern Depot
  `http://www.patterndepot.com`
  Breit gefächerte Auswahl unterschiedlichster Patterns mit unterschiedlicher Qualität.

Neben den genannten existieren viele weitere Websites, die Patterns und zugehörige Artikel publizieren (z.B. `http://www.javaworld.com`). Die Suche nach den Schlagworten „java" und „pattern" im Web liefert eine große Menge entsprechender Ergebnisse.

4.5 Das Dynamic Attribute Set Pattern (DAS)

Es folgt ein praktischer Zugang zur Thematik anhand eines konkreten Patterns. Das Dynamic Attribute Set Pattern entstand im Rahmen der Softwareentwicklung der **prevero** business information solutions AG in München.

4.5.1 Problematik

Moderne Software, die für die Benutzung durch mehrere Anwender ausgelegt ist, wird meistens als sogenanntes „Verteiltes System" betrieben. Nach Andrew Tanenbaum ist ein Verteiltes System definiert als „eine Kollektion unabhängiger Computer, die dem Benutzer als ein Einzelcomputer erscheinen". Diese Definition impliziert, dass die Computer miteinander verbunden sind und Ressourcen – in unserem Fall also Daten – gemeinsam nutzen.

Ein solches System kommt per Definition nicht ohne den Austausch von Daten über irgendeine Art von Netzwerk aus. Je nach Umfang und Komplexität der Anwendung und der Anzahl der zu übertragenden Informations-Pakete kann nun eine solche Kommunikation zwischen zwei Software-Komponenten gewaltige Datenmengen umfassen.

Meist nimmt die Datenübertragung sehr viel größere Zeitspannen in Anspruch als man sich bewusst ist. So benötigt zum Beispiel in einem durchschnittlich schnellen Netzwerk das Übertragen von 1.000 Datenbank-Einträgen von jeweils 100 Zeichen ca. 100 ms. Eine gängige Datenbank benötigt zum Einfügen dieser Datensätze aber gerade einmal 20 ms! Abhängig von der Art der Übertragung, der Menge der zu versendenden Daten und der Geschwindigkeit des Netzwerkes wird dieser Datentransfer also sehr schnell zum Performance-Flaschenhals der gesamten Anwendung.

Aus diesem Grund ist es von essentieller Bedeutung, die Menge der zu übertragenden Daten so gering wie möglich zu halten – oder zumindest zu versuchen, alle redundanten oder überflüssigen Informationen der Kommunikation zu eliminieren.

4.5.2 Anwendungsfälle

Moderne Verteilte Systeme sind normalerweise als sogenannte „Drei-Schichten-Anwendung" aufgebaut. Dabei umfasst die erste Schicht den gesamten anwenderseitigen Teil der Software, die zweite die eigentliche Geschäftslogik und die dritte Schicht die Datenpersistenz – also die Speicherung der gemeinsam genutzten Daten.

Die Kommunikation der einzelnen Teile der Software – besonders zwischen den Komponenten auf Schicht eins und zwei – findet dabei meistens über sogenannte *Data Transfer Objects* (vgl. Patterns -> Data Transfer Objects), auch *DTOs* genannt, statt. Diese DTOs entsprechen häufig den verwendeten Entitäten und enthalten alle entsprechenden Attribute. So werden bei einer Anfrage alle Attribute eines Objektes auf einmal übertragen, anstatt jedes einzeln weiterzureichen. Dieses Vorgehen erspart einem die – unter Umständen sehr teuren, also zeitintensiven – wiederholten Verbindungen zum Kommunikationspartner. Statt dessen wird also das gesamte Objekt übertragen und auch als Gesamtheit in der dritten Schicht persistiert.

Um den Umfang , den solch eine Datenkommunikation umfassen kann einmal zu verdeutlichen, nehmen wir folgende, hypothetische Klasse für die Entität „Buch" an:

```java
public class Buch implements java.io.Serializable {
  private String isbn;
  private String titel;
  private String klappenText;
  private String autorName;
  private byte[] autorFoto;

  [..]
}
```

Unser Beispiel zeigt uns schnell: Die zu handhabenden Datenmengen können enorm, bei einem langen Klappentext oder hochauflösenden Bild des Autors sogar gigantisch werden. Und trotzdem muss für jede Anfrage das komplette Objekt übertragen werden, selbst wenn in einer Anfrage zum Beispiel nur der Titel tatsächlich benötigt würde.

Noch schlimmer wiegt dieser Nachteil bei Daten, die serverseitig sehr aufwändig generiert oder validiert werden müssen: Diese Operationen müssen selbst dann stattfinden, wenn die Daten eigentlich in der erfolgten Aktion überhaupt nicht verändert wurden, da die Komponente nicht unterscheiden kann, welche Daten modifiziert wurden und welche nicht.

Bietet sich vielleicht die Möglichkeit, nicht benötigte Informationen einfach wegzulassen (indem man zum Beispiel das entsprechende Attribut auf null setzt)?

Leider nicht. Nehmen wir an, der Titel eines Buches solle geändert werden. Wir bekämen also das nur mit dem Titel gefüllte Buch-Objekt vom Server geliefert, ändern den Titel ab und senden es zurück an den Server. Wie bereits geschildert sollte immer möglichst viel Information mit möglichst wenig Aufrufen an den Server versendet werden. Dementsprechend existiert nur eine einzige Methode zum Speichern des geänderten Buches:

```java
public void modifiziereBuch(Buch buch){
  // Code fuer die Persistenz des Objektes
  // ...
}
```

Woher aber weiß nun die Methode, welche Daten sich geändert haben und welche nur nicht gefüllt sind? Möchte der Anwender das – anfänglich nicht vom Server gelieferte – Foto des Autors nun löschen, oder wurde es nur nicht mit übertragen, um die Datenmenge gering zu halten und soll eigentlich nicht verändert werden?

Es wird recht schnell deutlich, dass in diesem Ansatz etwas fehlt: Der dritte Zustand eines Attributes. Anstatt „enthält Daten" oder „ist leer" kann ein Attribut nun auch den Zustand „ist nicht gesetzt" annehmen.

Für primitive Typen oder einfache Objekte lässt sich zwar vereinbaren, dass bestimmte Werte einem „nicht gesetzt" entsprechen (zum Beispiel -1 für numerische Werte, *null* für Strings etc.) aber wie verhält es sich bei anderen Objekten? Falls eine Klasse keinen parameterlosen Konstruktor anbietet, ist es praktisch unmöglich, ein leeres Objekt anzulegen und damit den dritten Zustand zu modellieren.

Einen Workaround für die geschilderte Problematik in der bestehenden Buch-Klasse zu modellieren ist unschön und umständlich – vor allem, da es bessere Möglichkeiten gibt, das Problem zu lösen.

4.5.3   Lösung mit dem Dynamic Attribute Set Pattern (DAS)

Konzept. Das *Dynamic Attribute Set Pattern* ist eine Erweiterung des recht weit verbreiteten *Data Transfer HashMap Patterns*, eliminiert jedoch einige der gravierendsten Nachteile dieses Konzeptes.

Im Prinzip bietet uns bereits eine *HashMap* genau die zusätzliche Information, die wir für die selektive Übertragung von Daten benötigen: Jeder Schlüssel, der in der HashMap enthalten ist, entspricht einem Attribut einer Entität. Entweder, die HashMap enthält einen bestimmten Schlüssel, dann wird das entsprechende Attribut auf den in der HashMap enthaltenen Wert gesetzt. Oder der Schlüssel ist nicht vorhanden und die Komponente, die mit den Daten arbeitet, ignoriert ihn vollständig.

Damit scheint das Problem gelöst. Leider beschneidet uns dieser Ansatz auch ganz erheblich in der Flexibilität und Benutzerfreundlichkeit der exportierten API.

Einer der wichtigsten Nachteile, der dadurch entsteht, dass keine dezidierten Klassen verwendet werden, sondern eine HashMap, ist die fehlende Vererbung. Eine Entität kann keine Attribute oder Methoden an eine abgeleitet Klasse vererben. Tatsächlich besitzt eine solcherart eingesetzte HashMap ja auch keines der Attribute, die sie enthält: Sie ist nur Träger der Information.

Ebenso kann keine der Entitäten einen Konstruktor besitzen, sodass ein Entwickler niemals davon ausgehen kann, ein Objekt mit einem erforderlichen Mindest-Zustand zu bearbeiten.

Auch lassen sich keine Methoden zur Validierung von Wertebereichen, für Ausgabe oder ähnliches verwenden, da eine HashMap diese nicht anbietet.

Ein zusätzlicher großer Nachteil ist, dass ein HashMap-Objekt sich einzig und alleine durch seine Attribute definiert. Was ist aber, wenn zwei Objekte – bedingt durch das „Weglassen" von Attributen im Sinne der Datenreduktion – exakt die gleichen Attribute aufweisen, es sich aber eigentlich um völlig unterschiedliche Entitäten handelt? Wodurch kann die bearbeitende Komponente wissen, um welchen Typ es sich gerade handelt? Der Lösungsweg hierfür, immer einen Schlüssel in der HashMap zu erzwingen, der den Element-Typ enthält, erschwert sich dadurch, dass sich dieser Schlüssel leider gar nicht erzwingen lässt: Es handelt sich schließlich um eine HashMap, deren Inhalte völlig frei definiert sind, solange es sich um Objekte handelt. Und schließlich würde das Abfragen des Element-Typs in einem chaotischen Code voller Switch-Anweisungen enden, die lediglich dazu dienen, den Element-Typ des derzeit bearbeiteten Objektes festzustellen.

Und schließlich muss, um die Attribute einer HashMap-Entität von jedem Entwickler leicht und fehlersicher auslesen zu können, ein allgemeingültiges Konstanten-Interface oder besser eine Typsichere Enumeration mitgepflegt werden. Diese Enumeration definiert alle verwendeten Schlüssel-Objekte für die vorkommenden Entitäten. Spätestens wenn externe Entwickler ihre anwendungseigenen Entitäten beisteuern, die in diese Enumeration aufgenommen werden müssen, wird diese Tätigkeit zur Sisyphos-Arbeit.

Glücklicherweise bietet das Dynamic Attribute Set Pattern für alle geschilderten Problematiken eine elegante und performante Lösung.

Aufbau. Das Dynamic Attribute Set Pattern stellt einen *Wrapper* – also eine Kapsel – um eine normale HashMap dar, der erzeugt wird, indem eine DAS-Basis-Klasse ein privates Attribut vom Typ HashMap deklariert. Diese Basis-Klasse exportiert zusätzlich zu den regulären Methoden der HashMap, die in diesem Fall einfach an die gekapselte HashMap weitergereicht werden, für jedes Attribut dezidierte Zugriffsmethoden. Diese Methoden behandeln nötigenfalls die in der HashMap abzulegenden oder aus der HashMap zu lesenden Werte entsprechend ihrer Implementierung, indem zum Beispiel Wertebereiche überprüfen oder Validierungsregeln anwenden. Im Anschluss daran werden die Werte dann entweder in der HashMap abgelegt oder zurückgeliefert.

Jeder Schlüssel, der ein Attribut einer DAS-Entität identifiziert, ist dabei in der DAS-Klasse als öffentliches, finales, statisches Attribut – zum Beispiel vom Typ *String* – deklariert.

Nehmen wir zum Beispiel an, unsere hypothetische Buch-Klasse wäre die Basis-Klasse des Dynamic Attribute Set Patterns unserer Anwendung. Eine Implementierung könnte dann folgendermaßen aussehen:

```
import java.util.HashMap;
import java.util.Set;

public class DASBuch implements java.io.Serializable {

    /* Diese HashMap enthaelt alle gesetzten Schluessel des
     * Buch—Objektes
     */
    private HashMap attributes;

    /* Alle Attribute, die fuer diese Klasse gueltig sind */
    public final static String ISBN = "isbn";
    public final static String TITEL = "titel";
    public final static String KLAPPENTEXT = "klappenText";
```

```java
public final static String AUTOR_NAME = "autorName";
public final static String AUTOR_FOTO = "autorFoto";

/* Konstruiert ein neues DASBuch-Objekt und instanziert
 * die HashMap
 */
public DASBuch(String isbn) {
  this.attributes = new HashMap();
  this.setISBN(isbn);
}


/* Generische Methode zum setzen eines Wertes
 * fuer ein Attribut in der gekapselten HashMap.
 */
public void set(String key, Object value) {
  this.attributes.put(key, value);
}


/* Generische Methode zum entfernen eines Schluessels
 * und des korrespondierenden Wertes in der gekapselten
 * HashMap.
 */
public void remove(String key) {
  this.attributes.remove(key);
}


/* Generische Methode zum auslesen eines Wertes
 * fuer ein Attribut in der gekapselten HashMap. */
public Object get(String key) throws NullPointerException{
  Object value = attributes.get(key);
  if(value == null) throw new NullPointerException(
     "Wert fuer " + key + " nicht gesetzt.");
   return value;
}

/* Methode zum Auslesen der ISBN-Nummer */
public String getISBN() throws NullPointerException {
  return (String)this.get(ISBN);
}


/* Methode zum Setzen der ISBN-Nummer */
public void setISBN(String isbn) throws NullPointerException{
  this.set(ISBN,isbn);
}


// Synonym fuer alle weiteren Attribute [..]
```

```
  /* Liefert alle gueltigen Schluessel fuer diese Klasse */
  public String[] getValidKeys() {
    return new String[]
      {ISBN,TITEL,KLAPPENTEXT,AUTOR_NAME,AUTOR_FOTO};
  }


  /* Liefert true wenn die Instanz das
   * entsprechende Attribut gesetzt hat */
  public boolean containsKey(String key) {
    return this.attributes.containsKey(key);
  }


  /* Liefert alle gesetzten Schluessel fuer diese Klasse */
  public Set keySet() {
    return this.attributes.keySet();
  }
}
```

Die derart exportierte API ist damit für jeden Entwickler sehr einfach und schnell zu nutzen, da sie – wie jede andere Klasse, die Entitäten modelliert, auch – die Attribute über standardisierte Zugriffsmethoden veröffentlicht. Die Verwendung des Dynamic Attribute Set Patterns ist für den Entwickler somit völlig transparent.

Zusätzlich zu den normalen Zugriffsmethoden erlaubt die Schnittstelle generische Zugriffe auf die gekapselte HashMap. Diese Methoden finden in der Persistenz-Schicht der Software Verwendung und ermöglichen eine abstrakte und einfache Persistenz der Objekte.

Persistenz. Die verschiedenen Arten, die Persistenz-Schicht einer Anwendung abzubilden, sind so vielfältig, dass hier nur der generelle Gebrauch der generischen Zugriffsmethoden – und deren Vorteile in der Persistenz – beschrieben werden soll.

Im Folgenden finden Sie ein Code-Fragment zum Modifizieren eines Datensatzes, das in dieser Form durchaus für die Persistenz unserer Buch-Klasse in einer Produktiv-Umgebung Verwendung finden könnte.

```
[..]
HashMap mapping = new HashMap();
mapping.put(Buch.ISBN, new Column("isbn", Types.VARCHAR));
mapping.put(Buch.TITEL, new Column("titel", Types.VARCHAR));
mapping.put(Buch.KLAPPENTEXT,
  new Column("klappentext", Types.VARCHAR));
mapping.put(Buch.AUTOR_FOTO,
  new Column("autor_foto", Types.VARCHAR));
mapping.put(Buch.AUTOR_NAME,
  new Column("autor_name", Types.VARCHAR));

StringBuffer statement = new StringBuffer("UPDATE Buch ");
Set attributeKeys = buch.keySet();
```

```java
for(Iterator it = attributeKeys.iterator();it.hasNext();) {
  statement.append("SET ");
  statement.append(mapping.get(it.next()));
  statement.append("=?, ");
}
if(attributeKeys.size() > 0)
  statement.deleteCharAt(statement.length()-2);

try {
  PreparedStatement pStatement =
    connection.prepareStatement(statement.toString());
  int position = 1;
  for(Iterator it = attributeKeys.iterator();it.hasNext();) {
    Object key = it.next();
    pStatement.setObject(position++, buch.get(key),
      ((Column)mapping.get(key)).dataType);
  }
  pStatement.execute();
}
catch(SQLException sqle){
  // Exception-Handling
}

[..]


pulic class Column {
  public int dataType;
  public String name;

  /* Konstruiert eine neue Instanz dieser Hilfs-Klasse */
  public Column(String name, int dataType) {
    this.name = name;
    this.dataType = dataType;
  }
}
```

Zunächst wird in diesem Beispiel eine HashMap von Objekten erzeugt, die eine eindeutige Zuordnung von Attributnamen zu Spalten-Namen und -Typen erlaubt. Das Erzeugen des SQL-Befehls erfolgt dann mit Hilfe einer Iteration über alle enthaltenen Schlüssel in dem als Argument übergebenen Buch. In einer zweiten Iteration werden dann die entsprechenden Werte in den erzeugten SQL-Befehl eingefügt und das Statement ausgeführt.

Diese rudimentäre Implementierung zeigt recht eindrucksvoll, mit welcher vergleichsweise geringen Anzahl an Quelltext-Zeilen das generische Modifizieren eines Datensatzes zu bewerkstelligen ist. Ganz ähnlich sähe auch der Quelltext für das Einfügen oder Auslesen von Datensätzen aus: Auch sie verwenden die generischen Zugriffsmethoden für den Zugriff auf Attribute, um eine möglichst abstrakte Behandlung der übergebenen Daten zu ermöglichen.

Performanz. Die folgenden Zahlen sind aus dem Test-System einer Anwendung extrahiert, die für eine Skalierbarkeit auf über 300 gleichzeitige Benutzer ausgelegt ist. Die Kommunikation zwischen den Software-Komponenten kann dabei pro Aufruf mehrere tausend Objekte unterschiedlicher Größe umfassen. Es handelt sich um eine reine Java-Applikation, deren serverseitige Komponente über Enterprise Java Beans den Client mit Daten bedient.

Die Testläufe wurden jeweils sowohl mit Instanzen von DAS-Klassen als auch mit regulären Objekten durchgeführt. Dabei wurde simuliert, wie sich auf der einen Seite das reduzierte Datenvolumen, auf der anderen Seite die Anzahl der zu übertragenden Objekte auf die Geschwindigkeit der Kommunikation auswirkt. Ein komplettes DAS-Objekt enthält dabei die gleichen Attribute wie das normale DTO, während ein reduziertes DAS-Objekt nur einen Ausschnitt der Attribute umfasst.

Die benötigte Zeit wurde jeweils für die Anfrage des Client, das Auslesen der Daten, die Erzeugung aller Objekte und das Zurückliefern der Objekte gemessen.

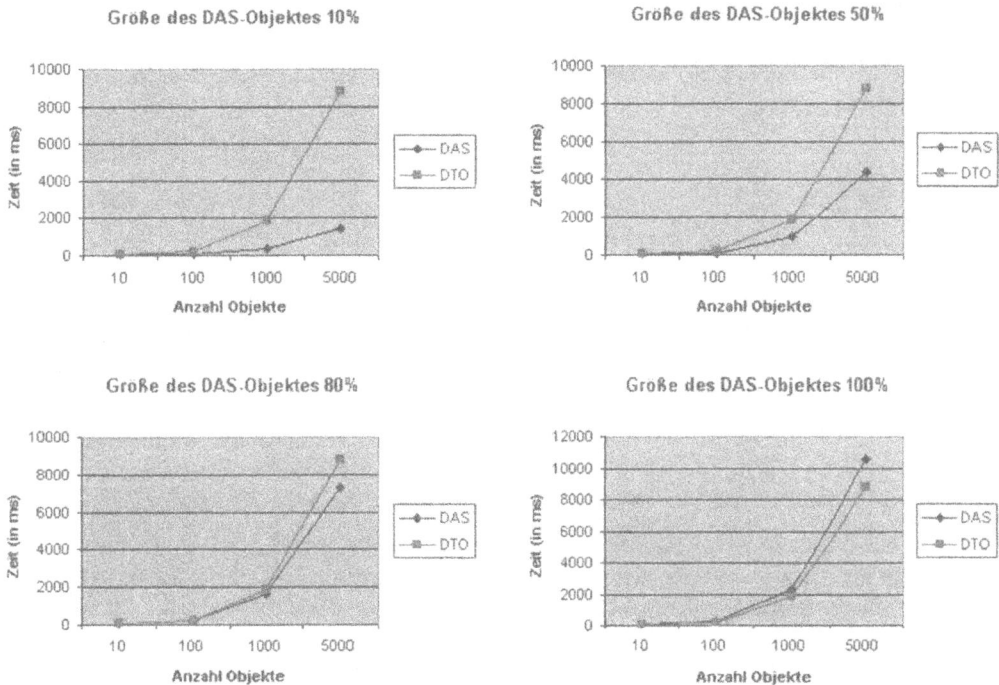

Abb. 4.1: Größen- und Laufzeitvergleich zwischen DAS Objekt und DTO

Aus den Zahlen wird ersichtlich, dass durch die Verwendung des Dynamic Attribute Set Patterns eine geringe Performanz-Einbuße entsteht, da Zugriffe auf dieses Datenobjekt durch die gekapselte HashMap vergleichsweise teuer sind.

Wird bei dem Datenverkehr jedoch ein bestimmtes Volumen an Datenobjekten überschritten, oder nur Teilmengen der Attribute einer Entität verwendet, so macht sich sehr schnell die verminderte Datenmenge durch erheblich verkürzte Übertragungszeiten bemerkbar.

4.6   Fazit

Das Dynamic Attribute Set Pattern ermöglicht es dem einsetzenden Entwickler, gezielt bestimmte Attribute von Entitäten anzufragen. Die gelieferten Daten umfassen dabei ausschließlich die angeforderten Attribute – es entsteht keinerlei Datenredundanz.

Werden in einer Anwendung sehr oft nur Teilmengen von Attributen einer Entität benötigt oder enthalten die Attribute überdurchschnittlich viele Daten, so macht sich die reduzierte Datenmenge sehr schnell durch verkürzte Laufzeiten bemerkbar.

Wenn die Anzahl der von einer Applikation ausgetauschten Objekte groß ist, potenziert sich der Geschwindigkeitsunterschied zugunsten des Dynamic Attribute Set Patterns mit steigender Objektzahl noch weiter.

Dementsprechend lohnt sich der Einsatz des Dynamic Attribute Set Patterns besonders in Anwendungen, die zwischen ihren verteilten Komponenten viele Datenobjekte austauschen müssen, deren Attribute jedoch situationsabhängig in unterschiedlichem Umfang nutzen.

4.7   Über die Autoren

René Schneider ist als Software Entwickler bei der **prevero** Systems GmbH in München tätig. Seine Schwerpunkte liegen in den Bereichen Design und Entwicklung von Middleware-Komponenten, insbesondere auf der Basis von J2EE. Er hat das Dynamic Attribute Set Pattern in wesentlichen Teilen entwickelt.

Mag. Matthias Thurner ist als CTO und Entwicklungsleiter der **prevero** business information solutions AG in München tätig. Sein Aufgabenbereich umfasst unter anderem die Bereiche Research und Software Entwicklung in der prevero Unternehmensgruppe.

Die **prevero** business information solutions AG entwickelt, vermarktet und implementiert integrierte Lösungen im Bereich der Business Intelligence. Ihr Standardprodukt **infoplan** bietet umfassende Unterstützung bei Planung, Analyse, Simulation und Reporting im strategischen und operativen Controlling von Unternehmen und Institutionen. Nähere Informationen finden Sie unter `http://www.prevero.com`.

5 Pragmatic Programmer

Robert Kuzelj

In großen Projekten mit vielen Teilteams, ungefestigtem Design und einem kaum definierten Prozess kommt es oftmals zu Problemen, wenn die Produkte der Teilteams miteinander integriert werden sollen. Der Buildvorgang läuft entweder nicht zu Ende oder der anschließende Test schlägt fehl. Dieses Kapitel stellt einen dynamischen OO-Entwicklungs-Treiber vor, der die Koppelung zwischen den Klassen bzw. ihren Instanzen (Objekten) extrem lose und dynamisch vom Client her gestaltet.

Beschrieben werden ein Muster, ein Prozess sowie eine begleitende Bibliothek, mit denen Projekte trotz widriger Umstände erfolgreich durchgeführt werden können.

5.1 Projektrealität

Ihnen kommt dies sicherlich bekannt vor: Sie kommen neu in ein Projekt mit weit über 50 Entwicklern (Programmierer/Designer/Fachberater); die Truppe ist in mehrere Teams aufgeteilt, die jeweils an eigenen Komponenten entwickeln. Fachliche Anforderungen erzwingen eine enge Koppelung der Komponenten. Die Zeit ist wie üblich knapp, der Vorstand des Unternehmens hat verkündet, dass das neue bahnbrechende Produkt bereits in drei Monaten fertiggestellt sein wird, die Aktionäre freuen sich über den erwarteten Mehrumsatz und den Anstieg des Aktienkurses, die Mitarbeiter sehen bereits die Überstunden und die Wochenendarbeit auf sich zurollen...

Der Stresslevel steigt täglich. Die Fachberater werfen im Stundentakt neue Spezifikationen und Masken aus oder ändern bereits vorhandene Spezifikationen. Die Programmierer sind mächtig unter Druck, weil sie erst vor zwei Wochen mit der neuen Technologie Bekanntschaft gemacht haben und der zweitägige Java-Crashkurs auch nicht sehr vertiefend war. Statt zu agieren und ein sauberes Design zu entwerfen, wird nur noch auf neue oder geänderte Vorgaben der Fachberater reagiert. Ständig werden die bereits vorhandenen APIs verändert. Jeder spürt den Druck. Da ist nun wirklich keine Zeit mehr, das Nachbar-Team auf die Änderungen des eigenen Designs aufmerksam zu machen. Die werden das schon alleine merken, was sich da geändert hat. Die Zeit, einen Prozess zu etablieren, der solche „Unvorhersehbarkeiten" abfedert, hat selbstredend auch gefehlt.

Sie ahnen es: der Integrationstag wird ein Desaster! Wie nicht anders zu erwarten: nichts geht mehr. Der automatische Build läuft noch nicht einmal fehlerfrei über die erste Komponente (Produkt eines Teilteams) und auch ein manuelles Schrauben am Build oder ein von den entsprechenden Teams zur Verfügung gestellter Patch helfen nicht, sondern verschlimmern das Ganze.

Was nun folgt ist ebenfalls fast unvermeidlich: „es den anderen in die Schuhe schieben".
Jedes Teilteam sieht sich als Opfer, hat es doch nur gegen die bereits veröffentlichten
Schnittstellen der anderen Teilteams programmiert („Wie können wir denn ahnen, dass
die ihre Schnittstelle schon wieder geändert haben?!").

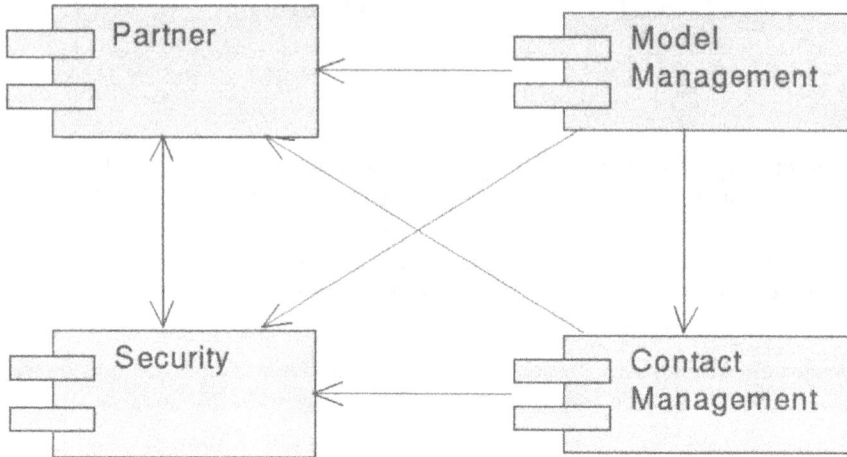

Abb. 5.1: *Moderat komplexe Applikation mit mehreren Komponenten, die sich untereinander
referenzieren. Änderungen der Schnittstellen einer Komponente haben eventuell schwere Folgen
für Nutzer dieser Komponente.*

5.2   Auswege

Was sie jetzt benötigen, ist eine Möglichkeit das Projekt schnell über das scheinbar
unüberwindliche Hindernis der Integration zu bringen. Die hier vorgestellte Lösung
beinhaltet eine Handlungsanweisung (Muster) zum Erstellen von entkoppelten Komponenten, eine Library, die Ihnen hilft dieses Muster schnell anzuwenden und einen
Prozess, der sie bei den verschiedenen Phasen der Anwendung des Musters unterstützt.

Die vorgestellte Lösung ist unter folgenden Prämissen anwendbar:

- Umkrempeln des aktuellen Prozesses (auch wenn dieser eigentlich nicht existent
  ist, da er nicht gelebt und nicht beachtet wird) ist nur in kleinsten Schritten
  möglich.

- Das Design ist sehr einfach, nahezu simple. Die meisten Programmierer in dem
  Projekt haben weder vertiefte Erfahrung in Java noch in OO-Design.

- Die Lösung federt Änderungen an der Schnittstelle ab.

- Es soll ein „defensives Programmieren" gefördert und gefordert werden.

- Es soll eine evolutionäre Entwicklung unterstützt werden.

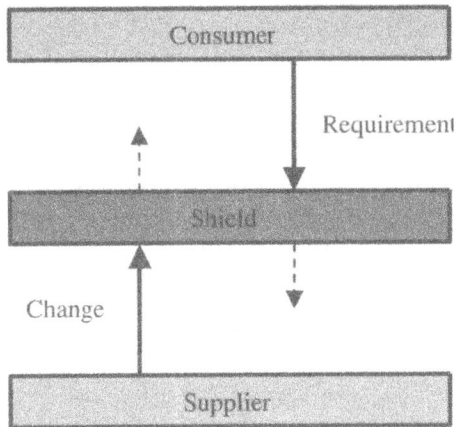

Abb. 5.2: *Die Lösung dient als Schild (Shield) zwischen dem Nutzer (Consumer) und dem Erzeuger (Supplier) der Daten. Nutzer werden vor Änderungen (Change) geschützt, Erzeuger vor neuen Anforderungen (Requirement).*

Über die extreme Schwere des Prozesses

Bei der Beschreibung der obigen Projektrealität werden die Anhänger diverser Prozess-ideologien wissend gedacht haben: „So geht's freilich nicht! Wer nicht kontinuierlich integriert, kein Pair-Programming anwendet und keinen Coach hat, der den Prozess steuert, der muss ja mit diesen Problemen kämpfen." So oder so ähnlich könnte die Argumentation der XP'ler lauten.

Verfechter schwergewichtigerer Prozesse würden eher einwenden: „Keine Prototypen, keine Use-Cases, keine Architektur und keine visuelle Modellierung - das wird doch nix!"

Obwohl zugegebenermaßen die Argumente der einen Seite wie auch der anderen Seite einleuchtend und im richtigen Kontext angebracht sein mögen, muss man doch festhalten: viele (die meisten?) Projekte sind einfach „Death March"-Projekte. Projekte also, die vom Management mit viel zu großen Erwartungen, zu großem Umfang in viel zu kurzer Zeit (schließlich leben wir „on internet time") gegen das bessere Wissen der Entwickler durchgedrückt werden. Dies geschieht oftmals (wenn wir mal davon ausgehen, dass im Management nicht nur „Nieten in Nadelstreifen" sitzen), weil das Management weiß - oder glaubt zu wissen - dass man sich mit dem angestrebten Produkt oder der Technologie einen riesigen Vorsprung vor den Mitbewerbern herausarbeiten kann.

In diesen Unternehmen werden Argumente wie Coachen der Entwickler, langsame Evolution der Architektur und Reduktion des Funktionsumfangs auf wenig Gegenliebe und Verständnis treffen. Die Frage bleibt: „Wie bleiben wir auch in einem solchen Umfeld erfolgreich oder zumindest erfolgreicher?"

Eins ist gewiss – Forderungen nach einem völlig neuen Prozess oder einer neuen Architektur drei Monate vor dem erwarteten Projektende, werden schneller abgeblockt wie ein Formel1-Bolide an einer Leitplanke.

Sowohl in XP- als auch in RUP-Projekten ist der hier beschriebene Weg kleiner Prozessänderungen und kleiner Architekturänderungen pragmatischer und damit auch erfolgversprechender.

5.3   Das Muster

Name
PropertyHolder

Kontext
Austausch von Daten zwischen mehreren Komponenten einer Anwendung.

Problem
Sie haben mehrere Komponenten, die Daten miteinander austauschen. Die Anforderungen an die Anwendung, der diese Komponenten angehören, sind noch nicht stabil. Ständige Änderungen am „Layout" der auszutauschenden Datenklassen erfordern ein fortlaufendes Rekompilieren der Clients der Komponenten; ein automatischer Build ist nicht durchführbar.

Folgende Kräfte müssen Sie ausbalancieren:

- Client und Provider von Datenobjekten müssen zur Kompilierungszeit entkoppelt werden.

- Die Daten sollen nicht als String übergeben werden, sondern müssen typisiert sein.

- Änderungen des Datenlayouts sollen beim Client zur Laufzeit möglichst keine Fehler verursachen.

- Eine Evolution des Designs muss möglich sein, um die Stabilisierung der verwendeten Datenlayouts zu unterstützen.

Lösung
Verzichten Sie auf das Sprachmittel der Klasse (*class*) beim Definieren ihrer Datenobjekttypen und führen sie einen Datencontainer (*PropertyHolder*) ein, der die an den Client zu übermittelnden Werte enthält. Kapseln Sie die zu übermittelnden Daten ebenfalls. Die Kapsel (*Property*) gibt dem Client Auskunft über den beinhalteten Wert, Typ und Namen.

Durch die Verwendung dieses Musters werden Client und Server zur Kompilierungszeit voneinander entkoppelt. Der Server kann nun zur Laufzeit seine Daten dynamisch zusammenstellen. Der Client kann, muss aber nicht, auf eventuelle Änderungen des Datenlayouts reagieren.

Struktur
Das PropertyHolder-Muster besteht aus vier Komponenten:

- PropertyHolder

- Property

- Server

- Client

Der *PropertyHolder* ist das elementarste Konzept dieses Musters. Er tritt ein als Ersatz für das Konzept der Klasse innerhalb der Zielsprache. Im Gegensatz zu Klassen lassen sich Instanzen des PropertyHolders zur Laufzeit erzeugen. Ein erzeugter PropertyHolder wird anschließend vom Server mit Properties befüllt und an den Client übergeben. Damit wird das wichtigste Ziel des Musters, die Kompilierzeitentkoppelung, erreicht.

Der PropertyHolder bietet ein Protokoll, mit dem Clients auf die in ihm gespeicherten Properties per Angabe eines Property-Namens zugreifen können. Er kann überprüfen, ob die angeforderte Property in ihm enthalten ist, gibt Auskunft über die Liste der gespeicherten Properties und erzeugt automatisch nicht vorhandene Properties, wenn er eine Anfrage nach einer nicht vorhanden Property erhält.

Eine *Property* kapselt den eigentlichen Wert. Sie ist in der Lage einen Wert auszulesen und zu ändern (sofern festgelegt wurde, dass der Wert änderbar ist). Sie kann Auskunft darüber geben, welcher Name und Typ dem Wert zugeordnet sind. Darüber hinaus kennt jede Property ihren Container.

Class	Responsibility
PropertyHolder	• Stellt Clients Properties zur Verfügung.
Collaborators	• Prüft das Vorhandensein einer Property.
• Property	• Gibt Auskunft über die vorhandenen Properties.
	• Erzeugt nicht vorhandene Properties „on the fly".

Class	Responsibility
Property	• Gibt Auskunft über den „gespeicherten" Wert.
Collaborators	• Ändert den Wert (Optional).
• PropertyHolder	• Gibt Auskunft über den Namen, den Typ und ob der Wert änderbar ist.
	• Hält einen Verweis auf den eigenen Behälter.

Abb. 5.3: CRC für PropertyHolder- und Property-Klasse.

Der *Server* erzeugt zur Laufzeit eine Instanz der Klasse PropertyHolder und fügt dieser die benötigten Property-Objekte hinzu. Er stellt das PropertyHolder-Objekt dann dem Client zur Verfügung. Der Client erfragt vom Server eine oder mehrere PropertyHolder-Instanzen. Er erfragt bei den PropertyHolder-Objekten Properties und liest deren Werte aus.

Class	Responsibility
Server	• Erzeugt zur Laufzeit PropertyHolder-Objekte.
Collaborators	• Füllt die PropertyHolder-Objekte mit Properties.
• PropertyHolder	
• Property	

Class	Responsibility
Client	• Holt die PropertyHolder-Objekte vom Server.
Collaborators	• Benutzt die vom PropertyHolder verwalteten Properties.
• Server	
• PropertyHolder	
• Property	

Abb. 5.4: CRC für Server- und Client-Klasse.

Dynamische Aspekte

Die dynamischen Aspekte sollen anhand von vier Standardsituationen beim Umgang mit dem PropertyHolder-Muster aufgezeigt werden.

Szenario I   zeigt den Normalfall beim Zugriff des Clients auf ein PropertyHolder-Objekt und die darin enthaltenen Properties auf (Abbildung 5.5):

- Der Client ruft eine Request-Operation (*get*) auf dem Server auf, um einen PropertyHolder zu erhalten.
- Der Server erzeugt eine PropertyHolder-Instanz (*Point*) und die zugehörigen Property-Instanzen (X und Y).
- Der Server ruft auf dem PropertyHolder die *addProperty*-Operation auf und fügt die erzeugten Properties hinzu.
- Der Server gibt den erzeugten und befüllten PropertyHolder an den Client.
- Der Client ruft auf dem PropertyHolder-Objekt die *getProperty*-Operation auf, um das Property-Objekt mit dem Namen „X" zu erhalten.
- Der Client liest den Wert aus der Property „X" anhand der *get*-Operation.

Die Szenarien II - IV stellen verschiedene „Absicherungsstufen" beim Zugriff des Clients auf nicht vorhandene Properties vor.

Szenario II   zeigt den sichersten Zugriff. Vor jeder Abfrage eines Wertes einer Property wird geprüft, ob diese Property existiert. Wir nehmen für dieses Szenario an, dass die Property existiert (Abbildung 5.6):

- Der Client ruft auf dem PropertyHolder-Objekt die *hasProperty*-Operation auf. Der PropertyHolder prüft intern, ob er die Property mit dem übergebenen Namen kennt. Wenn die Property vorhanden ist, liefert er „true" zurück.

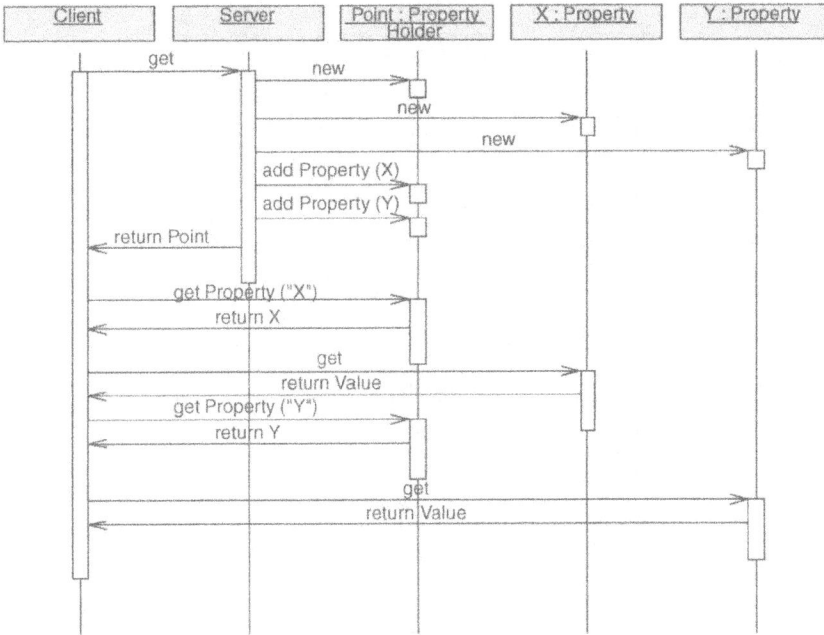

Abb. 5.5: *Szenario 1: „normaler" Zugriff auf die Properties.*

- Der Client ruft die *getProperty*-Operation mit dem eben geprüften Namen auf und erhält die entsprechende Property.

- Der Client erhält den Wert der Property durch Aufruf der *get*-Operation auf dem Property-Objekt.

Szenario III   zeigt die nächstsicherste Stufe beim Zugriff. Hier wird beim Request nach einer Property nicht nur der Name der angeforderten Property übergeben, sondern auch ein Standardwert für die Property. Wir nehmen für dieses Szenario an, dass die Property nicht existiert (Abbildung 5.7):

- Der Client ruft auf dem PropertyHolder-Objekt die *getProperty*-Operation auf. Er übergibt dabei den Namen der gewünschten Property und einen Defaultwert.

- Der PropertyHolder prüft (*hasProperty*), ob er eine Property mit dem Namen kennt.

- Da die Property nicht existiert, erzeugt der PropertyHolder eine neue Property und setzt den Wert der Property auf den übergebenen Defaultwert (*set*-Operation).

- Der Server gibt dem Client das neu erzeugte und initialisierte Objekt zurück.

- Der Client erhält den Wert der Property durch Aufruf der *get*-Operation auf dem Property-Objekt.

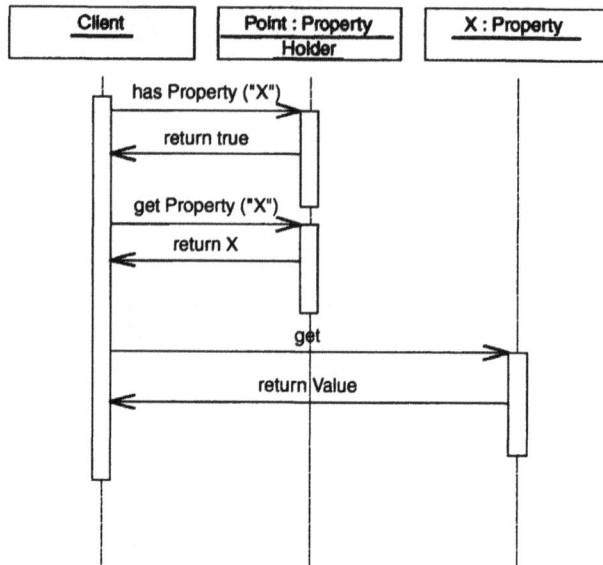

Abb. 5.6: Szenario 2: ,,sichererer" Zugriff auf Properties.

Szenario IV   zeigt die unsicherste Stufe beim Zugriff. Wird eine Property angefordert, die nicht existiert, erzeugt der PropertyHolder automatisch eine Property und setzt den Wert dieser Property auf *null* oder auf einen String, der eine Fehlermeldung enthält.

- Der Client ruft auf dem PropertyHolder-Objekt die *getProperty*-Operation auf. Er übergibt dabei die gewünschten Namen.

- Der PropertyHolder prüft (*hasProperty*), ob er eine Property mit dem Namen kennt.

- Da die Property nicht existiert, erzeugt der PropertyHolder eine neue Property und setzt den Wert der Property auf einen String, der eine Fehlermeldung enthält.

- Der Server gibt dem Client das neu erzeugte und initialisierte Objekt zurück.

- Der Client erhält die Fehlermeldung durch einen Aufruf der *get*-Operation auf dem Property-Objekt.

Implementierung
Die folgenden Aspekte sollte man bei der Implementierung des Musters beachten:

1. Für Sprachen, die keine Mehrfachvererbung kennen, definieren Sie Interfaces für PropertyHolder und Property. In Sprachen, die „MixIns" erlauben, bietet es sich an, Basisklassen bereit zu stellen, von denen direkt abgeleitet werden kann.

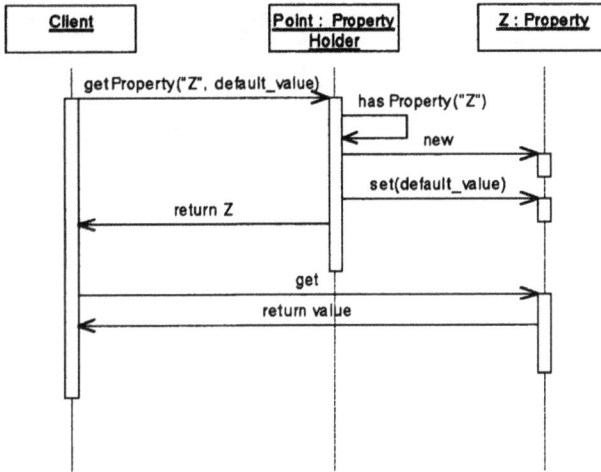

Abb. 5.7: Szenario 3: Zugriff mit Defaultwert.

2. Stellen Sie Basisklassen mit Defaultimplementierungen zur Verfügung, so dass der Benutzer nicht immer eigene Klassen schreiben muss, sondern die vorhandenen Klassen benutzen kann, um ein PropheryHolder-Objekt zu erzeugen.

3. Implementieren Sie die *getProperty(String _propname)* und die *getProperty(String _propname, Object _defaultvalue)* und stellen Sie sicher, dass auf jeden Fall eine Property zurückgeliefert wird.

4. Definieren Sie eine *NullProperty*, die zurückgegeben wird, wenn keine Property mit dem angeforderten Namen existiert.

5. Überladen Sie die *getProperty*-Methoden in Sprachen, die eine Unterscheidung zwischen Referenzdatentypen und elementaren Datentypen macht für alle vorhandenen elementaren Datentypen.

6. In Sprachen, in denen eine Unterscheidung zwischen Referenzdatentypen und elementaren Datentypen besteht, sollten zusätzlich zur Object *get()*-Operation der Property-Klasse auch get-Operationen für die elementaren Datentypen implementiert werden (*int getInt(), long getLong(), ...*).

7. In Sprachen, in denen eine Unterscheidung zwischen Referenzdatentypen und elementaren Datentypen besteht, sollte die void *set(Object)*-Operation der Property-Klasse für alle elementaren Datentypen überladen werden (*void set(int _value), void set(long _value), ...*).

8. Wenn das Zielsystem oder die Sprache einen Reflection-Mechanismus bietet, empfiehlt es sich, an eine PropertyHolder-Wrapper zu implementieren, der ein beliebiges Objekt erhält und daraus automatisch die vorhandenen Properties extrahiert und zur Verfügung stellt.

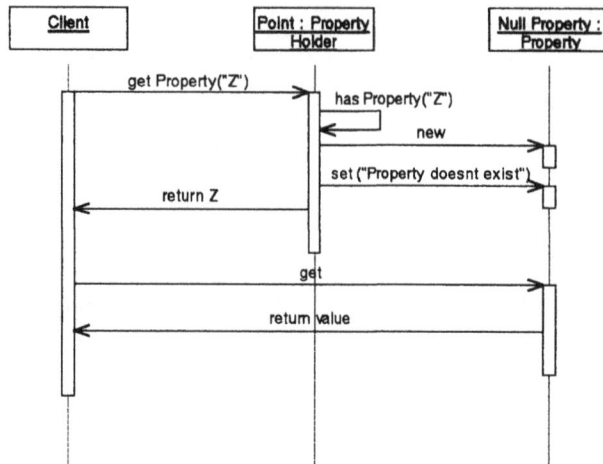

Abb. 5.8: *Szenario 4: Zugriff auf nicht vorhandene Property und Rückgabe einer NullProperty.*

9. Definieren Sie für die *set*-Operation der Property-Klasse Exceptions, die signalisieren, dass der zu setzende Wert nicht gültig ist (falscher Datentyp oder Wertebereich) und eine die signalisiert, dass die Property nicht schreibbar ist.

Beispiel-Code
Stellen Sie sich vor, wir wollen eine Entität erzeugen, die einem Punkt gleicht. Wir wollen statt des klassenbasierten Ansatzes den dynamischen nutzen.

Wir definieren (in Java) zunächst die beiden Interfaces:

```
public interface PropertyHolder
{
    public Set getPropertyKeys();
    public Property getProperty(String _key);
    public Property getProperty(String _key,
        Object _defaultvalue);
    public int getPropertyCount();
    public boolean hasProperty(String _key);
}
```

```
public interface Property extends Cloneable
{
    public Object get();
    public boolean getBoolean() throws TypeConversionException;
    public byte getByte() throws TypeConversionException;
    //weitere typsierten 'get' methoden.
    public void set(Object _value)
            throws IllegalArgumentException,
                    UnsupportedOperationException;
    public void set(boolean _value)
```

nicht so

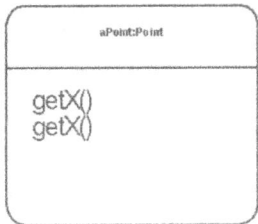

Sondern so

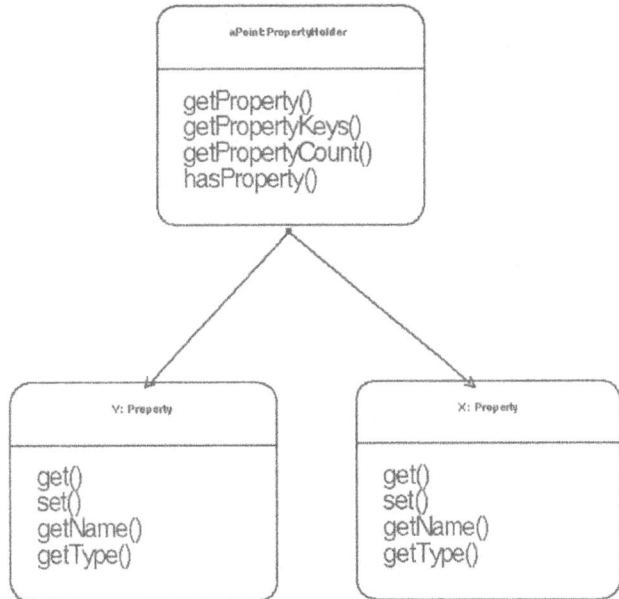

Abb. 5.9: Klassenbasierter Ansatz vs. propertybasierter Ansatz.

```
        throws IllegalArgumentException,
                 UnsupportedOperationException;
  public void set(float _value)
        throws IllegalArgumentException,
                 UnsupportedOperationException;
  public String getName();
  public boolean canWrite();
  public Object getHolder();
  public Class getType();
}
```

Implementieren Sie die Defaultklassen:

```
public class DefaultProperty implements Property
{
  public GenericProperty(String _name, Object _value)
  { this.init(_name, _value, true, _value.getClass());}

  //konstruktoren fuer elementare Datentypen.
  public GenericProperty(String _name, boolean _value)
```

```
    {   this.init(_name, new Boolean(_value), true, Boolean.TYPE);}

  public void set(Object _value)
  {
    if (this.getType().isInstance(_value)){
      if (this.canWrite()){
        mValue = _value;}
      else{
        throw new UnsupportedOperationException(
        "property " + mName + " cannot be written");}}
    else{
      throw new IllegalArgumentException(
      "given: " + mValue.getClass() + " expected: " + mType);}
  }

  public void set(boolean _value)
  {
    this.set(new Boolean(_value));
  }

  public boolean getBoolean()
  {
    try
    {
      return ((Boolean)this.get()).booleanValue();
    }
    catch(Exception ex)
    {
      throw new TypeConversionException(
      this.getName() + " could not be converted to, boolean is "
                    + this.getType());
    }
  }

  public String getName()
  {   return mName;}
}

public class DefaultPropertyHolder implements PropertyHolder
{
  protected HashMap mPropertyMap = new HashMap();

  public Set getPropertyKeys()
  {
    return mPropertyMap.keySet();
  }
```

```
public Property getProperty(String _key)
{
  Property result = (Property)mPropertyMap.get(_key);
  if (result == null)
  {
    result = new DefaultProperty("Property" + _key +
                                 "does not exist!");
  }
  return result;
}

public Property getProperty(String _key, Object _defaultvalue)
{
  Property result = (Property)mPropertyMap.get(_key);
  if (result == null)
  {
    result = new DefaultProperty(_key, _defaultvalue);
  }
  return result;
}

public int getPropertyCount()
{
  return mPropertyMap.size();
}

public boolean hasProperty(String _key)
{
  Object result = mPropertyMap.get(_key);
  return result != null ? true : false;
}

public void addProperty(Property _newprop)
{
  mPropertyMap.put(_newprop.getName(), _newprop);
}
}
```

Nun wird noch der Server und anschließend der Client implementiert.

```
public class Server
{
  public PropertyHolder getPoint(Object _identifier)
  {
    //holt sich die Daten fuer den uebergebenen Identifier.
    //_x_value = 10
    //_y_value = 25
```

```
    PropertyHolder point = new DefaultPropertyHolder();
    Property x = new Property("X", _x_value);
    Property y = new Property("y", _y_value);
    point.addProperty(x);
    point.addProperty(y);
    return point;
  }


public class Client
{
  public void runTest()
  {
    Server server = new Server();
    PropertyHolder point = server.getPoint("001");
    System.out.println(point.getProperty("X").get()); //prints 10
    System.out.println(point.getProperty("Y").get()); //prints 25
    //prints Bruce
    System.out.println(point.getProperty("Creator", "Bruce").get()
    System.out.println(point.getProperty("Z",).get());
    //prints Property Z does not exist!
  }
}
```

Auswirkungen

Dieses Muster hat folgende Vorteile:

- Client und Server werden entkoppelt, d.h. Änderungen am Datenlayout im Server, zum Beispiel durch Entfernen oder Hinzufügen von neuen Zugriffsmethoden erfordern kein Neukompilieren durch den Client.

- Zugriffe auf nicht existente Daten werden durch den Client „abgefedert", indem trotzdem eine Property zur Verfügung gestellt wird.

- Obwohl die Daten eher dynamisch sind, weil nicht zur Laufzeit festgelegt, sind sie denoch typisiert, d.h. Datentypen werden beim Speichern immer geprüft.

- Der Client kann das Datenlayout der übergebenen Objekte leicht inspizieren, indem er sich die enthaltenen Schlüssel (Namen der Properties) geben lässt und dann über die Properties iteriert.

- Es kann ein völlig dynamisches System gebaut werden, bei dem der Client zur Laufzeit spezifiziert, wie das Layout auszusehen hat, das er erwartet.

Dieses Muster hat folgende Nachteile:

- Fehlende *get*-Methoden (Diese sind gar nicht mehr vorhanden oder wurden gekapselt). Dies wirkt sich negativ auf die Performanz beim Auslesen der Daten durch den Client aus.

- Erhöhter Programmieraufwand auf der Seite des Providers der Daten. Dieser muss unter Umständen (abhängig vom gewählten Ansatz) für jede Eigenschaft eine eigene Property-Klasse implementieren.

- Wird für jede Property eine eigene Klasse implementiert, kommt es zu einer Explosion der Klassenanzahl.

- Der Speicherverbrauch steigt an, da zu jeder Eigenschaft, auch wenn es sich um einen elementaren Typen handelt, ein eigenes Property-Objekt erzeugt wird.

Verwandte Muster
Type-Objekt [plop3]
Meta-Objekt-Protokoll [Buschmann et al.]

5.4 Die Bibliothek

Zur Unterstützung des Musters und um eine sofortige Anwendung zu ermöglichen, habe ich eine Java-Bibliothek geschrieben, die eine sofortige Umsetzung dieses Musters samt einiger zusätzlicher Features bietet. Im Folgenden sollen einige der in der Bibliothek enthaltenen Klassen und der Umgang mit ihnen vorgestellt werden.

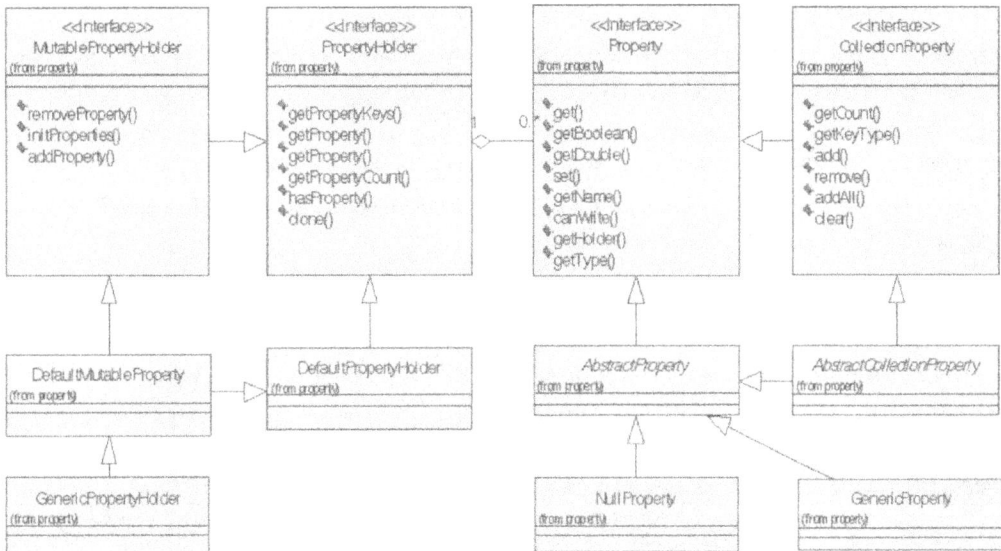

Abb. 5.10: *Interfaces und Implementierungen der Kernkonzepte.*

5.4.1 Interfaces

Wie in der Musterbeschreibung erläutert, werden die Konzepte „Property" und „PropertyHolder" als Interfaces definiert. PropertyHolder deklariert alle Methoden, die zum

Verwalten von Properties notwendig sind; Property deklariert die Methoden, die zur
Verwaltung von Werten notwendig sind. Benutzer des Musters müssen diese beiden
Interfaces implementieren oder von Klassen erben, die diese Interfaces implementieren.

5.4.2   Erweiterungen

Die Bibliothek beinhaltet zwei weitere Interfaces, die das Arbeiten mit Properties erleichtern sollen:

MutablePropertyHolder
Implementiert ein PropertyHolder dieses Interface, so ist er änderbar, d.h. es können
zur Laufzeit neue Properties hinzugefügt (nicht zu verwechseln, mit der Möglichkeit
die Properties bzw. den Inhalt der Properties zu ändern) und entfernt werden. Dies ist
insbesondere dann von Interesse, wenn der Client selbst und dynamisch das von ihm
erwartete Datenlayout bestimmt.

CollectionProperty
Dieses Interface vereinfacht die Arbeit mit Properties, die eine Menge von Objekten
repräsentieren. Dies ist nicht zu verwechseln mit einer „einfachen" Property, die den
Typ einer Collection hat.

Bedeutung der Bezeichner

[PropertyName] = der Name der Property im Singular.

[PropertyType] = der Typ der Elemente, die verwaltet werden (nicht der Type der
Collection. Z.B. *java.util.ArrayList*)

[KeyType] = Der Typ des Schlüssels, mit dem auf die Elemente zugegriffen wird (Für
Properties, die über *java.util.List* abgebildet werden, ist das immer *Integer.TYPE*).

Eine „einfache Property", die eine Collection enthält, wird auf der definierende Klasse
z.B. durch die folgenden Methoden definiert:

```
public List get[PropertyName]()
public void set[PropertyName](List).
```

Eine CollectionProperty wird durch folgendes Set von Methoden definiert:

```
public [PropertyType] get[PropertyName]([KeyType]);
public int get[PropertyName]Count();
public List getAll[PropertyName]s();
        //(wenn die Property durch eine List abbildbar ist)
public Map getAll[PropertyName]s();
        //(wenn die Property durch eine Map abbildbar ist)
```

Wenn die Property auch schreibbar sein soll, müssen zudem folgende Methoden definiert
sein.

```
public void add[PropertyName]([KeyType], [PropertyType]);
        //(bei List)
public void put[PropertyName]([KeyType], [PropertyType]);
```

```
            //(bei Map)
public remove[PropertyName]([KeyType]);
```

Außerdem können für schreibbare CollectionProperties auch noch Mengenänderungs-methoden definiert sein.

```
public void addAll[PropertyName]s(List);
public void addAll[PropertyName]s(Map);
public void clear[PropertyName]s();
```

5.4.3 Defaultimplementierungen

DefaultPropertyHolder
Diese Klasse implementiert das Interface PropertyHolder. Außerdem werden auch die Methoden von MutablePropertyHolder als „protected" zur Verfügung gestellt. Damit können Nutzer des Interfaces MutablePropertyHolder die Implementierung dieser Klasse erben. Sie müssen die „protected" Methoden nur noch „public" deklarieren und den Aufruf an die Superklasse delegieren.

DefaultMutablePropertyHolder
Sofort einsetzbare Implementation des MutablePropertyHolder-Interfaces.

AbstractProperty
Diese Klasse implementiert die überladenen Getter-/Setter-Methoden des Property-Interfaces. Kindklassen dieser Klasse können daher recht schnell codiert werden, da nur 6 Methoden anstatt 23 implementiert werden müssen.

AbstractCollectionProperty
Stellt für die optionalen Methoden des CollectionProperty eine Implementierung zur Verfügung, die eine UnsupportedOperationException wirft.

5.4.4 Hilfsklassen

GenericPropertyHolder
Ermöglicht das Erzeugen von vollständig dynamischen Objekten zur Laufzeit. Die verwalteten Properties sind immer vom Typ GenericProperty.

GenericProperty
Eine Property, die ein Attribut darstellt, das keinem Holder zugehörig ist. Normalerweise sind Properties an eine Klasse (und nur an eine Klasse) gebunden; GenericProperties können jedoch von einem Objekt auf ein anderes übertragen werden.

NullProperty
Diese Klasse wird benutzt, um zu signalisieren, dass die Anfrage nach einer Property nicht erfolgreich war.

5.4.5 Introspection

IntrospectionPropertyHolder
Diese Klasse dient als Basisklasse für Klassen, die bequem das Property-Konzept imple-

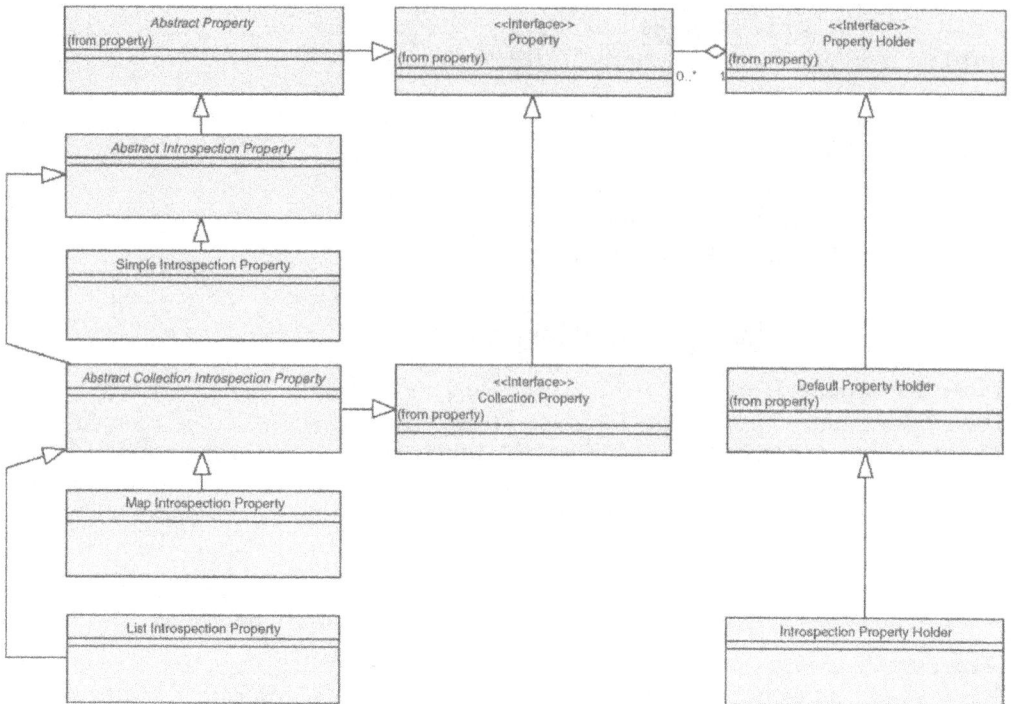

Abb. 5.11: *Klassenhierarchie im Introspection-Package.*

mentieren wollen. Kindklassen, die von dieser Klassen erben, sind automatisch Property-Enabled, da anhand des Java-Reflection-Mechanismus eine Liste der vorhandenen Properties erstellt wird. Instanzen dieser Klasse lassen sich auch als Wrapper um normale Klassen (d.h. Klassen, die nicht explizit Properties unterstützen) nutzen. Dazu wird einfach dem IntrospectionPropertyHolder-Konstruktor eine Instanz einer beliebigen anderen Klasse übergeben. Hat diese Instanz Attribute (SimpleProperties oder Collection-Properties), werden diese Clients als Liste von Properties zur Verfügung gestellt.

AbstractIntropsectionProperty
Basisklasse aller IntrospectionProperties. Sie verwaltet Informationen, wie den Namen, den Typ und den Holder dieser Property.

SimpleIntrospectionProperty
Stellt eine SimpleProperty (im Gegensatz zur CollectionProperty) zur Verfügung, die durch die Java-Reflection identifiziert wird.

AbstractCollectionIntrospectionProperty
Basisklasse für CollectionProperties, die durch den Java-Reflection-Mechanismus identifiziert werden.

MapIntrospectionProperty
Property, die eine CollectionProperty definiert, die durch eine *java.util.Map* repräsentiert wird.

ListIntrospectionProperty
Property, die eine CollectionProperty definiert, die durch eine *java.util.List* repräsentiert wird.

5.4.6 Abgrenzung

In vielerlei Hinsicht scheint das vorgestellte Muster und die darauf basierende Bibliothek, ein Klon der Java-Beans-API zu sein. Dies ist nur bedingt richtig, da Java-Beans ein anderes Ziel verfolgt als der PropertyHolder-Ansatz. Nachfolgende Aufstellung listet die Ziele der beiden APIs auf und diskutiert die sich daraus ergebenden unterschiedlichen Anwendungen.

JavaBeans:

* Einbettung von zu erzeugenden Objekten in eine Entwicklungsumgebung.

* Einfache Erstellung von Editoren für die erzeugten Objekte.

* Einfache Serialisierung der erzeugten Objekte.

* Vereinfachung der Reflection-API (z.B. durch die Klassen Introspector, BeanInfo, PropertyDescriptor).

PropertyHolder:

* Erzeugen von „Typen" zur Laufzeit (könnte z.B. durch Einlesen einer Properties-Datei geschehen).

* Leichter Zugriff auf die Werte der erzeugten Instanz.

* Sicherer Zugriff auf die Werte der erzeugten Instanz.

Ein Ziel der PropertyHolder-API ist eine Entkoppelung der Instanzen von (ihren) Klassen. D.h. eine dynamische Erzeugung von Typen zur Laufzeit. Beispiel:

```
PropertyHolder employee = new GenericPropertyHolder();
employee.addProperty("Name", "Bruce Wayne");
employee.addProperty("Salary", 100000);
```

Eine solche dynamische Erzeugung von „Typen" ist mit der JavaBeans-API nicht möglich. Es wird immer eine Klasse benötigt, die die entsprechenden Getter- und Setter-Methoden implementiert und die zur Laufzeit inspiziert wird. Ein weiteres Ziel der PropertyHolder-API ist es, einen sowohl leichten Zugriff (also einen Zugriff ohne viel Code) als auch einen sicheren Zugriff (d.h. sicherstellen, dass in jedem Fall eine Property zurück gegeben wird) auf die Werte der beinhalteten Properties zu ermöglichen. Beispiel:

```
employee.getProperty("Name", "Clark Kent").get())
```

In JavaBeans ist eine solche Art des Zugriffs nicht möglich. JavaBeans geht im Gegensatz zum PropertyHolder von anderen Prämissen aus:

- Keine Verwendung von bereits erzeugten Instanzen, sondern eigene Erzeugung von Instanzen bei Bedarf.

- Lesen und Schreiben ausschließlich von existierenden Properties.

Ein Lesen von Propertywerten in JavaBeans ist dadurch nur mit wesentlich mehr Code zu bewerkstelligen (Erzeugung von Introspector-Instanzen, Errorhandling mit Try- und Catch-Blöcken etc.) oder durch Bereitstellung eines entsprechenden Wrappers (damit jedoch wieder ähnlich dem Konzept der PropertyHolder).

5.5   Der Prozess

Muster haben bekanntlich Vor- und auch Nachteile. Das Interessante an dem vorge-stellten Muster ist, dass sein Vorteil gleichzeitig auch sein Nachteil ist bzw. wird. Mit zunehmender Dauer des Projektes wird der Vorteil der „weichen" Typisierung zu einem Nachteil. Generell nimmt mit dem Fortlauf des Projekts die Unsicherheit bezüglich des Layouts der Daten ab. D.h. die Fachberater werden sicherer in ihrer Anwendung der verwendeten Typen und Änderungen werden weniger frequent oder geschehen gar nicht mehr. Die Entwickler möchten natürlich darauf reagieren und die Typen mit den Möglichkeiten des Zielsystems/-Sprache definieren, um so auch in den Genuss der auto-matischen Typprüfung durch den Compiler zu kommen. Der folgende Prozess zeigt auf, wie ein Komponentenprovider die Entwicklung von einem ersten lauffähigen System mit „nur weicher" Typisierung bis hin zu einer ausgereiften Komponenten mit statischen Typisierung bewältigen kann, ohne dabei bereits vorhandene Kontrakte mit seinen Nut-zern zu brechen. Der Prozess folgt dabei dem eXtreme Programming Motto: 'make it run, make it right, make it fast!'

Phase I
In dieser Phase sind die Typen und die Verantwortlichkeiten dieser Typen noch nicht klar. Deklarieren Sie keine Klassen, sondern verwenden sie ausschließlich generische Properties, die Sie zur Laufzeit zusammenstellen und dann an den Client geben. Weisen Sie Nutzer ihrer PropertyHolder-Objekte darauf hin, dass es dringend anzuraten ist, die höchste Absicherungsstufe beim Zugriff auf die Properties zu benutzen.

Beispiel:

```
Public class EmployeeService{
  public PropertyHolder request(Object _query){
    PropertyHolder result = new GenericPropertyHolder();
    result.addProperty("Name",
        db_result_set.getString("Name"));
    result.addProperty("Salary",
        db_result_set.getFloat("Salary"));
  }
...
//der client checkt das Vorhandensein der property!
PropertyHolder emp = (new EmployeeService()).request(somequery);
```

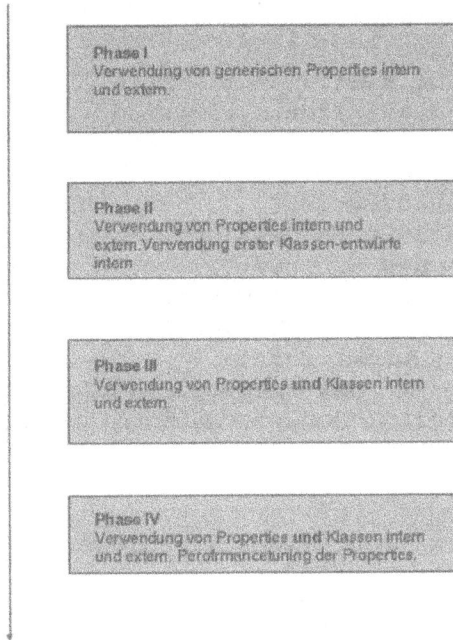

Abb. 5.12: Phasen bei der Anwendung des Musters.

```
if (emp.hasProperty("Name")){
  System.out.println("[Name] = "
                     + emp.getProperty("Name").get());
}
else{
  System.out.println("emp.hasProperty("Department") == false");
}
```

Phase II

In dieser Phase haben sich die Anforderungen stabilisiert. Die Fachberater haben bereits sehr konkrete Vorstellungen vom Layout der auszutauschenden Datenobjekte. Die Implementierer der Komponente definieren Klassen, die dem konzeptionellen Typen entsprechen. Die Änderungshäufigkeit ist dennoch immer noch zu hoch um die Klasse „zu publizieren". Verwenden Sie Instanzen der neu definierten Klasse und Introspection-PropertyHolder-Objekte, um diese Instanzen zu wrappen. Dies eliminiert den Synchronisationsaufwand zwischen dem zur Laufzeit gefertigtem PropertyHolder und ihrer Klasse. Sie können aber immer noch schnell eine weitere Property hinzufügen ohne die Klasse zu ändern. Clients können nun bereits „nur" mit der zweiten Absicherungsstufe auf die Properties zugreifen.

Beispiel:

```
public class Employee{
```

```java
  public String getName() {    }
  public void setName(String _n) {    }
  public float getSalary() {    }
  public void setSalary(float _s) {    }
}

Public class EmployeeService{
  public PropertyHolder request(Object _query){
    Employee emp = new Employee();
    emp.setName(db_result_set.getString("Name"));
    emp.setSalary(db_result_set.getFloat("Salary"));
    MutablePropertyHolder result =
                   new IntrospectionPropertyHolder(emp);
    result.addProperty("Bonus", 25000); //last minute added!
    return result;
  }
...
//der Client stellt immer einen Defaultwert!
PropertyHolder emp =
                   (new EmployeeService()).request(somequery);
System.out.println("[Name] " +
                   emp.getProperty("Name", "Eric Idle").get());
```

Phase III

Diese Phase ist sicherlich die wichtigste und gefährlichste im Verlauf des Projektes. Die Typen sind nun sehr stabil und können „veröffentlicht" werden. Definieren Sie in Ihrem Service eine weitere Methode, die als Rückgabewert ihre Klasse definiert. Achtung: Mit der Freigabe dieses Protokolls überschreiten Sie den Rubicon. Eine Änderung im Layout (sofern es sich nicht um Erweiterungen handelt) oder in den Datentypen bricht höchst wahrscheinlich Clientcode – dies ist umso gravierender je länger der Code bereits veröffentlicht ist und je mehr Clients ihn nutzen. Leiten Sie Ihre Klasse (wenn möglich) von IntrospectionPropertyHolder ab. Sie müssen die Instanzen dann nicht mehr wrappen, wenn sie nur ein PropertyHolderObjekt haben wollen. Sie delegieren den Aufruf dann einfach weiter an die „typisierte" Methode. Sie können das reine PropertyHolder-Objekt natürlich auch weiterhin als Testumgebung nutzen, wenn auf die Schnelle eine neue Property ausprobiert werden soll.

Beispiel:

```java
public class Employee extends IntrospectionPropertyHolder{
  public String getName() {    }
  public void setName(String _n) {    }
  public float getSalary() {    }
  public void setSalary(float _s) {    }
  public int getBonus() {    }
  public void setBonus(int _s) {    }
}
```

```
Public class EmployeeService{
  public Employee requestEmployee(Object _query){
    Employee emp = new Employee();
    emp.setName(db_result_set.getString("Name"));
    emp.setSalary(db_result_set.getFloat("Salary"));
    emp.setBonus(db_result_set.getInt("Bonus"));
    return emp;
  }
  public PropertyHolder request(Object _query){
    return this.requestEmployee(_query);
  }
...
//der client greift ohne Absicherung zu!
Employee emp =
        (new EmployeeService()).requestEmployee(somequery);
System.out.println("[Name] " + emp.getName().get());
```

Phase IV

Wenn Ihre Typen über mehrere Integrationszyklen hinweg stabil geblieben sind und auch keine Änderungsanforderungen vorliegen, sollten Sie beginnen Ihre ProperyHolder zu tunen. Im Moment werden Instanzen ihrer Klasse von IntrospectionPropertyHolder-Objekten gewrapped oder ihre Klasse leitet davon ab. In beiden Fällen findet der Zugriff auf Properties über das Reflection-API von Java statt. Erzeugen Sie nun für jede Klasse (am besten mit einem Generator) eine eigene Property-Klasse pro Property und nutzen Sie Objekte diesen Typs zum Zugriff auf die Werte der Properties.

Beispiel

```
class NameProperty extends AbstractProperty{
  protected Employee mHolder;
  public NameProperty(Employee _holder){mHolder = _holder;}
  public boolean canWrite(){return true;}
  public Object get(){return mHolder.getName();}
  public Object getHolder(){return mHolder;}
  public String getName(){      return "Name";}
  public Class getType(){return String.class;}
}
public class Employee extends DefaultPropertyHolder
{
  public String getName() {    }
  public void setName(String _n) {     }
  public float getSalary() {    }
  public void setSalary(float _s) {     }
  public int getBonus() {    }
  public void setBonus(int _s) {     }

  protected void init()
{
```

```
    this.addProperty(new NameProperty(this));
    this.addProperty(new SalaryProperty(this));
    this.addProperty(new BonusProperty(this));
  }
}
```

> **Der Preis**
> Wenn Sie die Vorschläge der Vorgehensweise aus diesem Kapitel beherzigen, werden Sie
> sehr schnell mit einer erhöhten Performance Ihrer Entwicklungsteams belohnt werden.
> Aber: die Autonomie, die Sie sich mit den vorgestellten Entkoppelungsmechanismen
> erkaufen, ist nicht ohne Kosten.
> Wenn Teams nicht miteinander sprechen müssen, ist die Gefahr sehr hoch, dass sie nie
> miteinander sprechen werden. Es könnte also passieren, dass am Anfang eines Projektes
> zwei Komponenten einen Kontrakt schließen (z.B. Komponente A liefert direkte Kun-
> dendaten und Komponente B zeigt diese an) und dass jede der Komponenten den Ver-
> trag über die Laufzeit des Projektes unbemerkt von der anderen ändert (Komponente A
> liefert nur noch Adressdaten des Kunden und Komponente B will Kontoverbindungen
> anzeigen). Am Ende hätten Sie dann zwar ein kompilierbares und ablauffähiges Pro-
> gramm, aber die verarbeiteten oder angezeigten Daten wären sinnlos. Sie sollten daher
> überlegen, ob Sie nicht Ihre QA-Abteilung damit beauftragen, die Kontrakte zwischen
> Supplier und Consumer in bestimmten Abständen (z.B. alle 3-4 Iterationen/Integra-
> tionen) zu überprüfen. D.h., es sollte jemand von Zeit zu Zeit überprüfen, ob die an-
> geforderten Daten oder nur „Defaultwerte" geliefert werden. Bei divergierenden Daten
> sollten die Teams zu einem Abgleich bewegt werden oder es muss über das Management
> eskaliert werden.

5.6   Schlussbemerkung

Eine Schwalbe macht noch lange keinen Sommer (in Deutschland sowieso nicht), ein
Muster macht noch lange keine gute Architektur, ein Library ist kein vollwertiges Lauf-
zeitsystem und ein wenig Prozess macht aus einer Chaotentruppe noch lange kein fo-
kusiertes High-Performance-Team. Das hier vorgestellte Ergebnis kann und will kein
generelles Ergebnis zur Lösung aller Ihrer Entwicklungsprobleme sein. Im entsprechenden Kontext richtig angewendet, z.B. bei hohem Zeitdruck, vielen Teilteams und ein-
hergehend damit ein erhöhtem Abspracheaufwand zwischen den Teams, kann es einige
Probleme entschärfen und Ihnen den Weg zum Erfolg ebnen. Mehr nicht!

5.7   Weitergehende Literatur

[**Buschmann et al.**] D. Schmidt, M. Stal, H. Rohnert, F. Buschmann, Pattern
    Oriented Software Architecture Volume 2, Wiley 2000

[**Martin**] R. Martin, Design Principles and Design Patterns, `www.objectmentor.com`
    2000

[**Plop3**] R. Martin, D. Riehle, F. Buschmann, Pattern Languages of Program Design 3, Addison Wesley 1998

[**Shield**] `http://c2.com/cgi/wiki?DesignShield`

5.8   Über den Autor

Siehe die Beschreibung im Kapitel Source-Code-Generatoren auf Seite 41.

6 KGB-Programmierung

Henrik Klagges und Gerhard Müller

6.1 Motivation

Irren ist menschlich.

In der idealen Programmiererwelt ist alles ganz leicht: Objekte sind gültig, Fehler werden abgefangen, angeschlossene Fremdsysteme sind erreichbar und antworten innerhalb der vorgegebenen Antwortzeiten. Das Leben ist schön.

Doch die Realität sieht anders aus. Übergabeparameter an Methoden sind null oder noch schlimmer, zeigen auf nur teilweise gültige Objektaggregate. Fremdsysteme antworten nicht, Threads bleiben hängen. Und natürlich werfen zugelinkte Module Laufzeitfehler, mit denen niemand gerechnet hat.

Dadurch können große Programmsysteme so brüchig werden, dass man sie gar nicht oder nur unter vielen Beschwörungen betreiben kann. Weiterentwicklungen oder gar radikale Refactorings solcher Systeme werden dann oft mit dem – in diesem Kontext sehr weisen – Spruch „never change a running system" abgetan. Das schönste „Design durch Kontrakt" nützt wenig, wenn niemand die Kontrakte im Alltag wirklich einhält.

Um solche Szenarien etwas zu entschärfen, haben wir eine Gruppe von einfachen Programmier-Idiomen entwickelt beziehungsweise von Kollegen und aus der Literatur übernommen. Diese Daumenregeln sind überraschend banal[1]. Den aus der Anwendung dieser Regeln resultierenden Programmierstil – ein ewiges Überprüfen auf Nullpointer, ein Lauern auf ungültige Objekte, das präventive Fangen nichterwarteter Fehler – haben wir aufgrund seiner mißtrauischen Grundhaltung als „KGB-Programmierung"[2] bezeichnet.

6.1.1 Null-Check

Der Pointer wird null sein.

Beginnen wir mit einem einfachen Thema - Nullpointer. Jeder kennt sie, jeder versteht sie: Nur der Zeiger oder die Referenz auf ein gewünschtes Objekt existieren, der Zeigerwert ist jedoch null. Also kann man auch nicht auf Attribute und Methoden des

---

[1] Dies reflektiert jedoch nur die Alltagserfahrung, dass ein Programmierfehler gar nicht sonderlich subtil sein muss, um eine Bank zum Stehen zu bringen.

[2] Komitet Gosudarstvennoi Bezopasnosti (Kommittee für Staatssicherheit) - der berüchtigte Geheimdienst der ehemaligen Sowjetunion. Der Begriff „KGB-Programmierung" entstand während der Arbeit an international besetzten Projekten.

Objektes zugreifen. Wenn man es doch versucht, wird in Java als Laufzeitfehler eine „NullPointerException" (NPE) geworfen und in C++ ein „Segmentation Violation"-Signal gesendet.

Leider scheinen viele Programmierer es als unter ihrer Würde zu betrachten, mit Nullpointern umzugehen. Typischerweise hört man Ausflüchte wie diese:

1. „Nullpointer? Die gibt's doch in Java nicht mehr".

2. „In meinen Modulen kommt das nicht vor, die sind in sich konsistent und reichen nur gültige Daten aneinander weiter".

3. „Wenn eine NPE geworfen wird, ist das Programm sowieso falsch, dann macht es nichts, wenn es ganz abstürzt".

Doch dieses dreifache Wunschdenken bringt nichts.

Zum Ersten: Zwar wurden explizite Zeiger und Zeigerarithmetik beim Schritt von C++ nach Java abgeschafft. Aber Indirektion, also der Zugriff auf ein Objekt über ein Zeigerobjekt, ist ein so wichtiges Konzept, dass man es in der imperativen Programmierung wohl niemals aufgeben wird. Daher bekam das Kind in Java einen anderen Mantel und mit „Objektreferenz" einen neuen Namen, doch die Probleme (und Möglichkeiten) fehlerhafter Indirektion bleiben bestehen. Primär kommen sie aus folgenden Quellen:

- aus lokalen, klassen- oder instanzgebundenen Variablen, die mit `null` initialisiert oder zur Laufzeit auf `null` gesetzt wurden;

- aus `null`-Rückgabewerten von Methoden;

- aus Methodenargumenten, die beim Aufruf explizit auf `null` gesetzt wurden oder selbst durch nicht- oder falsch-initialisierten Variablen gesetzt wurden.

Es gibt also viele Wege, auf denen Nullpointer ihren Weg in den ausgeführten Code finden können.

Zum Zweiten: Es ist durchaus richtig, dass man bei einem gut entworfenen und implementierten Modul intern auf viele Fehlerchecks verzichten kann. Besonders, wenn man eine große Methode in eine „Aufrufkette" aus mehreren kleinen privaten Methoden unterteilt hat, reicht ein KGB-Check der Methodenparameter beim Einstieg in die erste der kleineren Methoden.

Trotzdem bleibt Vorsicht die Mutter der Porzellankiste, denn Klassen haben ein Eigenleben. Auf lange Sicht passiert es schnell, dass die scheinbar durch die Checks in der Einstiegsmethode gesicherten Untermethoden doch über andere Pfade aufgerufen werden. Dies automatisch zu erkennen, ist selbst für die modernen Refactoring-Werkzeuge zu viel, so dass sich mit der Zeit neue, ungesicherte Aufrufpfade ergeben. Daher ist ein Minimalcheck selbst für scheinbar sichere Methoden anzuraten[3].

---

[3]Wem selbst das zu viel Code-Schreiberei ist, dem sei der Abschnitt „ExceptionContainer" empfohlen.

Zum Dritten: Der martialische Ansatz, dass Software entweder perfekt sein muss oder ruhig untergehen darf, ist einfach nicht praxisgerecht. Große Programmsysteme sind so gut wie nie fehlerfrei, müssen aber dennoch im Alltag bestehen. Daher ist es sinnvoll, die Systeme hinreichend fehlertolerant auszulegen, so dass ein Ausfall eines Subsystems im bestenfall nur vorübergehend ist und keine Fehler in andere Systemteile hineinpropagiert werden.

Abhilfe. Gegen Nullpointer kann man sich sehr einfach wehren. Bei nicht-initialisierten Variablen unterstützt schon der Java-Compiler. Bei Rückgabewerten und Methoden-argumenten ist der KGB-Check trivial, schließlich ist eine einzelne `if`-Abfrage weder kompliziert noch langsam:

```
// Einfacher KGB-Check von Methodenargumenten.
public class IfNull {
    public static int myMethod(String aString) {
        // Ist dies so schwer?
        if (aString == null) {
            log.error("myMethod - null argument");
            return 0;
        }
        return aString.length();
    }
}
```

Wenn wir diesen elementaren Check nicht beim Durchsehen vieler realer Codebeispiele *regelmäßig* vermissen würden, hätten wir uns nie getraut, ihn überhaupt in diesem Buch zu erwähnen.

Objekterzeugung und Null. Würde man das Konzept der Nullchecks bis zur letzten Konsequenz verfolgen, so müßte man selbst die Rückgabewerte des **new**-Operators untersuchen. Das ist aber übertrieben, denn wenn **new** keine brauchbaren Ergebnisse mehr liefert, ist vermutlich die JVM so durcheinander, dass weitere Checks sinnlos sind und das Programm beendet werden sollte.

Dies gilt jedoch nicht für die heutzutage häufig an Stelle eines expliziten **new** eingesetzten Factory-Methoden. Diese können umfangreichen User-Code enthalten, zum Beispiel einen Mechanismus zum Objektpooling, der möglicherweise fehlerbehaftet sein kann. Daher ist es sinnvoll, Factories als normale Methoden zu behandeln und entsprechend die Rückgabewerte auch zu überprüfen.

```
TransferVO vo = VOFactory.create("key");
if (vo == null) {
    log.error("unexpected null return from factory");
    return;
}
```

Fazit. Gegen Nullpointer ist Abhilfe dermaßen einfach, dass es wirklich keine Ausrede mehr gibt, es nicht zu tun. Oder anders ausgedrückt: Die *wirklichen Nullen* sind diejenigen Programmierer, die sich und ihre Kollegen nicht vor Nullpointern schützen.

6.1.2   Exception Container

Es wird eine unerwartete RuntimeException geben.

Als guter Bürger der Java-Welt sollte man nicht nur fremde Fehler aus dem eigenen Code *rau*shalten, sondern auch eigene Fehler weitgehend *drin*behalten. Dies gilt insbesondere, wenn die Weiterleitung der eigenen Fehler an die aufrufenden Module den Kontrakt verletzt, den man über die eigenen, angebotenen Schnittstellen mit dem Aufrufer eingegangen ist.

Nehmen wir zum Beispiel an, als Schnittstelle für ein komplexes Modul eine einzige „service"-Routine definiert zu haben. Diese Routine gibt im Erfolgsfall ein „Result"-Objekt zurück, im Misserfolgsfall `null`. Für den Client-Programmierer, der die service-Routine benutzt, ist es mit dem Untersuchen des Rückgabewertes alleine noch nicht getan, denn es könnten ja auch RuntimeExceptions auftreten. In vielen Anwendungen wird jedoch eine RuntimeException, also der *Fehler*fall, berechtigterweise genauso behandelt wie ein null-Rückgabewert, also der *Misserfolgs*fall. Hier kann man die Clientprogrammierer unterstützen, indem man seinem Modul gute Manieren beibringt und unerwartete interne Exceptions auf den Misserfolgsfall abbildet.

Dies geschieht über eine kleine, öffentlichen Methode, welche die eigentliche, private Methode verpackt.

```java
// Einfacher KGB-Check gegen ungewollt geworfene Exceptions.
public class ExceptionContainerDemo {
    public Result service(RequestAttributes attributes) {
        try {
            // im Normalfall einfach das Ergebnis der
            // internen Methode weiterreichen
            return _service(attributes);
        } catch (Exception e) {
            // im Fehlerfall loggen...
            log.error("service — unexpected exception — " + e);
            // ... und kontrollierte Fehlerbehandlung anstossen —
            // dies kann auch ein "rethrow" der gefangenen
            // Exception oder ein "throw" einer neuen sein,
            // je nach gewuenschter Semantik.
            return null;
        }
    }


    private Result _service(RequestAttributes attributes) {
        // komplizierte Taetigkeiten, ggfs. Exceptions
    }
}
```

Neben dem Hauptvorteil, Client-Module vor unerwarteten RuntimeExceptions geschützt zu haben, hat dieses Idiom zwei weitere Pluspunkte:

- Man hat an kritischer Stelle gelogged. Das hilft beim Laufzeit-Debugging.

- Manchem Programmierer sind methodische KGB-Checks innerhalb aller internen Methoden zuviel, da der Code im Extremfall nur noch aus Check-Zeilen, aber kaum mehr aus Algorithmus-Zeilen besteht. Wenn man stattdessen den Exception-Container anwendet, kann man trotz weniger interner Checks die möglicherweise entstehenden Fehler noch abfangen, so dass das Problem wenigstens Modul-lokal bleibt.

Als Variation zum ExceptionContainer gibt es den verwandten „ThrowableContainer", bei dem nicht nur einfache Exceptions, sondern alle „Throwables" gefangen werden. Doch da Throwables wie java.lang.Error meistens ernste Fehler anzeigen, wegen denen das ausführende Programm beendet werden sollte, sind „ThrowableContainer" seltener sinnvoll als ihre harmloseren Verwandten.

In der Praxis haben wir sie benutzt, um notorische fehlerbehaftete Hilfsmodule hinter einer schnell aufgestellten API-Fassade zu verstecken. Dadurch kann man sie risikoarm einbinden, ohne sie komplett debuggen zu müssen. Dies geht aber nur dann sinnvoll, wenn das fehlerbehaftete Modul auch ausfallen darf, ohne dass der Hauptsinn der Applikation dadurch gefährdet wäre.

Das Muster des ExceptionContainers ist dann falsch, wenn aufrufende Klassen explizit die RuntimeExceptions des aufgerufenen Moduls brauchen. Dies ist jedoch nach unserer Erfahrung in der Praxis selten.

Fazit. ExceptionContainer sind besonders für den Library-Programmierer geeignet, der die Zuverlässigkeit der von ihm zur Verfügung gestellten Schnittstellenmethoden erhöhen will. Sie sind eine leichtgewichtige Alternative zu konsequenten KGB-Checks innerhalb eines Moduls. In Verbindung mit Log-Statements erleichtern sie die Laufzeit-Fehlersuche.

6.1.3 Klassenspezifische Validatoren

Die Objektinstanz wird inkonsistent sein.

Bei genauerem Hinsehen ist das Ergebnis, dass eine Objektreferenz ungleich null ist, nur ein erster Hinweis darauf, ob das Objekt wirklich gültig ist. Das Objekt könnte trotzdem ungültige Attribute haben oder auf eine andere Weise ungültig sein, zum Beispiel durch Überschreiten einer vorgegebenen Lebensdauer für ein aus einem Cache stammenden Objekt. Besonders bei Klassen, die intensiv in Zeiger-basierten Datenstrukturen (also z.B. Bäumen) verwendet werden, würden weitergehende Konsistenzchecker [4] helfen.

Eine Lösung dafür sind „Validator"-Methoden, die man auf Objekte aufrufen kann, um sie intern auf Gültigkeit zu überprüfen. Da solche Methoden den internen Zustand von Objekten überprüfen sollen, müssen sie im Normalfall klassenspezifisch implementiert

---

[4]In Programmiersprachen wie Eiffel sind solche Konsistenzprüfungen in Form von Klasseninvarianten und Funktionsvor- und nachbedingungen sogar Sprachbestandteil.

werden, also als Methoden der zu überprüfenden Klassen. Außerdem sollten Validatoren fast immer public sein, so dass sie auch von Client-Klassen aufgerufen werden können.

```
// KGB-Validatoren.
public class Node {
    public Object value;
    public Node nextNode;

    public boolean validateSelf() {
        if (value == null) return false;

        // Annahme: nextNode==null ist erlaubt, aber wenn
        // nextNode!=null ist, muss der Node gueltig sein:
        if (nextNode != null) return validateNode(nextNode);
        return true;
    }

    public static boolean validateNode(Node aNode) {
        if (aNode == null) return false;
        return aNode.validateSelf();
    }
}
```

Bei diesem Beispiel ist eine zweite validateNode()-Methode hinzugefügt. Sie ist statisch, so dass sie eine Objektinstanz als erstes darauf überprüfen kann, ob sie ungleich null ist. Erst danach wird die Instanz-gebundene validateNode()-Methode aufgerufen.

Im Alltag besonders praktisch sind statische Validatoren, denen man auch noch einen optionalen Aufrufparameter mitgibt. An Hand des Parameters wird entschieden, ob und welche angepasste Fehlermeldung ausgegeben wird.

```
// Erweiterter KGB-Validator.
public static boolean validateNode(Node aNode,
    String location) {
    if (aNode == null || !aNode.validateSelf()) {
        if (location != null)
            log.error("validateNode — invalid node at "
                + location);
        return false;
    }
    return true;
}
```

Hier hat man die gesamten Objektüberprüfung inklusive dem obligaten null-Check und einer optional geloggten Fehlermeldung in einem einzeiligem Aufruf zusammengefasst. Das ist so einfach und kurz, dass auch hier den faulen Programmierern die Ausreden ausgehen.

Overkill vermeiden. Beim Einsatz von Validatoren kann man es übertreiben. Wenn man zum Beispiel nur ein Attribut eines einzelnen Baumknotens auslesen will, sollte man nicht aus falsch verstandener Vorsicht die Linkstruktur des gesamten Baumes verifizieren.

Bei leistungskritischen Anwendungen kann man das oben bereits skizzierte Muster einer Aufrufskette verwenden, bei denen nur am Anfang die Aufrufparameter und der eigene Objektzustand validiert werden, die Zwischenschritte jedoch optimiert ohne weitere Validierung ablaufen.

Ebenfalls haben sich Validatoren bewährt, bei denen man die Überprüfungstiefe über Aufrufparameter an den Anwendungsfall anpassen kann.

Validation Frameworks als Alternative. Als Alternative zu dem hier vorgestellten Konzept von „handgestrickten" Validatoren werden in der Literatur diverse Validation Frameworks vorgestellt. Diese sind unbestreitbar von Nutzen, nach unserer Ansicht insbesondere beim Validieren von durch Benutzer eingegebenen oder aus Properties bzw. Preferences ausgelesenen Werten.

Klassenspezifische Validatoren haben gegenüber den Frameworks den Vorteil, bis ins private Innere der Instanzen durchgreifen zu können. Sie stellen aus Sicht eines Javamoduls einen gewollt Code-internen Konsistenzchecker dar, während Validation Frameworks öfter an den Schnittstellen zur Außenwelt zum Einsatz kommen.

Fazit. KGB-Validator-Methoden ziehen einen erhöhten Einmalaufwand beim Programmieren der validate-Methoden mit sich. Ihr Einsatz in Methoden, die Gültigkeitsprüfungen erfordern, ist jedoch einfach und kann oft als kompakter Einzeiler programmiert werden. Dabei wirken sie wie *Mini-Unit-Tests*, die dauernd betriebsbegleitend zur Laufzeit ausgeführt werden. Solange man die entstehende Ausführungsverlangsamung durch maßvolle Ausgestaltung der Validatoren im Griff behält, kann man durch Validatoren die Robustheit der eigenen Klassen stark erhöhen. Dabei reichen sie weit über die Nützlichkeit einstufiger `null`-Checks hinaus.

6.1.4   Starke Typisierung nutzen

Die Collection wird ein Objekt falschen Typs enthalten.

Die bekannten und überaus nützlichen Collection-Klassen haben bis inklusive JDK1.4 den entscheidenden Nachteil, nicht typsicher zu sein. Der Elementtyp einer Collection ist „Object", so dass die Typüberprüfung des Compilers keine Fehler aufdecken kann. Dadurch werden Laufzeitfehlern Tür und Tor geöffnet, bei denen man einen anderen Objekttyp aus der Collection rausziehen will, als man hineingesteckt hat.

```
HashMap hashMap = new HashMap();
hashMap.put("key0", "String value0");
Integer integer = (Integer) hashMap.get("key0");
                    // ClassCastException
```

Abhilfe. Da die Java-Collections zumindest in Teilen sehr professionell entworfen sind, möchte man sie im Programmieralltag nicht mehr missen. Drei kleine Tipps helfen, die Sorgen mit falschen Elementtypen zu verringern:

- Man kann die ClassCastException beim Casten der Elementtypen auf den gewünschten Zieltyp explizit abfangen:

```
try {
    Integer integer = (Integer) hashMap.get("key0");
} catch (ClassCastException e) {
    //...
}
```

- Man kann die Elementtypen in Collections durch sprechende Kommentare ausdrücken und durch Variablennamen andeuten:

```
public static /* OutputVO */ Collection getOutputVOs(
    Collection /* ValueVO */ valueVOCollection) {}
```

- Man kann versuchen, Collections an bestimmten kritischen Stellen durch *typsichere Arrays* zu ersetzen:

```
public static OutputVO[] getOutputVOs(ValueVO valueVOs[]){}
```

Der letzte Punkt, nämlich an Schnittstellen nicht Collections, sondern typsichere Java-Arrays zu übergeben, verdient besondere Beachtung. Eine Collection ist einem Array nur dann überlegen, wenn man bestimmte „mengenartige" Operationen auf der Collection anwendet, etwa die Suche nach Elementen oder das Hinzufügen und Löschen. Bei der normalen Iteration über die Elemente ist ein Array praktischer und einfacher zu verstehen. Außerdem ist ein Array effizienter, weil kein Iterator-Objekt und keine Typkonvertierungen benötigt werden.

Hier scheinen die Collections als neues Werkzeug bei vielen Programmierern den Drang ausgelöst zu haben, auch alles mit dem neuen Werkzeug zu bearbeiten. Dabei ist es meist richtig, das einfachste Werkzeug oder Sprachkonstrukt zu verwenden, mit dem sich das Entwicklungsziel realisieren läßt.

Auf die Gefahr hin, Eulen nach Athen zu tragen, möchten wir auf die in diesem Zusammenhang sehr hilfreiche **toArray()**-Methode hinweisen, mit der man aus einer Collection ein korrekt typisiertes Array erzeugen kann:

```
VO[] aVOArray = (VO[])
    aVOCollection.toArray(new VO[aVOCollection.size()]);
```

Dies ist so einfach und kompakt, dass man problemlos aus einer Methode ein typisiertes Array zurückgeben kann, auch wenn innerhalb der Methode auf einer Collection gearbeitet wurde.

In Zukunft Generics. Ab JDK1.5 werden „Generics", die Java-Variante der aus C++ bekannten „Templates", verfügbar sein. Damit entspannt sich das Problem der schwachen Typisierung. Doch bis portabler Code immer mit Generics geschrieben werden kann, dauert es vermutlich noch ein bis drei Jahre, weil erst dann die Produktionsplattformen größtenteils auf JDK1.5 umgestellt sein werden.

Fazit. Das ärgerliche Problem der typunsicheren Collections kann man mit einigen simplen Methoden etwas entschärfen. Besonders hilfreich ist, an Modulschnittstellen typisierte Arrays zu übergeben, denn hier verlöre man sonst als Programmierer am ehesten die Übersicht über den übergebenen Objekttyp.

6.1.5   Zusammenspiel mit Logging und Unittests

Der Fehler hätte geloggt werden können.

KGB-Programmierung eignet sich hervorragend zum Zusammenspiel mit Logging und Unit-Tests.

Ohne Loggen würden die Validator-Checks zwar Laufzeitfehler vermeiden und dadurch die Programmstabilität erhöhen können. Doch bliebe das wichtige Feedback an den Programmierer aus. Dieses Feedback ist wichtig, um die Applikation so weit zu entwickeln und „wasserdicht" zu machen, dass – zumindest nach längerer Betriebserfahrung und Optimierung – die Validatoren im Normalbetrieb niemals unerwartet Alarm schlagen.

Für das Schreiben von Unit-Tests sind KGB-Validatoren sehr nützlich, da man viele der sonst üblichen Basis-Tests einfach durch Aufrufen der Validatoren auf gültige und ungültige Objekte ersetzen kann. Das verkürzt das Schreiben von Testcases erheblich. Außerdem steht die Testlogik, die sonst in den Unit-Testroutinen nach den Testphasen brachliegt, zur Laufzeit zur Verfügung.

6.2   Zusammenfassung

Solange Programme inkorrekt sind, solange inkonsistente Daten auftreten können und solange Betriebssysteme, JVMs und Middleware Bugs haben, solange gilt nach Meinung der Autoren „Vertrauen ist gut, Kontrolle ist besser" – und zwar gerade auch zur Laufzeit.

KGB-Programmierung ist ein zwar banaler, aber im Betriebsalltag sehr wirkungsvoller Ansatz, um diese Kontrolle in Teilen zu gewährleisten. Mit Augenmaß eingesetzt, kann dieser defensive Stil die unangenehme Überraschungen im Betrieb von Java-Applikationen verringern. Daher sollte man die Banalität daran als erträglich hinnehmen und sich über die höhere Stabilität seiner Software freuen.

6.3   Über die Autoren

Henrik Klagges ist seit 2001 Managing Partner bei TNG Technology Consulting in München. Neben der IT-Strategieberatung ist sein Spezialgebiet die Entwicklung von serverseitigen Java-Applikationen, insbesondere im Online-Broking und B2B-eCommerce Umfeld. Nach seinem Master in Computation an der Universität Oxford gewann er mit seiner C++-Software u.a. 1995 den „Deutschen Gründerpreis". Er arbeitete bei IBM Research, am Lawrence Livermore Laboratory des US-Energieministeriums, bei ConSol Software und bei Strategy Partners International. Henrik Klagges ist der Ko-

Autor mehrerer wissenschaftlicher Veröffentlichungen, unter anderem in den Proceedings der National Academy of Sciences der USA.

Gerhard Müller ist seit 2003 Managing Partner bei TNG Technology Consulting in München. Er hat an der TU München Informatik studiert und beschäftigt sich bereits seit 1997 intensiv mit Java. Seine Arbeitsschwerpunkte sind Architektur, Design und Implementierung von J2EE-Applikationen. Er ist Autor verschiedener Artikel über Java.

7 Java und relationale Datenbanken

Ulrich Bode

7.1 Ein SQL-Wrapper macht Applikationen flexibel

Relationale Datenbanken sind standardisiert und sollten eigentlich keine Probleme in der Java-Anbindung machen. Zumal mit JDBC eine Java-Schnittstelle für Datenbankzugriffe zur Verfügung steht. Grau ist alle Theorie. In der Praxis erwarten einen überraschende Fallen. Durch geschickte Kapselung lassen sich diese Fallen absichern und machen eine Applikation flexibel für verschiedene Datenbanken. Dann ist auch eine Datenbank-Migration keine Hexerei mehr und ein Verkaufsargument mehr gewonnen.

7.2 Grundlagen

Die wichtigsten „Basics" für relationale Datenbanken mit Java sind das relationale Modell, die Sprache SQL und der Java-Konnektor JDBC.

7.2.1 Relationale Modell

Das relationale Modell basiert auf der Mengenalgebra mit dem Muster „Zeile x Spalte". Eine Zeile kann auf einen Record bzw. ein Objekt abgebildet werden. Eine Spalte entspricht dabei einer Record-Variable bzw. einem Objekt-Attribut.

7.2.2 SQL

SQL steht für *Structured Query Language*. Mit dieser Standardsprache für relationale Datenbanken werden die drei Bereiche

- Definition der Datenbankstruktur (CREATE, ALTER)
- Manipulation der Daten (INSERT, UPDATE, DELETE)
- Abfrage der Daten (SELECT)

abdeckt.

7.2.3   JDBC

JDBC stand ursprünglich für *Java DataBase Connectivity* und ist inzwischen eine geschützte Handelsmarke. Eine Java-Applikation kann über die JDBC-Klassen und einem speziellen JDBC-Treiber, der die JDBC- und SQL-Anweisungen für die Zieldatenbank umsetzt, mit der Datenbank kommunizieren. JDBC stellt dazu verschiedene Methoden zur Verfügung, u.a. für

- den Auf- und Abbau der Verbindung,

- die Weiterleitung der SQL-Befehle und

- die ResultSet um Ergebnisse auszulesen.

Was JDBC nicht leistet, ist eine Integration von SQL. D.h. die SQL-Statements müssen als String über die JDBC-Verbindung an die Datenbank geschickt werden. SQL ist nicht wie bei 4GL-Sprachen Bestandteil von Java oder JDBC. JDBC beschränkt sich darauf, eine Schnittstelle zwischen Java und der Datenbank zur Verfügung zu stellen, über die SQL und die Ergebnisse übertragen werden können.

7.2.4   Das Problem

Zwar gibt es für SQL einen Standard in mehreren Versionen. Doch leider halten sich die Datenbankhersteller nicht immer exakt an den Standard oder SQL bietet zuviel Raum für proprietäre Elemente. Und manchmal haben die Datenbank oder der Treiber schlicht Fehler, die einen Workaround erforderlich machen.

Deshalb empfiehlt es sich, zwischen der Applikation und der JDBC-Schnittstelle noch einen SQL-Wrapper einzubauen. Die Kommunikationsstruktur sieht dann wie folgt aus:

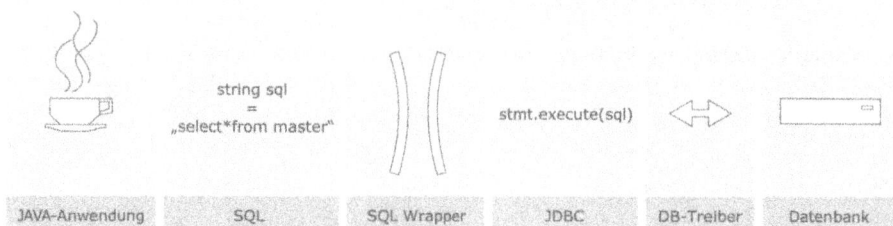

Abb. 7.1: *Kommunikationsstruktur*

7.2.5   Nachfolgend verwendete Beispiel

Im Folgenden verwende ich zur Erläuterung ein Mini-Beispiel. Um die Beispiele auf den inhaltlichen Kern zu reduzieren, verzichte ich auf den Programmrahmen wie Verbindungsaufbau- und abbau oder das Einpacken der SQL-Anweisungen in entsprechende

JDBC-Methoden. Es geht hier nicht um lauffähigen Java-Code, sondern um beispielhafte Erläuterungen des Problems.

Das Mini-Beispiel:

Die Tabelle *master* mit den Spalten *lfd_no*, *name* und *status*:
```
CREATE TABLE master
(1fd_no INTEGER, name VARCHAR(100), status INTEGER);
```

Die Tabelle *detail* mit den Spalten *lfd_no*, *data* und *status*:
```
CREATE TABLE detail
(1fd_no INTEGER, data VARCHAR(100), status INTEGER);
```

7.3 Die Fallen

Die Fallen bei der Benutzung von Java in Verbindung mit Datenbanken sind zahlreich. Ich habe etwa ein Dutzend Datenbanken mit verschiedenen JDBC-Treibern gegen eine Life-Applikation getestet. Die nachfolgende Liste deckt daher auftretende Probleme weitgehend ab. Möglicherweise ist in der Zwischenzeit der eine oder andere Fehler nicht mehr aktuell, da von den betroffenen Herstellern die Bugs beseitigt wurden. Trotzdem sind sie lehrreich und zeigen, welche Methoden der SQL-Wrapper bereitstellen muss.

7.3.1 Falle Join

Im Nachfolgenden wird ein Join über zwei Tabellen durchgeführt, die identische Spaltennamen haben. Die Selektion erfolgt daher tabellenbezogen. Trotzdem kommt es zu einem Fehler.
```
INSERT INTO master (1fd_no, name, status)
VALUES (1, "test", 4711);
INSERT INTO detail (1fd_no, data, status)
VALUES (1, "example", 4712);

SELECT master.1fd_no, detail.status
FROM master, detail
WHERE master.1fd_no = 1
and    master.1fd_no = detail.1fd_no;

int result = resultSet.getInt("status");
// result hat hier den falschen Wert 4711 !
```

Bei einem Join mit gleichen Spaltennamen in verschiedenen Tabellen hat der Treiber keine korrekte Zuordnung der Spalte zur Tabelle vorgenommen, sondern den Erstbesten genommen. Deshalb empfiehlt es sich, in solchen Fällen die Spalten grundsätzlich neu zu bezeichnen, also:

```
SELECT master.lfd_no AS master_lfd_no,
              detail.status AS detail_status
...
int result = resultSet.getInt("detail_status");
// result hat jetzt korrekt den Wert 4712
```

7.3.2   Falle Position

JDBC erlaubt, die Spalten wahlweise über deren Position im SQL-Statement oder dem Feldnamen der Datenbank anzusprechen.

```
INSERT INTO master (lfd_no, name, status)
VALUES (1, "test", 4711);
SELECT count (*) FROM master;
int result = resultSet.getInt(0); // fehlerhaftes Ergebnis
```

Der Treiber lieferte hier fälschlich den Spaltenname statt dem Spaltenwert als Ergebnis. Ich verwende deshalb immer einen Bezeichner anstelle der Position. Das ist auch aus Gründen der besseren Wartbarkeit und Lesbarkeit des Programms zu empfehlen:

```
SELECT count (*) AS result FROM master;

int result = resultSet.getInt("result");
```

7.3.3   Falle Sortierung

```
SELECT name FROM master ORDER BY name
```

Die möglichen Resultate sind: „namea", „name_a"

Die Reihenfolge in der Datenbank 1: „namea", „name_a"

Umgekehrt die Reihenfolge in der Datenbank 2: „name_a", „namea"

Die Sortierung des Ergebnisses hängt von der Einstellung des Betriebssystems, der Datenbank und der verwendeten Zeichencodierung (z.B. Unicode) ab. Bei jeder Sortierung sollte man sich fragen, wie wichtig diese für den Anwender ist. Wenn man keine volle Kontrolle über die Umgebung hat, dann hilft nur eine Nachbehandlung, d.h. alle Ergebnisse rein in eine Collection und dort nach Wunsch nachsortieren.

7.3.4   Falle Alias-Namen

```
SELECT name as col1 FROM master ORDER BY col1
```

Bei Interbase führte die Order-by-Klausel zu einem Laufzeitfehler, da die Spalten unbekannt sind. Deshalb muss man entweder (leider doch) die Position verwenden

```
ORDER by 1, 0 /* Positionen der Spalten */
```

oder auf die Order-Klausel verzichten und die Sortierung wieder über eine Nachbehandlung regeln.

7.3.5   Falle Group

```
SELECT count (master.lfd_no) AS col1, detail.status AS col2
FROM master, detail ...
GROUP BY col2
ORDER BY col2, col1
```

Das Group-Statement ist laut SQL-Standard mit einem Alias-Namen nicht möglich,
sondern muss den Original-Spaltennamen beinhalten. Um Verwechslungen wie in der
Join-Falle zu verhindern, bietet sich die Form „Tabellenname.Spaltenname" an, also
GROUP BY detail.status.

7.3.6   Falle Funktion

```
CREATE TABLE ware (anzahl INTEGER, gewicht NUMERIC (10,2));
SELECT sum (gewicht) / sum (ANZAHL) AS durchschnitt

int result = resultSet.getBigDecimal("DURCHSCHNITT");
```

Die Datenbank wandelte die beiden Decimal-Werte mit Nachkommawert 0 automatisch
in Integer um. Da Java typstreng ist, kommt es zu einem Laufzeitfehler. Es empfiehlt
sich daher Dezimal-Ergebnisse immer zu casten, also:

```
CAST (
CAST (sum(gewicht) /10 as numeric (10, 2 )) /
CAST (sum(anzahl) /10 as numeric (10, 2 ))
AS numeric (10, 2 )    )
AS durchschnitt
FROM ware
```

Das lässt sich sehr einfach in einer selbstgeschriebenen Methode kapseln. Aber nicht
verfügen die Datenbanken über alle erforderlichen Cast-Funktionen. In diesem Fall muss
zusätzlich nach dem n Datentyp prüfen:

```
if (datentyp == int) {...}
if (datentyp == double) {...}
if (datentyp == bigdecimal) {...}
```

Keine schöne Sache, aber auch das lässt sich natürlich kapseln.

7.3.7   Falle Datentypen

Besonders kritische Datentypen sind: DATE, DATETIME, TIMESTAMP. Auch kritisch:
VARCHAR (z.B. in MySQL max. 255 Zeichen, Longtext ist länger). Superkritisch: BLOB
und Spezial-Datentypen.

Empfehlung: alle Übergänge vom Datenbanktyp zu Javatyp und umgekehrt in eigenen Klassen kapseln. Also Setter und Getter wie z.B. `getMyDate` oder `setMyTimestamp` bilden. Am besten kapselt man auf Java-Seite die Datentypen ebenfalls, z.B. `class MyDate extends Date`. Selbst wenn man für den Anfang keine Änderungen an den Klassen vornimmt, hat man bei Bedarf die Möglichkeit diese sehr einfach nachzuziehen. Die Erweiterung um eine `toDbString()`-Methode empfiehlt sich immer, um bei Übergabe des Wertes an die Datenbank als String diesen Datenbank-konform umzuwandeln.

7.3.8   Falle Sommerzeit

Ein JDBC-Treiber addierte während der Sommerzeit (amerikanisch: *daylight saving time*) fälschlich eine Stunde gegenüber dem Wert in der Datenbank auf. Der Fehler zeigt beispielhaft die Notwendigkeit für eine eigene `getMyDate`-Methode. Damit konnte sehr einfach ein Workaround geschaffen werden.

7.3.9   Falle Borland-Save

Borland bietet eine Reihe eigener Klassen zur Datenbankbehandlung an. Diese sollen die Arbeit erleichtern. So gibt es z.B. ein *queryDataSet.saveChanges*, mit dem Datenänderungen automatisch in die Datenbank geschrieben werden.

Mit Interbase hatte ich keine Probleme, mit MS-SQL-Server eine NullPointerException und mit Pointbase waren die Tabellen gar nicht erst ansprechbar. Deshalb habe ich alles, was nicht Java-Klassik entspricht, wieder entfernt und verzichte auf alle schönen Tools, die manchmal mehr Ärger als Nutzen bereiten.

7.3.10   Falle Memory Leak 1

Die Datenbank gab trotz korrekter Garbage Collection genutzten Arbeitsspeicher nicht mehr frei, bzw. verwendete den Speicher nicht wieder. Ergebnis: Nach wenigen Stunden Betrieb arbeitete die Datenbank nur noch auf dem virtuellen Speicher und alles wurde sehr langsam.

Wenn man die SQL-Statement isoliert und direkt in die Datenbank eingab, dann trat das Problem nicht auf. Vermutlich war also der Treiber defekt.

Lösung: Da half nur der Wechsel des Treibers oder gleich der Datenbank.

7.3.11   Falle Memory Leak 2

In einem anderen Fall führt das korrekte Beenden eines ResultSet nicht unbedingt zur Freigabe des Speichers:

```
resultSet.close();
database.commit;
```

Abhilfe schuf hier:

```
resultSet = null;
```

7.3.12   Falle Memory Leak 3

Dieser Fehler wurde mir aus der Arbeitsgruppe berichtet. Ein Statement wurde mit einem StringBuffer zusammengesetzt. Da dieser nicht jedes Mal zurückgesetzt wurde, wuchs der Speicher beständig und der Datenbank-Server meldete irgendwann „Speicher voll". Auch hier kann ein Setzen auf `null` hilfreich sein.

7.3.13   Falle Datenbank-Performance

In letzter Zeit entstehen viele neue Datenbank-Produkte, z.T. objektorientiert oder Pur-Java-Datenbanken. Oft sind diese aber noch nicht ausgereift und insbesondere in der Performance den Klassikern wie Oracle oder DB2 um ernstzunehmende Größenordnungen hinterher. Hier empfiehlt es sich, die Performance möglichst in einem Echt-Test vor dem Einsatz zu prüfen.

7.3.14   Falle SQL-Bugs

Manchmal ist schlicht der Programmcode einer Datenbank fehlerhaft. Durch die vielen Änderungen dank Internet und Java trifft das auch schon mal einen Klassiker. Da hilft neben dem SQL-Wrapper leider nur gründliches Prüfen und ein guter Support.

7.3.15   Falle SQL-Umfang und SQL-Version

Nicht alle Datenbank unterstützen den vollen SQL92 oder gar SQL99 Umfang. Beispiele:

- Kein `CREATE DOMAIN`
- Kein `SUBSELECT`
- Anfällig auch: `GRANT, DEFAULT`
- Häufiger fehlen: Spezial-Joins (`OUTER`), Views, Spezialfunktionen

Empfehlung: Verwenden Sie SQL so konservativ wie möglich. Spezielle SQL-Kommandos werden in einer Methode gekapselt, so dass bei Bedarf ein Workaround geschrieben werden kann.

7.3.16   Falle Syntax

Datenbank-Funktionen konnten in einem Fall nur in Großbuchstaben und ohne Leerzeichen vor der Klammer verwendet werden, also z.B. `COUNT(*)`, nicht jedoch `count(*)` oder `COUNT (*)`. Auch das Abschlusszeichen „;" wird am Schluss nicht immer akzeptiert.

Lösung: Methoden schreiben, die die Funktionen und das Abschlusszeichen „;" je nach Datenbank einsetzt.

7.3.17   Falle strukturelle Limits

Beispiel: die Spaltennamen sind bei Interbase auf 32 Zeichen begrenzt, bei MS-SQL-Server auf 128 Zeichen.

Lösung: Es empfiehlt sich 32 Zeichen als Obergrenze für einen Datenbank-Bezeichner zu setzen. Früher sind wir schließlich sogar mit 8 Zeichen ausgekommen.

7.3.18   Falle Installation

Die Installation der Treiber erfordert meist mehrere Maßnahmen, die sich nicht so ohne Weiteres erschließen. Nötig ist u.a. auch die Einbindung des JDBC-Treibers in die Applikation (Classpath setzen).

Empfehlung: Die Einbindung des Treibers sollte man zusammen mit dem Verbindungsauf- und abbau zur Datenbank ebenfalls in einer Klasse kapseln.

7.3.19   Falle Bestellung

Für Oracle und Ingres hatte ich Evaluationsversionen bestellt, aber bis heute sind sie nicht geliefert. Dafür hatten beide den größten Formularaufwand.

7.4   Das Kochbuch für den SQL-Wrapper

Konservatives Programmieren ist der Grundsatz, der über allem steht. D.h. man sollte keine speziellen Konstrukte der Datenbank einsetzen, wie einen Datentyp money oder Generatoren für eindeutige Nummern. Wenn man sie doch nutzt, dann muss man den Zugriff in jedem Fall kapseln. Das folgende Kochbuch für den SQL-Wrapper zeigt, wie es geht. Der SQL-Wrapper ummantelt dabei das SQL, so dass der SQL-Code gut kontrolliert werden kann.

7.4.1   Rezept: Datenbank Verbindung

Treiber-Definition und die Verbindung (Connection) werden in einer static Klasse *Db-Connection* gekapselt. Dort (oder in einer eigenen Enum-Klasse) kann man auch die Konstanten für die Datenbank-Typen platzieren.

```
static class DbConnection {
public static final int DB_TYP_ORACLE = 1;
public static final int DB_TYP_DB2 = 2;
public static final int DB_TYP_MYSQL = 3;
// ggf. weitere Datenbanken

private static int dbTyp = 0;

public static void setDbTyp (int dbTypNew) {
   dbTyp = dbTypNew;
```

```
}

public static int getDbTyp() {
  return dbTyp;
}

private static Connection conn;

public static boolean makeConnection (int dbTyp) {
// Hier wird die Verbindung aufgebaut
// und bei Erfolg true geliefert.

if (dbTyp == DB_TYP_ORACLE) {...}
}

public static Connection getConnection (int dbTyp) {
// Liefert eine Verbindung.
  return conn;
}

}
```

Diese Schnittstelle bietet zahlreiche Vorteile:

- Beim Start der Applikation wird der Datenbanktyp über *setDbTyp* gesetzt. Ein Wechsel des Datenbanksystems reduziert sich für den Java-Programmierer auf den Austausch des Parameters.

- Wenn verschiedene Datenbanken in einer Applikation angesprochen werden müssen, dann kann über einen weiteren Parameter die Verbindung zu der jeweiligen Datenbank hergestellt werden.

- Der Verbindungsaufbau ist sehr aufwendig und daher in der Regel langsam. Durch die *static*-Klasse reicht es die Verbindung beim Programmstart einmal durchzuführen und dann dauerhaft zu halten, sofern keine Gründe dagegen sprechen.

- Ein Connection-Pool für mehrere Threads kann ebenfalls in dieser Klasse versteckt werden.

7.4.2   Rezept: Jede Tabelle in eine Klasse packen

In der Regel ist eine Applikation so konstruiert, dass Datenbanktabellen und Programmobjekte sich weitgehend entsprechen. Deshalb ist es naheliegend, für jede Tabelle ein Objekt mit Setter und Getter für die Spalten zu schaffen. In diese Klasse oder eine eigene Klasse packt man dann noch die Datenbank-Kommando SELECT, INSERT, UPDATE, DELETE, ggf. auch ein CREATE-Statement.

7.4.3   Rezept: Datenbank-Manipulation kapseln

Für INSERT, UPDATE und DELETE bietet es sich an, dass man in eine Klasse *DbMani-pulation* diese Zugriffe einmal definiert und dann nur mit dem jeweiligen SQL-String aufruft. Man sollte dann allerdings den Namen der Klasse und der Methode als Parameter übergeben. Dies erleichtert das Schreiben aussagefähiger Fehlerroutinen für die Methoden der Klasse *DbManipulation*.

Im Ergebnis hat man dann in der Anwendungsklasse Methoden wie *insertMaster*, *up-dateMaster* und *deleteMaster* (für die Tabelle master im Mini-Beispiel). In diesen wird der jeweilige SQL-String gebildet und die zugehörge Methode in *DbManipulation* aufgerufen.

```
public class DbManipulation {
public boolean dbInsert
(String klasse, String methode, String sql){
// Insert-Statements
}

// Analog dbUpdate, dbDelete, ...

}


public class Master {
// Hier die Setter und Getter

insertMaster () {
insertStatement = "insert into master ( ... )"

DbManipulation dbm = new DbManipulation();
dbm.dbInsert (insertStatement);
}
}
```

7.4.4   Rezept: Datenbank-Select kapseln

Schwieriger oder fast unmöglich wird das Kapseln für das SELECT-Statement. Dieses liefert ja nicht die Daten vom Objekt zur Datenbank, sondern genau umgekehrt. Deshalb muss der Select genaue Kenntnisse vom Objektaufbau haben.

Ein paar Tipps gibt es aber trotzdem:

a) Einen Basis-Select als *private* definieren. Die jeweiligen Statement als *public* darauf aufbauen.

Beispiel:

```
public class Master {

// ... Attribute mit Settern und Gettern

public void selectMaster (int value) {
  String selectStatement =
       "select * from master where lfd_no = " +
       Integer.toString (value);
  selectMaster(selectStatement); {
}

// ... weitere selectMaster-Methoden

// Die zentrale selectMaster-Methode
private void selectMaster (String statement) {
  //... Connection holen und statement aufrufen
  this.setLfdNo(resultSet.getInt("lfd_no"));
  this.setName(resultSet.getString("name"));
  this.setStatus(resultSet.getInt("status"));
}
}
```

b) Collection Zwischenspeicher

Aus verschiedenen Gründen, z.B. Sortierung, kann es sinnvoll sein, das Selektionsergebnis in einen Java-Datenstruktur (siehe Collection) zwischenzuspeichern. Da macht dann eine einmal geschriebene Methode Sinn, die das Ergebnis mit den Metadaten (Spaltenname!) zwischenspeichert. Es bleibt aber weiterhin Aufgabe des jeweiligen Objekttyps die Daten aus diesem Zwischenspeicher in das Objekt zu schreiben.

Aus Performancegründen sollte nicht jedes Objekt einzeln selektiert werden und dann dem Array hinzugefügt werden, sondern mit einem sportlichen SELECT * FROM MASTER die Ergebnisse in einer while-Schleife verarbeitet werden.

7.4.5   Rezept: Kapseln von ResultSet-Datentypen

Die setXXX- und getXXX-Methoden in einer eigenen Klasse kapseln.

```
class MyResultSet extends ResultSet {
// alle set/get dahinter verbergen, also:
getMyBigDecimal () { ... }
setMyBigDecimal () { ... }
// usw.
}
```

7.4.6   Rezept: Java-Datentypen kapseln

Z.B. *class MyDate*, u.a. mit Methode *toDbString ()*, um das Datum in einer für die Datenbank geeigneter Form zu übergeben.

Durch das Kapseln der Datentypen sowohl auf DB-Seite als auch Java-Seite wird die Migration zu einer anderen Datenbank sehr einfach.

7.4.7   Rezept: Datenbank-Funktionen kapseln

Die Funktionen der Datenbank werden gekapselt. Beispiel:

```
public static String getCount (String value) {
   String result = "COUNT(" + value + ")";
   // Ggf. kann hier je Datenbanken ein anderer String
   // gebildet werden.
   return result;
{
```

7.4.8   Rezept: Kommandoabschlusszeichen „;" kapseln

Das Abschlusszeichen wird gekapselt.

```
public static String getSqlCommandEnd() {
if (getDbTyp() == DB_TYP_MSSQLSERVER)}
   return " ";
}
else return ";";
}
```

7.4.9   Rezept: Datenmigration

Was bei einer Migration jetzt noch übrig bleibt, ist das Problem der Daten-Migration. Folgende Möglichkeiten bieten sich an:

a) Mit Java direkt umspeichern (beide Datenbanken öffnen, in der einen mit einem Thread selektieren, in der anderen mit einem weiteren Thread einfügen).

b) Serialisierungsmechanismus von Java nutzen: in Java aus der Datenbank lesen, serialisieren, Datenbank wechseln, deserialisieren, in die andere Datenbank einfügen.

c) Insert-Statements formulieren: Daten auslesen, in ein Insert-Statement umformen, diese in die andere Datenbank einfügen. Tipp: In Java ist der Zugriff auf die Meta-Daten möglich.

7.4.10   Zusammenfassung

Der SQL-Wrapper stellt eine Zwischenschicht zur Datenbank, den Datenbank-Tabellen und den SQL-Statements und -Funktionen dar. Auf der Java-Seite werden die Getter, Setter und der Daten-Selects gekapselt. Damit sichert man sich sowohl gegen die

Java-Welt wie die Nicht-Java-Welt ab. Erforderliche Anpassungen an eine Datenbank beschränkt sich dann auf die Ergänzung weniger Zeilen im SQL-Wrapper.

7.5   Alternativen zum SQL-Wrapper

Wer auf JDBC aufsetzt, sollte unbedingt zwischen Java und SQL eine Zwischenschicht in der dargestellten Weise einziehen. Das Muster empfiehlt sich auch z.B. zwischen Java und HTML oder anderen Verbindungen zwischen Java und Nicht-Java. Auch SUN und andere Anbieter haben erkannt, dass das Treffen der Welten zu verschiedenen Problemen führt. Sie versuchen in unterschiedlicher Weise Lösungen anzubieten. Einige Beispiele:

7.5.1   Visuelle Programmierung

Entwicklungsumgebungen ermöglichen den Zusammenbau der Komponenten für die Datenbank-Bearbeitung durch Mouse-Click.

Meine Erfahrung: Hübsch, aber nur für einfache Dinge tauglich. Über kurz oder lang landet man doch beim Hacken.

Deshalb: Programmierer, bleibt bei Deinem Code!

7.5.2   Model Driven Architektur (MDA)

Der Vorteil gegenüber visueller Programmierung: die Strukturen „verschwinden" nicht im Mouse-Click, sondern werden explizit, z.B. in UML, beschrieben. Daraus lassen sich dann die Objekt mit ihren wichtigsten Datenbank-Operationen generieren. Komplexe Abfragen müssen aber weiterhin von Hand entwickelt werden, auch wenn die Modellierer versuchen, sich mit immer neuen Diagrammen den Entwicklern zu nähern. Aber die Modellierungswelt und die Programmiersprachenwelt ist nicht identisch.

7.5.3   Java-Framework

Ein Framework schafft ein Umfeld, das auf den Java-APIs aufsetzt und eine komfortable eigene API draufsetzt. Der SQL-Wrapper könnte Teil eines solchen Frameworks sein.

7.5.4   SQLJ

Versucht SQL direkt in Java einzubetten. Besteht aus:

Embedded SQL (Part 0), Stored Procedures and UDF (Part 1), Data Types (Part 2).

Beispiel:

```
\#sql { INSERT INTO master VALUES (1, "test", 4711) };
```

Vorteil: Fehler im SQL-Code können schon zur Übersetzungszeit geprüft werden. Mehr Informationen auf **www.sqlj.org**.

Übrigens: Die Integrationsversuche einer anderen Sprache in Java kann man noch an vielen anderen Beispielen studieren. Häufig handelt es sich dabei um Script-Sprachen.

7.5.5   Java Data Objects (JDO)

JDO [1] bildet eine Java-Schnittstelle zwischen Applikation und Datenhaltung beliebiger Art. Statt SQL wird eine objektorientierte Abfragesprache eingesetzt. JDO setzt also auf der gleichen Ebene auf wie der SQL-Wrapper. JDO ist flexibler bezüglich der Datenhaltung und nimmt dem Entwickler Details ab. Dafür ist es nicht so flexibel wie JDBC bezüglich der Datebank und SQL. Interessant sind hier auch sogenannte Mapper wie Torque [2].

7.6   Fazit

Internet, Java, XML und Middleware sind spannende Sachen. So spannend, dass die heile (und ausgereifte) Welt der relationalen Datenbanken aus den 1980er Jahren heftig durcheinander gewirbelt wird. Dies führt leider zur Destabilisierung des Datenbank-Codes bzw. vollständigen Neuentwicklungen mit all ihren Anfängerkrankheiten.

Mit Java und SQL treffen zwei unterschiedliche Welten zusammen. In der objektorientierten Java-Welt werden Code und Daten zusammen gekapselt, in der Datenbankwelt wird beides getrennt. Die Normalisierung im relationalen Modell zielt auf eine redundanzfreie Zerlegung der Objekte, die Objektorientierung integriert stärker.

Ähnliche Probleme wie bei SQL gibt es beispielsweise, wenn Java mit anderen Welten zusammentrifft, etwa HTML oder XML. Mit Java Servlets versucht man, die HTML-Welt in Java zu integrieren, mit Java Server Pages (JSP) wird dagegen der HTML-Code um Java-Methoden erweitert. Kompromisse muss man in beiden Fällen machen. Die Problematik zwischen Java und SQL ist also kein Einzelfall.

Wer zwei verschiedenen Welten verheiraten muss, der wird immer gezwungen sein, Kompromisse einzugehen. Je nach Aufgabenstellung kann es sinnvoll sein, verschiedene Techniken nebeneinander einzusetzen. So könnte man sich aus einem UML-Modell einen Großteil der Infrastruktur für das Programm generieren lassen. Die „knackigen" Sachen werden dann im Rahmen eines Frameworks von Hand entwickelt. Dazu muss das Framework gegenüber anderen Welten nach innen und außen geeignete Schnittstellen wie den SQL-Wrapper bereitstellt.

Wer eine Datenbank für ein Java-Projekt auswählen muss, der sollte zwei Arbeitsmonate für Evaluation und Fehlersuche einrechnen. In einem weiteren Arbeitsmonat kann man einen SQL-Wrapper schreiben oder Alternativen prüfen. Entscheidend ist letztlich der menschliche Support eines Anbieters, denn Probleme gibt es überall.

---

[1] http://www.jdocentral.com/
[2] http://jakarta.apache.org

7.7   Links

Die JDBC-Homepage von SUN:

`http://java.sun.com/products/jdbc/`

Umfangreiche Liste von JDBC-Treibern:

`http://industry.java.sun.com/products/jdbc/drivers`

`http://ourworld.compuserve.com/homepages/Ken_North/JDBCVend.htm`

7.8   Über den Autor

Ulrich Bode ist selbständiger Diplom-Informatiker. Für verschiedene Unternehmen arbeitet er als Business Analyst und Software-Entwickler. Spezialisiert ist Ulrich Bode auf komplette Individualentwicklungen für mittelständische Unternehmen. In der Gesellschaft für Informatik e.V. ist er Sprecher des Beirats für Selbständige und vertritt die freiberuflichen Informatikerinnen und Informatiker im Bundesverband der Freien Berufe. Ulrich Bode ist Autor des Buches „Die Informationsrevolution".

`http://www.ulrich-bode.de`

8 SWT - Plattformübergreifend natives Look & Feel

Michael Mayr

Mancher ist der Ansicht, dass sich Java mit seinen GUI-Bibliotheken AWT und Swing nicht für Desktop-Anwendungen eignet, denn auf Grund der merkbaren Unterschiede beim Look & Feel zwischen Java-Anwendungen und nativen Anwendungen wäre die Akzeptanz einer Java/Swing-Anwendung geringer als die einer nativen Anwendung. Was würden Sie sagen, wenn es plattformübergreifend möglich wäre in Java Anwendungen zu schreiben, die von nativen Anwendungen auf dem jeweiligen Betriebssystem nicht zu unterscheiden sind? Und was würden Sie sagen, wenn Sie diese von nativen Anwendungen nicht unterscheidbaren Java-Anwendungen kompilieren könnten, so dass sie nativ ausgeführt werden können und eine Installation des JRE unnötig wird? Sie denken, dass es das nicht gibt? Gibt es doch. SWT macht's möglich.

8.1 Introducing SWT

SWT ist eine GUI-Bibliothek, entstand im Rahmen des von IBM initiierten Eclipse-Projekts. Eclipse ist ein kostenloser Open-Source-IDE-Baukasten, welcher mit einer sehr guten Java-IDE ausgeliefert wird. Auf Eclipse basieren auch einige kommerzielle Produkte z.B. von IBM und Rational. Sowohl Eclipse [1] als auch SWT stehen unter der recht liberalen OSI-approved Open-Source-Lizenz CPL [2], die sowohl kommerzielle als auch nicht-kommerzielle Nutzung erlaubt [3]. [1] Entwicklungsziele bei SWT waren: natives Look & Feel, hohe Geschwindigkeit, geringer Ressourcenverbrauch und sehr gute Portierbarkeit. Und das Ergebnis kann sich sehen lassen: Mit SWT geschriebene Programme lassen sich weder durch ihr Aussehen noch durch ihr Verhalten von nativen Anwendungen unterscheiden (dies gilt auch für Windows XP), sind im Allgemeinen im Vergleich zu AWT/Swing-Anwendungen schneller und weniger ressourcenhungrig und reagieren schneller auf Benutzereingaben. SWT wurde inzwischen auf verschiedene Plattformen portiert. So sind z.B. Versionen für Windows 9x/ME/2000/XP, Windows CE, Linux/Motif, Linux/Gtk+ 2.0, MacOS X, Solaris/Motif, HP-UX/Motif, AIX/Motif, u.a. verfügbar. Nicht jeder Port ist jedoch gleich fortgeschritten und stabil, deswegen empfiehlt es sich die Statusseite des SWT-Projekts [4] zu besuchen, um sich den Status des betreffenden Ports anzuschauen. SWT besteht aus einem Java-Teil und einem C-Teil. Als SWT-Nutzer kommt man mit beiden Teilen in Form eines Java-Archivs und einer Shared Library (z.B. einer DLL) in Berührung. Im Gegensatz zu Swing/AWT

---

[1] Da der Autor jedoch kein Rechtsanwalt ist, sollten Sie ggf. noch von einem Fachmann die Lizenz überprüfen lassen.

steckt folgende Philosophie hinter der Funktionalität von SWT: Man identifiziert die plattformübergreifend sinnvollen Funktionalitäten einer GUI-Bibliothek und verwendet für die Implementierung dieser Funktionalitäten weitestgehend die nativen Widgets der jeweiligen Plattform. Sollte es kein entsprechendes natives Widget geben, dann wird das entsprechende Widget emuliert. Es wird also eine Obermenge der Funktionalitäten gebildet und nicht ein kleinster gemeinsamer Nenner wie bei AWT. Außerdem wird dort, wo es sinnvoll ist, auch die eine oder andere Plattform-Spezialität unterstützt. So wird unter Windows beispielsweise ActiveX bzw. OLE unterstützt[10]. Über den Einsatz von SWT kann dann nachgedacht werden, wenn SWT auf die Zielplattform in erforderlicher Stabilität portiert worden ist, AWT/Swing nicht ausreichend ist und Personal mit Java- und/oder SWT-Erfahrung vorhanden ist.[2]

8.2   Installation

Anmerkung: Der folgende Text konzentriert sich auf die Entwicklung für Windows, da nach Meinung des Autors die Wahrscheinlichkeit wohl am höchsten ist, für diese Plattform eine SWT-Anwendung entwickeln zu müssen. Das Vorgehen ist bei anderen Plattformen und für andere Versionen analog und sollte den Entwickler vor keine Probleme stellen.

8.2.1   Bibliotheken

Auch wenn SWT aus dem Eclipse-Projekt entstanden ist, ist es trotzdem möglich, mit einer anderen IDE SWT-Anwendungen zu schreiben. Da jedoch die benötigten JAR-Dateien und Shared Libraries (unter Windows eine DLL-Datei) nicht getrennt zum Download zur Verfügung stehen, kommt man um den Download einer Eclipse-Version für die betreffende Plattform nicht herum. Also lädt man sich unter [1] die neueste Release-Version von Eclipse für die gewünschte Plattform herunter und installiert sie. Aus dieser Installation zieht man sich jetzt die beiden Dateien `<Installationsverzeichnis>`
`\eclipse\plugins\org.eclipse.swt.win32\2.0.2\ws\win32\swt.jar` und `<In-stallationsVerzeichnis>\eclipse\plugins\org.eclipse.swt.win32\2.0.2\os\` `win32\x86\swt-win32-2052.dll` heraus und speichert sie in einen Ordner ab, z.B. SWTLibs. Die JAR-Datei muss natürlich im Classpath des Compilers sein, wenn man seine SWT-Sourcen übersetzen will. Außerdem muss man der VM zusätzlich zum Class-path noch mitteilen, wo sich die zum JAR gehörige Shared Library befindet, dies geschieht mit dem Kommandozeilenparameter `-Djava.library.path=<Pfad>\SWTLibs`.

8.2.2   Dokumentation

Die richtige Dokumentation ist unerlässlich, wenn man mit SWT entwickelt. Ausgesprochen wichtig ist die SWT-API-Dokumentation. Diese kann man sich auf drei Arten besorgen: Wenn man Eclipse als IDE verwendet, kann man die „eingebaute" Version verwenden. (Diese wird von Eclipse zur Laufzeit generiert und über den internen Webser-

---

[2]Es ist ggf. einfacher, Java-Programmierern eine neue Bibliothek beizubringen als eine neue Sprache mit neuen Bibliotheken.

ver von Eclipse ausgeliefert.) Man kann sie sich aus den in der Eclipse-Installation vorhandenen Sourcen *swtsrc.zip* mittels *javadoc* generieren. Oder man kann sich mit einem Offline-Reader unter [5] die Dokumentationen der Packages, die mit *org.eclipse.swt* beginnen, downloaden. Außerdem recht brauchbar ist das Kapitel „Standard Widget Toolkit" welches im Programmer's Guide des Platform Plug-In Developer Guide der Eclipse-Hilfe enthalten ist, aber auch von der Eclipse Homepage mit einem Offline-Reader heruntergeladen werden kann. Achtung: Die kursierende PDF-Version ist veraltet und bezieht sich noch auf Version 1. Weitere gute Quellen für Informationen sind die auf der Eclipse-Homepage auffindbaren Artikel [12] und die SWT FAQ [6] oder auch das Eclipse Wiki [7]. Schließlich ist noch genügend Beispielcode vorhanden, der ebenfalls zu Referenzzwecken herangezogen werden kann. So finden sich auf der Eclipse-Homepage außer dem Eclipse-Source-Code auch noch ca. 100 sogenannte Code Snippets [8], kleine Programme, die einen bestimmten SWT-Aspekt illustrieren. Desweiteren gibt es auf der Buch-Homepage auch noch das ein oder andere herunterladbare Beispiel.

8.3 Struktur einer SWT-Anwendung

Bevor auf die Struktur einer SWT-Anwendung eingegangen werden kann, müssen zuerst einmal grundlegende Begriffe erläutert werden. Ein Display stellt die Schnittstelle zum Betriebssystem dar und implementiert die SWT-Event-Loop auf dem jeweiligen Betriebssystem. Eine Shell ist ein Fenster und entspricht weitestgehend Swing's JFrame. Widgets ist ein Oberbegriff für jegliche Art von GUI-Elementen, die in andere GUI-Elemente eingefügt werden können (insbesondere auch für Steuerelemente).

Grundsätzlich sieht das Vorgehen beim Schreiben einer SWT-Anwendung wie folgt aus:

1. genau ein Display-Objekt erzeugen,

2. so viele Shell-Objekte erzeugen wie man benötigt,

3. Widgets in Shell(s) erzeugen,

4. Widgets initialisieren (z.B. Größe, Zustand),

5. Eventlistener wie gewünscht registrieren,

6. Shell(s) öffnen,

7. readAndDispatch-Schleife durchlaufen bis Exit-Bedingung auftritt,

8. Display-Objekt freigeben.

8.4 Typisch SWT

Um ein Gefühl für die Programmierung von SWT-Anwendungen zu bekommen, werden im Folgenden für SWT typische Dinge erklärt.

8.4.1   Erzeugen von Objekten

Typisch für die Erzeugung von Objekten ist bei SWT, dass in den Konstruktoren zumeist eine Referenz auf das entsprechende Eltern-Objekt übergeben wird. So entsteht ein Baum zusammenhängender Objekte. Es gibt jedoch auch Ausnahmen, wie z.B. die Klasse Display, die kein übergeordnetes Eltern-Objekt besitzt oder auch unabhängige Ressourcen. Diese Eigenheit von SWT ist sehr hilfreich bei der Ressourcenverwaltung. Im Zweifelsfall hilft ein Blick in die SWT-API-Dokumentation.

Beispiel:

```
Shell shell = new Shell(display);
```

8.4.2   readAndDispatch-Schleife

Typisch für SWT-Anwendungen ist eine explizite Event-Dispatch-Schleife und damit auch ein expliziter Event-Dispatch-Thread. Diese Schleife dient dazu, Events des Betriebssystems abzuholen und an das Display weiterzusenden, welches es dann an die betreffenden Fenster und Steuerelemente weiterverteilt. Sollte kein Event zur Verteilung vorhanden sein, dann ruht die Anwendung bis zum nächsten Event. Die Schleife wird beendet, wenn das Hauptfenster freigegeben wird. Zu beachten ist, dass Änderungen an GUI-Ressourcen nur von dem Thread aus vorgenommen werden dürfen, der die readAndDispatch-Schleife enthält, ansonsten tritt eine SWTException auf.

Beispiel:

```
while (!shell.isDisposed()) {
  if (!display.readAndDispatch()) {
    display.sleep();
  }
}
```

8.4.3   Style Bits

Bestimmte Eigenschaften von Widgets müssen durch das Betriebssystem zur Zeit der Erzeugung des Widgets gesetzt werden und können z.T. danach nicht mehr verändert werden. So kann z.B. ein Textfeld einzeilig oder mehrzeilig sein. Diese Eigenschaften werden in SWT Styles genannt. Zu diesem Zweck haben die Programmierer von SWT eine Menge int-Konstanten in der Klasse SWT (Package org.eclipse.swt) definiert. Diese Konstanten können bei Konstruktoraufruf als int style-Parameter übergeben werden. Welche Styles für welches Widget ausschlaggebend sind, findet man in der SWT-API-Dokumentation des jeweiligen Widgets. Zum Teil werden Styles jedoch auch als komfortable Möglichkeit verwendet, um Eigenschaften gleich im Konstruktor zu setzen (vgl. GridLayout). Es ist auch gebräuchlich, mehrere Styles zu setzen. Dann werden unterschiedliche Styles durch bitweises Oder miteinander verknüpft. Möchte man keinen Style setzen, verwendet man SWT.NONE. Falls man den Standard-Style setzen möchte, verwendet man SWT.DEFAULT. Manchmal wird ein Style als Hint bezeichnet. Dies bedeutet, dass dieser Style nur, falls nichts dagegen spricht, umgesetzt wird. Gründe, die dagegen sprechen könnten, wären zum Beispiel, dass der gewünschte Style auf der gegebenen Plattform nicht unterstützt wird oder dass andere Einstellungen die Übernahme dieses Styles verhindern. Näheres hierzu ist der SWT-API-Dokumentation entnehmbar.

Beispiel:

```
Text text = new Text(shell, SWT.BORDER | SWT.MULTI | SWT.WRAP);
```

8.4.4   Ressourcenverwaltung

Da, wie schon geschildert, SWT soweit wie möglich native Widgets der jeweiligen Plattform verwendet und da diese Betriebssystem-Ressourcen sind und sich somit der Java-Garbage-Collection entziehen, ist es zwingend erforderlich, dass jede Ressource nach ihrer Verwendung auch wieder freigegeben wird. Dies geschieht mit der dispose()-Methode der jeweiligen Ressource. Wer jetzt jedoch denkt, dass er bei Verwendung von SWT Destruktoren für alles und jedes schreiben muss, dem sei gesagt, dass das Ganze gar nicht so schlimm ist und man sich recht schnell daran gewöhnt, zumal drei einfache Regeln das Ganze sehr stark vereinfachen und den Umfang in Grenzen halten.

1. Was man per Konstruktoraufruf erzeugt hat, muss man auch wieder freigeben.

2. Wenn man ein Eltern-Element freigibt, werden implizit alle Kinder-Elemente freigegeben.

3. Außer: Es ist keine dispose()-Methode vorhanden. Dies ist vor allem dann der Fall, wenn es sich um reine Datenobjekte wie z.B. Point handelt, die keine Betriebssystem-Ressourcen belegen oder auch bei modalen Dialogen.

Sollte man einmal etwas an die Freigabe einer speziellen Ressource knüpfen möchten, so registriert man für die betreffende Ressource einfach einen DisposeListener (Package org.eclipse.swt.events), der den gewünschten, bei Freigabe der betreffenden Ressource auszuführenden Code, enthält.

Auch sollte das Betriebssystem nach Beendigung der SWT-Anwendung eventuell nicht freigegebene Ressourcen wieder freigeben.

Auf der Eclipse-Homepage steht mit Sleak ein einfaches Tool zum Aufspüren von Memory Leaks bereit. Außerdem befindet sich unter [11] ein lesenswerter Artikel zum Thema Ressourcenverwaltung.

Beispiel: Bei einfachen Anwendungen reicht meistens eine Zeile schon aus.

```
display.dispose();
```

Hiermit wird das Display und alle seine Kinder freigegeben (Regel 2).

8.5   Widgets

SWT bietet ein reichhaltiges Angebot an Widgets. Synonym für Widget ist auch der Begriff Control zu verstehen.

Die folgende Auflistung bietet eine Übersicht über die in SWT im Package `org.eclipse.swt.widgets` enthaltenen Standard Widgets mit ihrer Beschreibung und auf sie anwendbaren Styles. Nähere Informationen z.B. zu Methoden und Parametern sind in der SWT-API-Dokumentation enthalten.

Button	Selektierbares Widget, welches Events erzeugt, wenn es gedrückt oder losgelassen wird. Wird je nach Style für unterschiedliche Arten von Schaltflächen verwendet, u.a. für Push-, Radio- und Check-Buttons. BORDER, ARROW, CHECK, PUSH, RADIO, TOGGLE, FLAT, LEFT, RIGHT, CENTER
Canvas	Widget, das eine Malfläche zum Zeichnen bereitstellt. Kann z.B. verwendet werden, um eigene Widgets zu zeichnen. BORDER, H_SCROLL, V_SCROLL, NO_BACKGROUND, NO_FOCUS, NO_MERGE_PAINTS, NO_REDRAW_RESIZE, NORADIOGROUP
Caret	Ein blinkender Cursor, wie er bei der Texteingabe verwendet wird.
Combo	Widget, das dem Nutzer erlaubt einen String aus einer Liste von Strings auszuwählen oder optional einen neuen String in ein editierbares Textfeld einzugeben. BORDER, DROP_DOWN, READ_ONLY, SIMPLE
Composite	Widget, welches andere Widgets enthalten kann (ähnl. JPanel). BORDER, H_SCROLL, V_SCROLL
CoolBar	Widget, das eine Gruppierungsmöglichkeit für Symbolleistenelemente bereitstellt, in der der Nutzer die Symbolleistenelemente (sog. CoolItems) selbst anordnen kann. BORDER
CoolItem	Widget, das ein Symbolleistenelement bereitstellt, welches innerhalb einer CoolBar durch den Nutzer frei positionierbar ist. DROP_DOWN
Group	Composite, welches andere Widgets umspannt und sie mit einer Border und/oder einem Label umgibt (Gruppierungskasten). BORDER, SHADOW_ETCHED_IN, SHADOW_ETCHED_OUT, SHADOW_IN, SHADOW_OUT, SHADOW_NONE
Label	Nicht selektierbares Widget, welches einen String, einen Separator (Strich) oder ein Bild anzeigt. BORDER, CENTER, LEFT, RIGHT, WRAP, SEPARATOR (in Kombination mit HORIZONTAL, SHADOW_IN, SHADOW_OUT, SHADOW_NONE, VERTICAL)
List	Selektierbares Widget, das es dem Nutzer ermöglicht einen String aus einer Liste von Strings auszuwählen. BORDER, H_SCROLL, V_SCROLL, SINGLE, MULTI
Menu	Widget für verschiedenen Arten von Menüs. Je nach Style können Menüleisten, Drop-Down-Menüs und Pop-up-Menüs realisiert werden. BAR, DROP_DOWN, POP_UP
MenuItem	Entspricht einem Menüeintrag. CHECK, CASCADE, PUSH, RADIO, SEPARATOR
ProgressBar	Nicht-selektierbares Widget, das eine Fortschrittsanzeige realisiert. BORDER, SMOOTH, HORIZONTAL, VERTICAL
Sash	Eine durch den Nutzer verschiebbare Trennungslinie, die die Raumeinteilung ihrer Kinder-Widgets dynamisch anpasst. BORDER, HORIZONTAL, VERTICAL
Scale	Selektierbares Widget, welches eine Skala von numerische Werten repräsentiert, geeignet zur Anzeige und Eingabe. BORDER, HORIZONTAL, VERTICAL

ScrollBar	Entspricht einer Scrollbar. HORIZONTAL, VERTICAL
Shell	Repräsentiert ein Fenster, entspricht Swing's JFrame. BORDER, H_SCROLL, V_SCROLL, CLOSE, MIN, MAX, NO_TRIM, RESIZE, TITLE (auch Komfort-Styles SHELL_TRIM und DIALOG_TRIM vorhanden)
Slider	Selektierbares Widget, das einen numerischen Zahlenbereich ohne Skala repräsentiert. BORDER, HORIZONTAL, VERTICAL
TabFolder	Composite Widget, das Registerkarten gruppiert. BORDER
TabItem	Entspricht einer Registerkarte.
Table	Entspricht einer Tabelle. BORDER, H_SCROLL, V_SCROLL, SINGLE, MULTI, CHECK, FULL_SELECTION, HIDE_SELECTION
TableColumn	Entspricht einer Tabellenspalte. LEFT, RIGHT, CENTER
TableItem	Entspricht dem Inhalt einer Tabellenzelle.
Text	Entspricht einem Textfeld. Styles für einzeilige und mehrzeilige Textfelder vorhanden. BORDER, H_SCROLL, V_SCROLL, MULTI, SINGLE, READ_ONLY, WRAP
ToolBar	Entspricht einer Toolbar. BORDER, FLAT, WRAP, RIGHT, HORIZONTAL, VERTICAL
ToolItem	Entspricht einem Toolbar-Element. PUSH, CHECK, RADIO, SEPARATOR, DROP_DOWN
Tracker	Entspricht einem Gummiband-Rechteck. LEFT, RIGHT, UP, DOWN, RESIZE
Tree	Baum-Widget wie von vielen Anwendungen bekannt. BORDER, H_SCROLL, V_SCROLL, SINGLE, MULTI, CHECK
TreeItem	Entspricht einem Baumelement.

Zusätzlich zu den oben beschriebenen Widgets, die meist eine direkte Entsprechung in nativen Widgets besitzen, sind in der SWT-GUI-Bibliothek im Package `org.eclipse.swt.custom` auch noch sogenannte Custom Widgets enthalten. Diese besitzen in der Regel keine direkte Entsprechung in den nativen Widgets. Vorteil der Custom Widgets ist, dass sie meist deutlich mächtiger als die Standard Widgets sind. Nachteil der Custom Widgets ist, dass sie z.T. nicht mehr ganz so nativ aussehen wie die Standard Widgets.

Hier eine Beschreibung der Custom Widgets:

AnimatedProgress	Widget, welches eine Animation während einer länger andauernden Operation anzeigt. BORDER, HORIZONTAL, VERTICAL
BusyIndicator	Unterstützung für die Anzeige eines Busy-Indicators (z.B. Sanduhr).
CCombo	Ähnlich Combo, jedoch ermöglicht es auch Combos ohne Border und damit den Einsatz in einer Tabellenzelle. BORDER, FLAT, READ_ONLY
CLabel	Ähnlich Label, unterstützt jedoch auch Textabkürzungen mit ... und unterstützt Farb-Gradienten-Effekte im Labelhintergrund. CENTER, LEFT, RIGHT, SHADOW_IN, SHADOW_OUT, SHADOW_NONE
CTabFolder	Ähnlich TabFolder, jedoch flexibler konfigurierbares Aussehen. BORDER, BOTTOM, TOP
CTabItem	Ähnlich TabItem.
SashForm	Composite, das Widgets in einem Sash in einer Zeile oder in einer Spalte anordnet und dem Benutzer so ermöglicht die Raumeinteilung einzustellen.

	BORDER, HORIZONTAL, VERTICAL
ScrolledComposite	Composite, das Scrolling seiner Inhalte ermöglicht.
	BORDER, H_SCROLL, V_SCROLL
StyledText	Textfeld, welches unterschiedliche Fonts, Vordergrund- und Hintergrundfarben unterstützt.
	BORDER, FULL_SELECTION, MULTI, SINGLE, READ_ONLY
TableTree	Mischung aus Tabelle und Baum.
	BORDER, SINGLE, MULTI, CHECK, FULL_SELECTION
ViewForm	Recht komplexes Composite, das seine Kinder horizontal anordnet und viele Konfigurationsmöglichkeiten bietet.
	BORDER, FLAT

Neben den oben vorgestellten Widgets, stellt SWT noch folgende Dialoge im Package `org.eclipse.swt.widgets` zur Verfügung:

ColorDialog	Dialog zur Auswahl einer Farbe.
DirectoryDialog	Dialog zur Auswahl eines Verzeichnisses.
FileDialog	Dialog zur Auswahl von Dateien (Laden und Speichern).
FontDialog	Dialog zur Auswahl eines Fonts.
MessageBox	Dialog zur Darstellung einer Information im Stile einer Information, Warnung, Fehlermeldung oder Frage.
PrintDialog	Dialog zur Auswahl von Druckern und Einstellung von Druckparametern. (PrintDialog befindet sich in Package org.eclipse.swt.printing)

Zusätzlich zu den oben genannten Widgets ist natürlich auch interessant, welche Events in SWT auftreten können und mit Listener bzw. Adaptern behandelt werden können. Dies geschieht prinzipiell genau in gleicher Weise wie bei der Programmierung mit Swing, weswegen hier auch auf eine weitergehende Behandlung verzichtet wird. In der folgenden Auflistung wird zwischen Control und Widget unterschieden, dies soll den Leser jedoch nicht verwirren, denn der Unterschied ist recht subtil. (Die abstrakte Klasse Control ist direkte Unterklasse der abstrakten Klasse Widget und hat meist eine Entsprechung in Betriebssystem-Ressourcen. Dennoch gilt: Ein Control ist ein Widget.)

8.6   Events

Im Folgenden wird jedes Event kurz zusammen mit den jeweiligen Event-auslösenden Widgets beschrieben. (Die Event-Klassen befinden sich im Package `org.eclipse.swt.events`):

ArmEvent	Generiert, wenn Mauszeiger sich über einem MenuItem befindet.
	MenuItem
ControlEvent	Generiert, wenn ein Widget bewegt oder in der Größe verändert wird.
	Control, TableColumn, Tracker
DisposeEvent	Generiert, wenn ein Widget freigegeben wird.
	Widget
FocusEvent	Generiert, wenn ein Widget den Fokus erhält oder verliert.
	Control
HelpEvent	Generiert, wenn ein Nutzer die Hilfefunktion, z.B. durch Drücken der F1-Taste, anfordert.
	Control, Menu, MenuItem

KeyEvent	Generiert, wenn der Nutzer eine Taste drückt während das Widget den Keyboard-Fokus besitzt. Control
MenuEvent	Generiert, wenn ein Menü angezeigt oder ausgeblendet wird. Menu
ModifyEvent	Generiert, wenn der Text eines Widgets verändert wird. CCombo, Combo, Text, StyledText
MouseEvent	Generiert, wenn Maus-bedingte Aktionen auftreten. Control
PaintEvent	Generiert, wenn das Widget neu gezeichnet werden muss. Control
SelectionEvent	Generiert, wenn die Nutzer ein Element eines Widgets selektiert. Button, CCombo, Combo, CoolItem, CTabFolder, List, MenuItem, Sash, Scale, ScrollBar, Slider, StyledText, TabFolder, Table, TableCursor, TableColumn, TableTree, Text, ToolItem, Tree
ShellEvent	Generiert, wenn ein Fenster minimiert, maximiert, aktiviert, deaktiviert oder geschlossen wird. Shell
TraverseEvent	Generiert, wenn über ein Widget mit Tastatureingaben hinweggegangen wird. Control
TreeEvent	Generiert, wenn Bäume auf- oder zugeklappt werden. Tree, TableTree
VerifyEvent	Generiert, wenn der Text eines Widgets verändert werden soll. Dies gibt der Anwendung die Möglichkeit z.B. die Änderung des Textes zu verhindern. Text, StyledText

8.7 Grafik

SWT bietet auch die Möglichkeit, ähnlich dem Java-2D-API einfache Grafiken zu zeichnen. Hierzu verwendet man die Klasse GC im Package `org.eclipse.swt.graphics` (einen Grafik-Kontext, ähnlich AWT's Graphics oder Graphics2D). Leider ist die Klasse GC nicht ganz so mächtig wie AWT's Java-2D-API. Dies ist aber nicht besonders schlimm, denn mit dem Umweg über eine Bildressource kann man auch mit AWT's Java-2D-API zeichnen und das Ergebnis unter SWT verwenden.

8.8 Layouts

Wie immer entscheidet das Layout eines GUIs maßgeblich über dessen Aussehen. Auch SWT enthält mehrere vordefinierte Layouts (Package `org.eclipse.swt.layout`):

1. **FillLayout** ist die einfachste Layout-Klasse und ordnet die Widgets entweder in einer Zeile oder in einer Spalte an, wobei alle Widgets die gleiche Größe bekommen. FillLayout beherrscht kein automatisches Umbruchverhalten (Wrap) und besitzt keine Möglichkeiten, um Randabstände (Margin) und Innenabstände (Spacing) anzugeben.

2. **RowLayout** ordnet die Widgets wahlweise in Zeilen oder Spalten an, besitzt optional ein automatisches Umbruchverhalten (Wrap) und Möglichkeiten, um Randabstände (Margin) und Innenabstände (Spacing) einzustellen. Die natürli-

che Größe eines Widgets ist voreingestellt. Zusätzlich ist es möglich, ein Pack-Verhalten einzustellen, bei dem jedem Widget dieselbe Größe zugewiesen wird, oder ein Justify-Verhalten, bei dem der überschüssige Platz als Innenabstand zwischen den Widgets aufgeteilt wird. Mit Hilfe eines RowData-Objekts kann auch direkt Einfluss auf die Größe eines Widgets genommen werden.

3. **GridLayout** ist ein recht mächtiges und komplexes Layout und entspricht AWT's GridBagLayout. Es ordnet also seine Elemente in einem unsichtbaren Gitter (Grid) an und besitzt eine Vielzahl an Konfigurationsmöglichkeiten. Insbesondere gibt es viele Möglichkeiten, das Layout eines Widgets innerhalb des Gitters mit Hilfe des zugehörigen GridData-Objekts zu beeinflussen.

4. **FormLayout** ist ein mächtiges und komplexes Layout. Man gibt im FormData-Objekt für jede Seite (oben, unten, links, rechts) eines Widgets mit Hilfe eines FormAttachments an, an welche Position diese gebunden werden soll. Somit ist es möglich, jede Widget-Seite in Relation zum umgebenden Composite oder zu anderen Widgets genau festzulegen.

5. Last but not least bietet SWT auch die Möglichkeit, ein eigenes Layout durch Subclassing der abstrakten Klasse Layout zu schreiben.

Das Thema Layouts ist recht umfangreich und es ist nicht möglich, es ausreichend genau innerhalb dieses Kapitels zu schildern ohne den Umfang dieses Kapitels vollständig zu sprengen. Es existiert jedoch schon sehr gutes Referenz-Material: Zu empfehlen ist sowohl der auf der Eclipse-Homepage verfügbare Artikel „Understanding Layouts in SWT" [9] als auch die SWT-API-Dokumentation.

8.9 Distribution

Nachdem die bisherigen Aspekte alle den Entwicklungsvorbereitungen und der Entwicklung einer SWT-Anwendung dienen, ist sicherlich genauso interessant wie man eine fertige SWT-Anwendung dann schlussendlich verbreiten kann. Hierzu werden im Folgenden drei Möglichkeiten vorgestellt.

Zu Grunde liegt folgende Verzeichnishierarchie:

- ein *Basisverzeichnis*,

- ein Unterverzeichnis *Basisverzeichnis\SWTLibs*: Darin befindet sich das SWT-JAR und die Shared Library (unter Windows DLL) für die jeweilige Zielplattform.

- ein Unterverzeichnis *Basisverzeichnis\Bin*: Darin befindet sich die entwickelte Anwendung als JAR.

1. Batchfile im Basisverzeichnis:

```
javaw -classpath SWTLibs\swt.jar;Bin\Anwendung.jar
   -Djava.library.path=SWTLibs Anwendung
```

2. C-Launcher im Basisverzeichnis:
   Da bei den unterschiedlichen Windows-Plattformen zum Teil Konsolen offen stehen bleiben, die dann unschön aussehen, verwendet der Autor unter Windows eine kleinen selbstgeschriebenen C-Launcher, der seinerseits javaw wie unter 1 aufruft und das leidige Problem mit den offenstehenden Konsolenfenstern behebt. Der Quelltext ist mit dem C-Compiler lcc-win32 übersetzbar.

```c
#include <windows.h>
#include <shellapi.h>
void main(void) {
    /* ShellExecute-Parameter (Win32 API) */
    HWND    hwnd        = NULL;
    LPCTSTR lpVerb       = "open";
    LPCTSTR lpFile       = "javaw.exe";
    LPCTSTR lpParameters = "-classpath SWTLibs\\swt.jar;
                Bin\\Anwendung.jar
                -Djava.library.path=SWTLibs Anwendung";
    LPCTSTR lpDirectory  = ".";
    INT     nShowCmd     = SW_HIDE;
    /* Java-Applikation starten (und ggf. Fehlerhandling) */
    ShellExecute(hwnd, lpVerb, lpFile, lpParameters,
        lpDirectory, nShowCmd);
}
```

3. native Compilierung:
   In letzter Zeit ist Einiges an Bewegung in die Java-to-Native-Compilierungsszene gekommen. Denn während bisher native Compilierung nur für headless Java-Programme gebräuchlich war, also Java-Programme ohne GUIs, hat SWT neuen Schwung gebracht. Warum? Bisher war es zwar schon möglich, GUI-Java-Programme nativ zu kompilieren, aber trotzdem musste immer auch ein JRE mit ausgeliefert werden, da die Compilate auf *Shared Libraries/DLLs* im JRE angewiesen waren und Sun's Lizenzbedingungen eine teilweise Distribution des JREs verhindern. SWT hat insofern eine Besserung gebracht, dass nun GUI-Java-Programme, die ausschließlich SWT für das GUI verwenden, nativ compiliert werden können und ohne Installation eines zusätzlichen JREs lauffähig sind.

   Es gibt u.a. folgende Java-to-Native-Compiler für Windows:

   - *GNU gcj*: kostenlos, enthalten in der GNU Compiler Collection (gcc), besitzt noch den ein oder anderen Bug, unterstützt nicht den vollständigen Java-Sprachumfang, auch für viele andere Plattformen erhältlich, Compilate langsamer als JRE.
   - *Excelsior's JET*: kommerziell, vollständige Unterstützung des Sprachstandards und der aktuellen Bibliotheken, Compilate sehr schnell, Windows-Only (Linux geplant).

Zum Thema „native Compilierung" soll zum Schluss noch auf die Buchhomepage verwiesen werden, denn dort wird gezeigt wie man eine SWT-Anwendung unter Windows

so compiliert, dass sie zum Schluss sehr platzsparend und ohne JRE lauffähig ausgeliefert werden kann.

Die mit den drei Möglichkeiten erzeugten Anwendungen kann man per ZIP-Archiv oder
mit einem Installer ausliefern.

8.10   Zusammenfassung

Insgesamt bietet SWT ganz neue Möglichkeiten, die es Java-Entwicklern endlich erlauben, plattformübergreifend Anwendungen mit nativem Look & Feel zu schreiben, bei
denen der Endbenutzer überhaupt nicht merkt, dass er mit einer Java-Anwendung arbeitet. Zwar ist die Entwicklung mit SWT z.T. nicht so komfortabel und elegant wie
unter Swing, und der OOP-Stil der Bibliothek z.T. auch etwas fragwürdig, aber die er-
zielbaren Ergebnisse sprechen für sich und erweitern sicherlich die Einsatzmöglichkeiten
der Java-Plattform.

8.11   Links

[1]   http://www.eclipse.org

[2]   http://www.ibm.com/developerworks/oss/CPLv1.0.htm

[3]   http://www-106.ibm.com/developerworks/library/os-cplfaq.html

[4]   http://dev.eclipse.org/viewcvs/index.cgi/%7Echeckout%7E/platform-swt-
       home/dev.html

[5]   http://download.eclipse.org/downloads/documentation/2.0/html/plugins/
       org.eclipse.platform.doc.isv/reference/api/

[6]   http://dev.eclipse.org/viewcvs/index.cgi/%7Echeckout%7E/platform-swt-
       home/faq.html

[7]   http://eclipsewiki.swiki.net/1

[8]   http://dev.eclipse.org/viewcvs/index.cgi/%7Echeckout%7E/platform-swt-
       home/dev.html#snippets

[9]   http://www.eclipse.org/articles/Understanding%20Layouts/Understanding%
       20Layouts.htm

[10]   http://www.eclipse.org/articles/Article-ActiveX%20Support%20in%20SWT/
       ActiveX%20Support%20in%20SWT.html

[11]   http://www.eclipse.org/articles/swt-design-2/swt-design-2.html

[12]   http://www.eclipse.org/articles/index.html

8.12   Über den Autor

Michael Mayr arbeitet mit Java seit der Version 1.0. Verschiedene Projekte führten ihn in die New Economy, Old Economy und in den Hochschulbereich. Derzeit arbeitet er als selbständiger Dozent und Trainer. Michael Mayr kann unter der Email-Adresse *Michael.Mayr@web.de* erreicht werden.

9 Internationalisierung

Florian Hawlitzek

Die Entwicklung von Anwendungen für den internationalen Markt ist oft mit großem Aufwand verbunden. Neben der reinen Textübersetzung sind auch unterschiedliche Zahldarstellungen, Kodierungen und sogar verschiedene Sortierreihenfolgen zu beachten. Was bietet die Sprache Java und gebräuchliche Open-Source-Projekte an, um internationale Anwendungen zu schreiben?

9.1 Mehrsprachige Anwendungen

Der erste Schritt bei der Internationalisierung (im Englischen *internationalization*, kurz *i18n* wegen der 18 Buchstaben zwischen i und n) ist die Ermittlung der Anforderungen: Habe ich nur Texte zu übersetzen oder auch Zahldarstellungen, Zeitformate und Währungen zu beachten? Werden nur einfache westliche Sprachen benötigt oder auch Sprachen, in denen von rechts nach links oder oben nach unten geschrieben wird?

Sind diese Fragen geklärt, muss als erstes die Auswahl der zur Laufzeit benutzten Länder- und Spracheinstellungen erfolgen. Idealerweise erfolgt das auf Basis der Benutzereinstellungen automatisch, sonst durch eine Benutzerauswahl. Dieses Kapitel zeigt die dann erforderlichen Maßnahmen zur Aufbereitung der Anwendungen und der Ein- und Ausgaben. Neben der in `java.util` und `java.text` verfügbaren Unterstützungen stellen wir auch einige Open-Source-Erweiterungen vor.

9.2 Ermittlung der Länder- bzw. Spracheinstellungen

Praktisch jedes Betriebssystem bietet die Möglichkeit, eine sogenannte Locale, das heißt Ländereinstellungen oder ein Gebietsschema, zu definieren. Diese ist nicht zu verwechseln mit dem Tastaturlayout, sondern bezieht sich auf die Formatierung von Zahlen-, Währungs-, Datums- und Zeitangaben.

Die Ländereinstellungen bestehen aus zwei Teilen, der Angabe des Landes und der Sprache. Beide haben Einfluss auf die Darstellung und können getrennt voneinander variieren. So gibt es zum Beispiel in der Schweiz mindestens drei verschiedene Sprachen, aber einen einheitlichen Kulturkreis mit gleicher Zahlendarstellung, Währung etc. Umgekehrt gibt es Länder mit (nahezu) derselben Sprache, aber verschiedenen Formaten, zum Beispiel Großbritannien, Australien und die USA.

Daneben sind bei Zeitangaben auch die Zeitzonen zu berücksichtigen, wobei manche Länder auch mehrere Zeitzonen umfassen, zum Beispiel Russland oder die USA. Dazu später mehr.

Locale-Angaben werden üblicherweise durch ein Pärchen von zweibuchstabigen Kürzeln ausgedrückt, zum Beispiel en_GB, en_AU, en_US, fr_CH, de_CH oder de_DE, wobei das erste Kürzel für die Sprache steht (nach ISO-639) und das zweite für das Land (nach ISO-3166). Falls das Land nicht relevant ist, kann man die zweite Hälfte auch weglassen. Im Zuge der Euroumstellung wurde bei den betroffenen Staaten noch ein _EURO angehängt.

Idealerweise erkennt die Anwendung selbsttätig die Locale des Benutzers, die er über das Betriebssystem eingestellt hat.

9.2.1   Full Client/Applikation

Bei einer Anwendung, die auf einer virtuellen Maschine auf dem Rechner des Anwenders läuft, ist es sehr einfach das Gebietsschema zu ermitteln:
java.util.Locale.getDefault() liefert das passende Locale-Objekt zurück.

9.2.2   Web Client

Bei einer Webanwendung ist das nicht so einfach. Ohne Eingriff in das Programm gilt die Einstellung der virtuellen Maschine des Servers für alle Web Clients, also zum Beispiel in Servlets und JSPs. Dies ist in der Regel nicht gewünscht. Daher sollte der Entwickler aus den HTTP-Request die vom Browser mitgeschickte Locale lesen: javax.servlet.http.HttpServletRequest.getLocale() liefert die bevorzugte Ländereinstellung des Clients. Wird dieses von der Anwendung nicht unterstützt, kann man getLocales() auch eine Enumeration aller vom Client gewünschten Locales erhalten.

9.2.3   Benutzerdefiniert

Ist es gewünscht, dass die Anwendung sich nicht auf die voreingestellten Sprachen einstellt, sondern der Benutzer seine Wahl selbst trifft, kann man die unterstützten Sprachen/Gebietsschemata natürlich auch in der Liste ausgeben und den Benutzer selbst auswählen lassen. Bei einer Client-Anwendung stellt man dann das Gebietsschema mit java.util.Locale.setLocale(Locale) für die gesamte virtuelle Maschine ein.

9.2.4   Server

Bei einer Serveranwendung (Servlet/JSP, EJB oder Web Service) muss man bedauerlicherweise pro Client-Zugriff auf sprach- und landesspezifischer Ressourcen die Client-Locale berücksichtigen, und dazu passende Formatter bzw. ResourceBundles laden.

Leider wurde auch in der neusten EJB-Spezifikation das Thema Internationalisierung völlig übergangen, dabei stellt sich hier dasselbe Problem wie beim Web Client, nämlich dass die Einstellung auf der Clientseite genutzt werden sollte und nicht die des Servers. In einem Server kann auch nicht einfach die Default-Locale umgestellt werden, um nicht bei jedem Aufruf anderer Klassen das Gebietsschema durchreichen zu müssen, da diese für die gesamte Application gelten würde. Manche EJB-Container erlauben deshalb, die Locale des Aufrufers in der EJB einzustellen, J2EE-Standard ist dies aber nicht.

9.3   Ressourcen verwenden

Texte und andere Ressourcen, die in unterschiedliche Sprachen übersetzt werden müssen, werden in der Regel aus der Anwendung extrahiert. In den meisten Programmiersprachen werden dazu Ressourcenbibliotheken erstellt, die dann zur Anwendung gelinkt werden. In Java geht das Hinzufügen neuer Sprachen noch dynamischer. Man liefert nur eine neue Ressourcendatei und -klasse zur neuen Sprache aus und schon wird sie automatisch von der Anwendung verwendet. Eine Neukompilation ist nicht notwendig.

9.3.1   ResourceBundles

Es gibt zwei Möglichkeiten, Ressourcen bereitzustellen: als Property-Datei oder als kompilierte Klasse, die jeweils Pärchen aus einer Id und dem lokalisierten Wert enthalten.

Beispiel für eine Property-Datei:

Englische Default-Variante: `gui.properties`

```
# Labels for buttons

label_Cancel=Cancel
label_Help=Help
```

Deutsche Variante: `gui_de.properties`

```
# Beschriftungen für Schaltflächen

label_Cancel=Abbrechen
label_Help=Hilfe
```

Gäbe es unterschiedliche Varianten für Deutschland und die Schweiz, würde man z.B. noch `gui_de_CH.properties` bereitstellen. `gui_de.properties` würde dann als Default für alle deutschensprachigen Länder gelten, für die keine landesspezifischen Varianten gelten, genauso wie `gui.properties` als Vorgabe für alle Sprachen, für die es keine eigene Property-Datei gibt.

Beispiel für eine ListResource-Klasse:

```
public class Gui_de extends java.util.ListResourceBundle {

static final Object[][] contents =
{
// Paare aus Schluessel und lokalisiertem String
{"label_Cancel", "Abbrechen"},
{"label_Help", "Hilfe"}
```

```
    }
    protected Object[][] getContents() { return contents; }
}}
```

9.3.2   Verwendung der Ressourcen

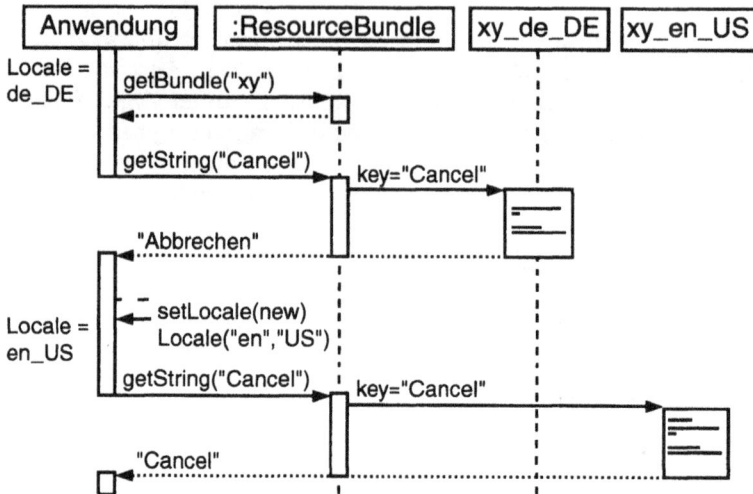

Abb. 9.1: *Laden von Strings aus ResourceBundles*

Java stellt die Klasse `java.util.ResourceBundle` zur Verfügung und deren beiden Subklassen für Ressourcen in Klassen und `PropertyResourceBundle` für Ressourcen in Property-Dateien.

Das Laden erfolgt mit der Anweisung

```
ResourceBundle guiBundle = ResourceBundle.getBundle("gui");
```

zur Verwendung der Default-Locale bzw.

```
ResourceBundle.getBundle("gui", clientLocale);
```

bei Anwendungen, die unterschiedliche Gebietsschemata unterstützen müssen.

Es wird nun nach folgendem Schema ein passendes Bundle gesucht:

bundlename_<aktuelles Sprachkürzel>_<aktuelles Landeskürzel>.class, z.B. gui_de_DE.class

bundlename_<aktuelles Sprachkürzel>_<aktuelles Landeskürzel>.properties, z.B. gui_de_DE.properties

bundlename_<aktuelles Sprachkürzel>.class, z.B. gui_de.class bundlename_<aktuelles Sprachkürzel>.properties, z.B. gui_de.properties

bundlename_.class, z.B. gui.class

bundlename_.class, z.B. gui.properties

Falls keine der Klassen oder Dateien gefunden werden kann, erhält man eine Missing-ResourceException.

Nun kann man im Quellcode auf die Inhalte des ResourceBundles zugreifen:

```
String cancelLbl = guiBundle.getString("label_Cancel");
```

Anmerkungen

Die Bundles können neben Strings auch andere Objekte enthalten, zum Beispiel Muster für Zahlen- und Datumsformate. Man greift hier mit der Methode getObject(String) zu.

Die Bundles greifen auf ihren Parent zu, wenn sie einen Eintrag im aktuellen Bundle nicht finden. Das bedeutet, wenn sich zum Beispiel das Bundle für Österreich nur sehr wenig vom deutschen unterscheidet (z.B. Jänner statt Januar) muss man nicht alle Einträge in gui_de_AT verdoppeln, sondern stützt sich auf gui_de ab.

Einige IDEs – wie zum Beispiel das kostenlose Eclipse – erlauben auch die nachträgliche Extrahierung von Strings in ein Resource-Bundle. Der Wizard sucht alle Strings im Quellcode der gewählten Klasse(n), der Entwickler geht die Liste der Strings durch und entscheidet, welche externalisiert werden sollen und passt ggf. die generischen Ids der Strings an. Schließlich gibt er noch den Namen der Property-Datei an und erzeugt die geänderte(n) Klasse(n) und das erste Bundle. Andere Sprachen werden wie üblich durch Übersetzung der Property-Datei hinzugefügt.

Manche Entwickler pflegen alle Sprachen einer Anwendung auch übersichtlich in einer Tabellenkalkulation statt in einzelnen Dateien. Mit Hilfe eines Makros kann man dann aus einer Tabelle die Property-Dateien oder ListResourceBundle-Klassen erzeugen. Leider ist zwar Excel unicode-fähig, allerdings hat die Makrosprache Visual Basic Probleme mit nicht-lateinischen Zeichen. Auf der Webseite des Buches [1] finden Sie eine Beispiel-Exceldatei inklusive Makro von Ulrich Bode.

9.3.3   Formatierung von Zahlen und Nachrichten

Neben reinen Texten sind oft auch Zahlen und die Satzstellung unterschiedlich. Zum Beispiel schreibt man in Deutschland 1.245,20, in den USA 1,234.20. Intern rechnet die Anwendung mit den elementaren Datentypen von Java. Zur Ausgabe ist aber eine Formatierung und zur Eingabe ein Parsing notwendig. In Java werden solche Klassen als Subklassen der Klasse java.text.Format bereitgestellt. Die abgeleiteten Klassen besitzen jeweils Factory-Methoden der Art

```
getInstance()
getInstance(Locale)
```

---

[1] http://www.java-praxis.de

sowie die Methoden `format(...)` zur Ausgabe als String und `parse(String)` zur Eingabe.

Neben der Datums- und Zeitformatierung, die wir später noch betrachten werden, gibt es in der Standardbibliothek zum Beispiel die Klasse `NumberFormat` zu Formatierung von Ganz- und Kommazahlen, Währungen und Prozentwerten sowie `DecimalFormat` für die Zahlenformatierung nach Mustern, z.B. zwei Vor- und zwei Nachkommastellen.

- `NumberFormat.getNumberInstance().format(2500.60);`
  `(java.lang.String) 2.500,6`

- `NumberFormat.getNumberInstance(Locale.US).format(2500.60);`
  `(java.lang.String) 2,500.6`

- `NumberFormat.getPercentInstance().format(0.52001);`
  `(java.lang.String) 52%`

- `NumberFormat.getCurrencyInstance().format(10.50);`
  `(java.lang.String) 10,50 DM oder 10,50 €(je nach Java VM)`

- `NumberFormat.getNumberInstance().parse("1.452.350,60");`
  `(java.lang.Double) 1452350.6`

- `DecimalFormat df = new DecimalFormat("#,#00.00");`

- `df.format(2.5);`
  `(java.lang.String) 02,50`

- `df.format(12200.503);`
  `(java.lang.String) 12.200,50`

Schließlich gibt es noch `MessageFormat`, mit der eine Nachricht aus verschiedenen Elementen zusammengesetzt wird. Eine darzustellende Nachricht besteht oft aus einem Basistext und verschiedenen Variablen, die erst zu Laufzeit eingefügt werden. Dabei kann aber schon die Wortstellung des Basistextes je nach Sprache abweichen.

- `MessageFormat mf = new MessageFormat(`
  `"Time: {0,time}, Currency: {1,number,currency}.");`
  `mf.setLocale(java.util.Locale.US);`
  `mf.format(new Object[] {new Date(), new Double(1)})`
  `(java.lang.String) Time: 11:32:42 AM, Currency: $ 1.00.;`

- `mf.setLocale(java.util.Locale.GERMAN);`
  `mf.format(new Object[] {new Date(), new Double(1)});`
  `(java.lang.String) Time: 11:32:00, Currency: €1,00.`

9.4   Datum und Zeit

Java bietet auf Basis der Klassen `Locale` und `TimeZone` im Package `java.util` eine Unterstützung für den Entwickler an. Darauf aufbauend gibt es Formatierungsklassen für Zahlen, Zeit- und Datumswerte.

Intern sollten Anwendungen Zeit und Datumswerte in einem unabhängigen Zeitformat verwalten. Dazu dient die Klasse `java.util.Date`, die Werte millisekundengenau verwaltet.

9.4.1   Kalender

Die Umsetzung in Tag, Monat, Jahr und ähnliche Werte hängt vom verwendeten Kalendersystem und der Zeitzone ab. In Java wird dies über Subklassen von `java.util.Calender` abgewickelt. In Deutschland gilt zum Beispiel der GregorianCalender und die Central European Time.

```
Calendar cal = Calendar.getInstance(Locale.GERMANY);
cal.get(Calendar.DAY_OF_MONTH); // (int) 20
cal.get(java.util.Calendar.MONTH); // (int) 11
cal.get(java.util.Calendar.YEAR); // (int) 2003
```

Achtung: Die Indizierung der Monate zählt von 0 bis 11, das heißt der im Beispiel genannte Monat mit der Nummer 11 ist der Dezember (= `Calender.DECEMBER`)!

Leider ist im Bereich der Kalender in der Java-API zwar eine tiefgehende Unterstützung vorgesehen, aber es fehlen die konkreten Implementierungen. Zum Beispiel gibt es in der arabischen Welt, in Israel oder in China eigene Kalendersysteme mit unterschiedlicher Jahreszählung, anderen Monaten etc.; bei Einstellung der jeweiligen Locale liefert die Java-VM aber immer nur den GregorianCalender, andere Implementierungen fehlen ganz.

9.4.2   Zeitzonen

Bei Ländern mit nur einer Zeitzone ist diese durch die Auswahl der Locale vorgegeben. Man kann diese per `TimeZone.getDefault()` lesen bzw. diese mit `TimeZone.setDefault(TimeZone)` setzen. Jede Zeitzone hat verschiedene Namen, z.B. Central European Time, CET, Europe/Paris, Europe/Berlin etc. Die Zeitzone kann aus diesem symbolische Namen über `TimeZone.getTimeZone(String)` ermittelt werden. Allerdings besteht ein Risiko darin, dass verschiedene Java-VM unterschiedliche Namen kennen. Wenn der Name einer Zeitzone nicht erkannt wird, wird keine Exception geworfen, sondern die Standardzeitzone GMT benutzt (Greenwich Mean Time = UTC = Universal Coordinated Time). Zum Beispiel erkennt `TimeZone.getTimeZone("CET")` in Suns JRE die korrekte Zeitzone, IBMs Laufzeitumgebung hingegen nicht. Deshalb sollte man auf Nummer sicher gehen und die Zeitzone relativ zur GMT angeben, z.B. GMT+1.

9.4.3   Ein-/Ausgabe

Wie die schon dargestellten Formatierungsklassen für Zahlen und Nachrichten gibt es auch
für die Locale-bezogene Ein- und Ausgabe eine Hilfsklasse in `java.text:DateFormat`. Je
nach Bedarf liest oder schreibt diese Datumsangaben, Zeitangaben oder Beides:

```
Date today = new Date();
DateFormat.getDateInstance().format(today);
//(java.lang.String) 27.12.2002

DateFormat.getDateInstance(DateFormat.SHORT,
  Locale.US).format(today);
//(java.lang.String) 12/27/02

DateFormat.getTimeInstance().format(today);
//(java.lang.String) 18:59:24

DateFormat.getTimeInstance(DateFormat.MEDIUM,
  Locale.US).format(today);
//(java.lang.String) 6:59:24 PM

DateFormat.getDateTimeInstance().format(today);
//(java.lang.String) 27.12.2002 18:59:24

Date newYear =
  DateFormat.getDateInstance().parse("1.1.2003");
```

Je nach gewünschter Ausführlichkeit gibt es die Stufen `SHORT`, `MEDIUM`, `LONG` und `FULL`.

9.5   I18N in Apache Jakarta und JSTL

Auch im Umfeld der Webanwendungen gibt es Bestrebungen, die Entwicklung interna-
tionaler Anwendungen zu vereinfachen. So stellen zum Beispiel die JSP Standard Tag
Library (JSTL) und die i18n Tag Library von Apache Jakarta JSP-Tags zur Locale-
spezifischen Ausgabe und Formatierung bereit, Struts liefert eine Erweiterung der ResourceBundles.

9.5.1   Apache Jakarta i18n Tag Library

Das Apache-Jakarta-Teilprojekt stellt eine Sammlung von JSP Custom Tags zur Verfügung und läuft in einem JSP-1.1-Webcontainer. Um die Tags in einer JavaServer Page
zu nutzen, wird die Bibliothek folgendermaßen eingebunden:

```
<%@ taglib uri="http://jakarta.apache.org/taglibs/i18n-1.0"
    prefix="i18n"%>
```

Angenommen Sie haben das vom Benutzer gewählte Gebietsschema unter dem Namen
`userLocale` im Request oder der Sitzung abgelegt. Dann können Sie via

```
<i18n:bundle baseName="de.hawlitzek.i18n.beispiel-bundle"
localeRef="userLocale" id="bspBundle">
```

das passende ResourceBundle mit dem Namen `beispiel-bundle` laden. Sie können nun
wie gewohnt per

```
<%=bspBundle.getString("label_Cancel")%>
```

auf ein Element zugreifen. Alternativ können Sie auch das **message**-Tag nutzen:

```
<i18n:message key="label_Cancel" >
```

Mit formatNumber können Sie die Funktionalität von `java.text.NumberFormat` in Form
eines Tags nutzen, mit `formatTime` und `formatDate` die von `java.text.DateFormat`:

```
<i18n:formatNumber value="2.5" pattern="#,#00.00"/>
```

```
<jsp:useBean id="today "class="java.util.Date"/>
<i18n:formatDate value="<%=today%>" style="short"/>
```

9.5.2   JSP Standard Tag Library

Die JSTL läuft in einem JSP-1.2-Container und stellt eine standardisierte Sammlung
von Custom Tags dar. Sun stellt im *Java Web Services Developer Pack (Java WSDP)* eine Referenz-Implementierung bereit, die bekannte und beliebte Open-Source-Implemen-
tierung ist die Apache Jakarta Taglibs Standard Tag Library.

Der Teil der Tags, der für die Internationalisierung wichtig ist, trägt das Präfix fmt
und die URI `http://java.sun.com/jstl/fmt`. Die Tags sind von denjenigen der i18n
Tag Library abgeleitet und bieten darüber hinaus Parse-Funktionen und einfachere
Möglichkeiten zur Festlegung des Gebietsschemas. Eingebunden werden die Tags via

```
<%@ taglib prefix="fmt" uri="http://java.sun.com/jstl/fmt" %>
```

Die Nutzung der aus der *i18n Tag Library* bekannten Tags ist sehr ähnlich:

```
<i18n:formatDate value="<%=today%>" style="short">
```

wird zu

```
<fmt:formatDate value="${today}" dataStyle="short">
```

Der Präfix heißt nun fmt und es kann die Expression Language EL genutzt werden, so
dass die Variable today nicht mehr über ein weiteres JSP-Tag aufgelöst werden muss,
sondern über `${today}` direkt im Formatierungstag.

Das Einlesen von Datumswerten würde mit dem Tag `<fmt:parseDate>` und das von
Zahlen mittels `<fmt:parseNumber>` erledigt.

```
<fmt:parseDate value="20.01.2003" var="einDatum">
```

Ein großer Vorteil bei der Nutzung der Tags der JSTL ist, dass als Gebietsschema
der JSP-Tags nicht dasjenige der Java-Laufzeitumgebung des Servers benutzt wird,
sondern das aus dem Header des Http-Requests. Selbstverständlich kann man dieses
Verhalten auch überschreiben und im Web Deployment Descriptor `web.xml` unter dem

Kontextparameter `javax.servlet.jsp.jstl.fmt.locale` eine andere Default-Locale festlegen. Die jeweilige Locale beim Aufruf der JSP legt man dann mittels des Tags `<fmt:setLocale>` fest.

9.5.3   Apache Struts

Auch das Apache-Webframework *Struts* bietet Unterstützung zur Internationalisierung.

Wie wir gesehen haben, kann die Klasse `java.util.ResourceBundle` benutzt werden, um lokalisierte Objekte zu laden. Allerdings wird das Gebietsschema schon beim Laden des Bundles festegelegt, was beim Full Client auch kein Problem darstellt. Bei einer Webanwendung müssen aber für verschiedensprachige Clients unterschiedliche Bundles benutzt werden. Mit der Klasse `org.apache.struts.util.MessageResources` bietet Struts deshalb die Möglichkeit mehrere Bundles zu laden und erst beim Lesen eines Strings die Locale festzulegen:

`MessageResources.getMessage(Locale locale, String key)`

Im View-Teil der Anwendung kann natürlich wieder die JSTL zum Einsatz kommen, in der Struts-Dokumentation wird dies auch angesprochen. Da die eigentliche Logik in Struts in Action-Klassen erfolgt und hier z.B. ermittelt werden könnte, welche Locale der eingeloggte Benutzer wünscht, sollten diese Informationen in der Action an die JSTL-Konfiguration übermittelt werden, bevor die Ausgabe-JSP aufgerufen wird. Die JSTL-Klasse `javax.servlet.jsp.jstl.core.Config` besitzt mehrere `set`-Methoden, mit denen Einstellungen gesetzt und mittels `get()` in der View wieder ausgelesen werden können.

9.6   Fortgeschrittene Themen

9.6.1   Kodierung und Zeichensätze

Java benutzt intern Unicode zur Kodierung von Zeichen. Jedes Zeichen wird im Speicher durch zwei Bytes dargestellt. Damit sind die Zeichen aller Sprachen kodierbar. Intern gibt es also keine Probleme bei der Kodierung.

Anders sieht es aber bei der Ein-/Ausgabe aus. Beim Einlesen einer Datei muss die Anwendung wissen, ob es sich um eine US-ASCII- oder Datei handelt, bei der jedes Byte einem Zeichen entspricht oder einer Unicode-Variante (UTF8/UTF-16). Viele strukturierte Dokumente wie XML oder HTML geben das Kodierungsschema (Encoding) bekannt, das sie benutzen. Häufig kommen ISO-8859-1 (Latin-1, westeuropäische Sprachen), Cp1252 (Windows Latin-1) oder UTF-8 vor. Diese Kodierung werden natürlich von der Standard-Klassen unterstützt:

(`java.lang.String`, `java.io.InputStreamReader/OutputStreamWriter`, `javax.servlet.ServletResponse` ...).

Bislang wurden die Namen der Zeichensätze als String angegeben, seit Java 1.4 gibt es aber auch eine eigene Klasse dafür: `java.nio.charset.Charset`.

Aber auch für andere Zeichensätze wie arabisch, kyrillisch, hebräisch und verschiedene asiatische Sprachen sind Zeichensätze enthalten, sowie für bestimmte Rechnerarchitekturen (z.B. IBM-Großrechner/EBCDIC, Macintosh) oder um das Eurozeichen erweiterte Varianten. Im Sun-JRE sind die Konvertierungsklassen in der Datei \lib\charsets.jar enthalten (früher i18n.jar).

Unicode enthält übrigens auch Steuerzeichen, die anzeigen, dass die Schreibrichtung auf „rechts nach links" gewechselt wird, was zum Beispiel im Arabischen oder Hebräischen üblich ist. Auch dies muss ggf. eine internationale Anwendung berücksichtigen.

Noch eine abschließende Bemerkung zum Thema Performance: Die Auswahl der Kodierung kann bei manchen Operationen, wie zum Beispiel beim Parsen oder Schreiben von XML-Dokumenten einen großen Einfluss auf die Geschwindigkeit haben. Auf einem der Arbeitskreis-Treffen stellte Gerhard Müller ein Beispiel vor, in dem beim Einlesen von ISO-8859-1-kodierten Dokumenten ein mehr als dreifach so hoher Durchsatz erreicht wurde wie bei UTF-8.

9.6.2 Schriftarten

Selbst wenn Sie z.B. für eine russische Anwendung Unicode verwenden und bei der Ein-/Ausgabe auf die korrekte Kodierung achten (ISO-8859-5), kann es Ihnen natürlich passieren, dass auf dem Rechner eine Schriftart genutzt wird, die keine kyrillischen Zeichen enthält. Das Sun JRE enthält in \lib\font.properties das Mapping der Java-Systemschriften auf die Systemfonts. Hier können ggf. andere Schriftarten für einzelne Gebietsschemata eingestellt werden.

9.6.3 Grafische Benutzungsoberflächen

Beim Entwurf von grafischen Benutzungsoberflächen (z.B. in Swing) sollten Sie beachten, dass Texte in unterschiedlichen Sprachen unterschiedlich lang sein können. Es empfiehlt sich der Einsatz von LayoutManagern, die die Größe der einzelnen Kontrollelemente erst zur Laufzeit aus ihrem tatsächlich benötigten Platz berechnen. Sonst kann es leicht passieren, dass eine in einer kompakten Sprache wie englisch verfassten Anwendung Beschriftungen in gesprächigeren Sprachen wie französisch oder deutsch mitten im Wort abschneidet.

Zudem sollte man die Möglichkeit bereitstellen, dass der Benutzer die Schriftgröße selbst einstellen kann. Das ist nicht nur ein Vorteil für Anwender mit schlechter Sehkraft, sondern auch für asiatische Schriftarten. In lateinischer Buchstaben sieht ein 10 Punkt großer Font noch recht gut aus, ein chinesisches oder japanisches Schriftzeichen in derselben Höhe ist aber kaum leserlich.

Wer die Lokalisierung perfektionieren möchte, kann auch darauf achten, dass in Sprachen mit anderer Lesrichtung, wie zum Beispiel rechts nach links im Arabischen oder Hebräischen, Kontrollelemente ebenfalls diesem Aufmerksamkeitsschema anzupassen. Man würde also zum Beispiel die Beschriftung eines Eingabefeldes rechts statt links anbringen. üblich ist dies aber nicht unbedingt. Diese Sprachen werden ohnehin relativ selten unterstützt und wenn doch, möchten die Entwickler den Aufwand wohl möglichst in Grenzen halten.

9.6.4   Sprachsensitive Sortierung

Eine weiterer Aspekt ist die (alphabetische) Sortierung, zum Beispiel in einer Auswahl-
liste. Benutzt man die Standardsortieralgorithmen von Java, wird nach dem Unicode-
Charactercode sortiert.

```
String[] liste = {"Z", "a", "z", "A", "ä"};
java.util.Array.sort(liste);}
```

liefert die Reihenfolge „A, Z, a, z, ä", was meist nicht erwünscht ist. In Java gibt es zur
Reihenfolgedefinition die Klasse java.text.Collator, die abhängig vom Gebietsschema ist.

```
java.util.Array.sort(liste, java.text.Collator.getInstance(Locale.GERMAN));
```

liefert dann zum Beispiel die für deutsch korrekte Reihenfolge „a, A, ä z, Z", für andere
Sprachen kann das Ergebnis wieder anders aussehen.

9.7   Links

Sun JDK Internationalization Homepage:
http://java.sun.com/j2se/1.4.1/docs/guide/intl/index.html

Sun Java Tutorial zur Internationalisierung:
http://java.sun.com/docs/books/tutorial/i18n/index.html

Java Internationalization Community:
http://www.javainternationalization.com/news.html

Tutorial auf IBM developerWorks: Java internationalization basics:
https://www6.software.ibm.com/reg/devworks/dw-javai18n-i

Sun JSP STL:
http://java.sun.com/products/jsp/jstl/

Apache Jakarta Standard Tag Library:
http://jakarta.apache.org/taglibs/doc/standard-doc/intro.html

Apache i18n Tag Library:
http://jakarta.apache.org/taglibs/doc/i18n-doc/index.html

Download einer Exceldatei zur Ressourcenverwaltung und -generierung:
http://www.oldenbourg.de/verlag/aktuelles/download.htm

Artikel zur Internationalisierung mit IBM VisualAge (gilt auch für Eclipse/WSAD):
http://www.hawlitzek-consulting.de/

Themenbroschüre "Gleichbehandlung im Sprachgebrauch":
http://www.gi-ev.de/informatik/publikationen/publikationen-ueb.shtml

FAQs:
http://java.sun.com/j2se/1.4.1/docs/guide/intl/faq.html
http://www.jguru.com/faq/I18N

Encoding-Tabelle für Java 1.4.1:
http://java.sun.com/j2se/1.4.1/docs/guide/intl/encoding.doc.html

9.8   Über den Autor

Florian Hawlitzek ist Geschäftsführer, langjähriger Trainer und Consultant, der sich im Java-Umfeld als Buchautor, Autor mehrerer Fachartikel und Referent bereits einen Namen gemacht hat. Er und sein Team beraten Entwickler und Manager in der richtigen Anwendung von Java-Technologien.

http://www.hawlitzek.de

10   Java Native Interface

Andreas Haug und Dr. Horst Mayer

Mit der Java Native Interface (JNI) Spezifikation führte Sun Microsystems eine standardisierte Möglichkeit ein, Java-Code mit in anderen Programmiersprachen geschriebenen Programmteilen zu verknüpfen. In diesem Kapitel wird vorgestellt, wann sich JNI Gewinn bringend einsetzen lässt, ein grundlegendes Verständnis dieser Technologie vermittelt und Werkzeuge vorgestellt, mit denen in C/C++-geschriebene Module effizient angebunden werden können.

10.1   Motivation

Die Programmiersprache Java hat sich in den letzten Jahren zu einer echten Alternative zu altbekannten Programmiersprachen wie COBOL, PL/1, C oder C++ entwickelt. Viele Aufgabenstellungen in Wirtschaft oder Forschung lassen sich sehr effizient mit Java lösen.

Es gibt jedoch eine Vielzahl von Gründen, Software in anderen Programmiersprachen zu erstellen oder Programme bzw. Programmteile, die nicht in Java geschrieben sind, weiterzuverwenden. Darunter fallen z.B.:

- Schutz getätigter Investitionen in vorhandene Softwaresysteme (z.B. Bibliotheken mit Business Objects),

- die Programmteile sind bereits in Nicht-Java-Programme eingebunden, die auch weiterhin eingesetzt werden sollen (z.B. firmeneigene Legitimations- oder Logging-Komponenten)

- Performanceaspekte (z.B. bei numeriklastigen Bibliotheken),

- vorhandenes Know-how in der Entwicklungsmannschaft,

- nicht in einer Java-Variante verfügbare Programmbibliotheken (z.B. zugekaufte oder plattformspezifische Bibliotheken).

Diese Situation führt dazu, dass wir mit unterschiedlichen Programmiersprachen erstellte Module zusammenfügen wollen. Hierfür sind prinzipiell folgende Lösungsansätze denkbar:

- Die in verschiedenen Programmiersprachen erstellten Module werden jeweils zu einem eigenen Executable ausgebaut, die über Interprozesskommunikation miteinander kommunizieren. Für die Realisierung der Interprozesskommunikation gibt es folgende Alternativen:

  - Kommunikation über den Input/Output-Stream (Pipe),
  - Kommunikation über Datei- oder Datenbankschnittstellen,
  - Kommunikation durch den Einsatz einer Middleware-Technologie wie z.B. CORBA oder Messaging-Middleware wie z.B. WebSphereMQ (früher bekannt als MQSeries).

Die beiden erstgenannten Alternativen sind nur für die Kopplung von Modulen zu empfehlen, zwischen denen wenig und nur unidirektionale Kommunikation erforderlich ist. Middleware-Technologien wie z.B. CORBA stellen mächtige Werkzeuge zur Realisierung von programmiersprachen- und plattformübergreifender Interprozesskommunikation dar. Die damit verbundene Komplexität und der Overhead zur Laufzeit sind aber nicht immer gewünscht bzw. praktikabel (z.B. Kommunikation mit Legitimations- oder Logging-Komponenten).

- Die Module werden in ein Executable gebunden und bilden damit zur Laufzeit einen (Quasi-) Prozessraum. Dies vermeidet die Komplexität der Interprozesskommunikation und ist zudem auch für die Kopplung von stark interagierenden Modulen und auch für bidirektionale Kommunikation geeignet.

Das **Java Native Interface (JNI)** [1] ermöglicht das Zusammenspiel von Java-Code mit Code, der in anderen Programmiersprachen geschrieben ist, durch Bindung in ein Executable. Dabei sind sowohl Aufrufe von Java-Programmteilen in Module möglich, die in anderen Programmiersprachen geschrieben sind, als auch Aufrufe in die andere Richtung.

Dieser Ansatz ist gut geeignet, wenn keine verteilten Softwarearchitekturen zum Einsatz kommen sollen oder müssen.

In den folgenden Abschnitten betrachten wir Programmfragmente, die in Java, C oder C++ erstellt sind. Andere Programmiersprachen werden nicht weiter berücksichtigt, da ihre Einbindung analog zu den C/C++-Modulen erfolgt.

10.1.1 Erweiterung einer vorhandenen Anwendung mit Java

Ein vorhandenes Softwaresystem soll mit in Java erstellten Modulen erweitert werden. Dazu definiert JNI eine Schnittstelle, um eine Java Virtual Machine (JVM) in die vorhandene C/C++-Anwendung einzubetten. In der integrierten JVM können dann Java-Programme bzw. Methoden auf Java-Klassen ausgeführt werden (siehe Abbildung 10.1).

Dies kann unter anderem sinnvoll sein, wenn

- eine Erweiterung der vorhandenen Software den Einsatz teurer Zusatzbibliotheken erfordern würde, die in Java ohne Zusatzkosten verfügbar sind (z.B. JavaMail),

- die Strategie bzgl. Programmiersprachen im Unternehmen zukünftig Java ist und bereits bei Erweiterungen von vorhandenen Anwendungen Investitionsschutz betrieben werden soll,

- aus Betriebsgründen möglichst wenige (Server-) Prozesse notwendig sein sollen (z.B. Prozesskonsolidierung bei CORBA-Servern in C/C++ und Java).

10.1.2 Wiederverwendung vorhandener C/C++-Programmteile in Java-Programmen

In praktisch jedem Unternehmen sind Softwarebausteine vorhanden, die erhebliche Kosten bei der Entwicklung verursacht haben und heute ein Qualitätsmaß erreicht haben, das bei einer Neuentwicklung bzw. Portierung erst nach einem langen und teuren Reifeprozess wieder erreicht werden würde.

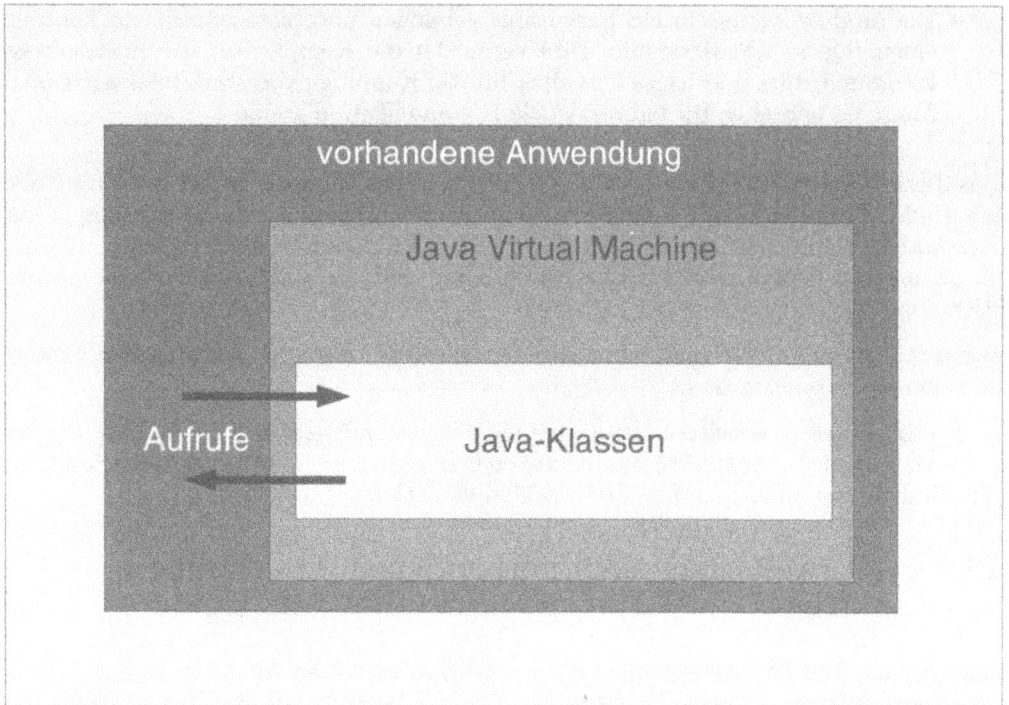

Abb. 10.1: *Einbetten einer JVM in ein vorhandenes Programm*

Auf der anderen Seite kann es jedoch Gründe geben (s.o.), eine Erweiterung der Unternehmenssoftware in Java vornehmen zu wollen. Wiederverwendung der vorhandenen Bausteine und Erweiterung durch neue Bausteine in Java stellen in diesem Fall eine wirtschaftlich sinnvolle Alternative dar.

Für den Fall, dass in C/C++ geschriebene Programmteile in Java-Programmen wiederverwendet werden sollen, definiert die JNI-Spezifikation eine Schnittstelle, um von einem gestarteten Java-Programm aus auf dynamisch gelinkte Programmbibliotheken (DLLs unter Windows bzw. Shared Objects unter Unix) zuzugreifen. Dieser Mechanismus wird JVM-intern auch von den Java-Bibliotheken verwendet, um betriebssystemabhängige Ressourcen anzusprechen (z.B. JDBC/ODBC Bridge, Sound, Abstract Windowing Toolkit).

10.2   Grundlagen

10.2.1   Das „Hello World"-Beispiel

In diesem Kapitel wird der prinzipielle Ablauf vorgestellt, um ein Java-Programm auf C/C++-geschriebenen Code zugreifen zu lassen (siehe hierzu auch das JNI-Tutorial von

Sun [2]). Der vollständige Quellcode zu diesem und sämtlichen weiteren Beispielen zu JNI kann von der Website der Autoren [3] heruntergeladen werden.

In Java werden dazu Methoden mit den Modifier *native* deklariert. Das bedeutet, dass diese Methoden nicht in Java implementiert werden, sondern über JNI angebunden und somit in einer anderen Programmiersprache geschrieben werden:

```
public native void sayHello();
```

Es kann wie folgt vorgegangen werden:

Schritt 1: Erstellen einer Java-Klasse, die Methodendeklarationen mit dem Schlüsselwort *native* enthalten.

Schritt 2: Erstellen eines Java-Hauptprogramms.

Schritt 3: Übersetzen der Java-Klassen mit dem Java-Compiler.

Schritt 4: Erzeugen eines C-Header-Files für die *native* Methoden mit *javah* und dem Schalter *-jni*. Das liefert die Funktionsprototypen (Signaturen) für die zu implementierenden C-Funktionen.

Schritt 5: Ausprogrammieren der C-Funktionen.

Schritt 6: Erzeugen einer dynamischen Bibliothek (z.B. DLL oder Shared Object).

Schritt 7: Test der Anwendung.

Schritt 1: Eine Klasse mit native Methoden. Die Klasse *HelloJNI.java* lädt die dynamische Programmbibliothek *HelloJNI* und deklariert eine *native* Methode *sayHello()*.

```
public class HelloJNI {
    static{
        System.loadLibrary("HelloJNI");
    }

    public native void sayHello();

}
```

Die als *native* deklarierte Methode wird nicht in dieser Java-Klasse implementiert, sondern später in Schritt 5 in der Programmiersprache C. Der static-Block sorgt dafür, dass beim Laden der Java-Klasse auch die angegebene dynamische Bibliothek (die in Schritt 6 erzeugt werden wird) geladen wird.

Schritt 2: Das Hauptprogramm. Das Java-Hauptprogramm *Main.java* erzeugt ein Objekt der Klasse *HelloJNI*. Diesem Objekt wird die Nachricht *sayHello()* gesendet:

```
public class Main {
    public static void main(String[] args) {
        HelloJNI myJNI = new HelloJNI();
        myJNI.sayHello();
    }
}
```

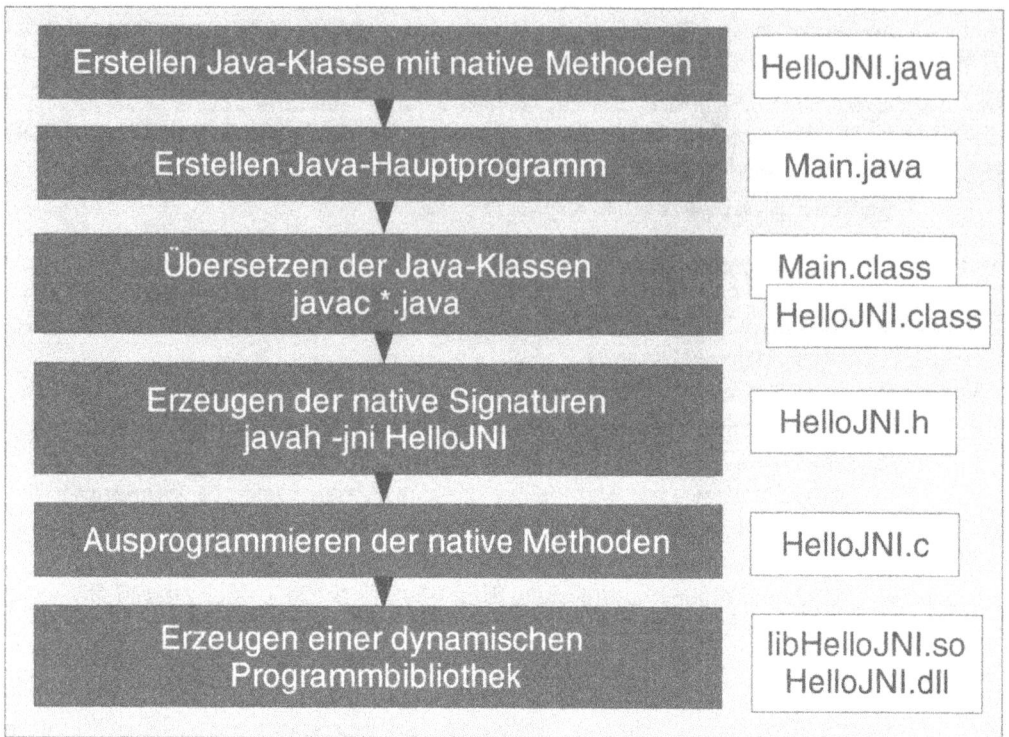

Abb. 10.2: Ablauf zum Erstellen der ersten JNI-Beispielanwendung

Für den Benutzer der HelloJNI-Klasse spielt es dabei keine Rolle, dass es sich bei der Methode *sayHello()* um eine *native* Methode handelt, er kann sie genauso wie jede andere Methode der Klasse HelloJNI aufrufen.

Schritt 3: Das Erzeugen der JNI-Funktionsprototypen. Mit dem Befehl

> *javah -jni HelloJNI*

wird ein C/C++-Header-File generiert, das zu jeder *native* Methode in der Klasse *HelloJNI* eine zu implementierende JNI-C-Funktion vorgibt:

```
* DO NOT EDIT THIS FILE – it is machine generated */
#include <jni.h>
/* Header for class HelloJNI */

#ifndef _Included_HelloJNI
#define _Included_HelloJNI
#ifdef __cplusplus
extern "C" {
#endif
```

```
/*
 * Class:     HelloJNI
 * Method:    sayHello
 * Signature: ()V
 */
JNIEXPORT void JNICALL Java_HelloJNI_sayHello
  (JNIEnv *, jobject);

#ifdef __cplusplus
}
#endif
#endif
```

In unserem Beispiel gibt es eine *native* Methode *sayHello()*, der Name der im Header-File spezifizierten C-Funktion ergibt sich nach der JNI-Spezifikation aus

Java_ + Name der Klasse (inkl. Package) + _ + Name der Methode

in unserem Beispiel also *Java_HelloJNI_sayHello*. Jede JNI-C-Funktion hat mindestens zwei Parameter. Der erste Parameter zeigt auf das JNI-Environment und ermöglicht es z.B. auf Parameter zuzugreifen, die an die Methode aus Java übergeben wurden. Der zweite Parameter referenziert das aktuelle Java-Objekt aus dem die *native* Methode aufgerufen wurde (in unserem Beispiel das Objekt *myJNI* in der Java-Klasse *Main*).

Schritt 4: Implementierung der native Methode. Die Implementierung der JNI-C-Funktion zu unserer *native* Methode erfolgt in unserem Beispiel in der Datei *HelloJNI.c*. Um JNI verwenden zu können, muss *jni.h* inkludiert werden. Die Datei *jni.h* befindet sich im Verzeichnis *include* innerhalb des installierten Java Development Kits (JDK). Von *jni.h* wird wiederum die Datei *jni_md.h* inkludiert. Sie enthält maschinenabhängige Definitionen und befindet sich in einem Unterverzeichnis von *include*, das maschinenabhängig benannt ist (z.B. *linux*). Beide Verzeichnisse müssen sich im Include-Pfad des verwendeten Compilers befinden. Zusätzlich wird das JNI-Header-File *HelloJNI.h* zu unserer Java-Klasse mit der *native* Methode benötigt. Die C-Source *HelloJNI.c* sieht in unserem Beispiel folgendermaßen aus:

```
#include <jni.h>
#include <stdio.h>

#include "HelloJNI.h"

JNIEXPORT void JNICALL Java_HelloJNI_sayHello(
                        JNIEnv *env,
                        jobect obj) {
        printf("Hello world!\n");
}
```

Die vom generierten Header-File vorgegebene Funktion *Java_HelloJNI_sayHello()* wird durch einen einfachen *printf()*-Aufruf aus dem C-*stdio*-Package implementiert.

Schritt 5: Das Erzeugen einer dynamischen Programmbibliothek. Das Erstellen einer dynamischen Programmbibliothek hängt vom Betriebssystem und vom verwendeten Compiler ab.

So wird eine dynamische Programmbibliothek unter Windows-Plattformen *DLL* genannt und unter Unix-Plattformen *Shared Object (Library)*. Programme, die in Java geschrieben worden sind, können auf verschiedenen Prozessoren unter verschiedenen Betriebssystemen ausgeführt werden. Werden dynamische Programmbibliotheken verwendet, so müssen diese für alle Plattformen gebaut werden, auf denen die Software laufen soll.

Im Folgenden werden die Kommandos beschrieben, mit denen unter verschiedenen Plattformen dynamische Programmbibliotheken erzeugt werden:

Windows

Um aus *HelloJNI.c* und *HelloJNI.h* eine DLL zu erzeugen, können folgende Befehle verwendet werden:

Mit dem Microsoft-Compiler wird die DLL mit folgenden Kommandos erstellt:

> *cl -LD HelloJNI.c -FeHelloJNI.dll*

Mit dem kostenlos erhältlichen Borland-Compiler [4] sehen die nötigen Kommandos so aus:

> *bcc32 -c HelloJNI.c*
> *bcc32 -tWD HelloJNI.obj*

Linux

Unter Linux wird aus *HelloJNI.c* und *HelloJNI.h* zuerst ein Object-File erzeugt.

> *gcc -fPIC -c HelloJNI.c*

Der Parameter *-fPIC* steht für Position Independent Code und sorgt dafür, dass das Object-File an beliebige Stellen im Hauptspeicher geladen werden kann (relativ zu den anderen Programmteilen).[1]

Danach kann ein *Shared Object* erzeugt werden.

> *gcc -shared HelloJNI.o -o libHelloJNI.so*

Unter Unix-Betriebssystemen besteht die Namenskonvention, dass *Shared Object Libraries* mit dem Prefix *lib* beginnen müssen. Der Befehl *System.loadLibrary("HelloJNI")* in unserem Java-Programm *HelloJNI.java* gibt als Namen der Programmbibliothek nur *HelloJNI* an. Diese Bezeichnung wird vom Betriebssystem beim Laden automatisch zu *libHelloJNI.so* erweitert.

---

[1]Ist der Include-Pfad nicht auf das Verzeichnis mit jni.h gesetzt, so kann der Pfad beim Kompilieren angeben werden:
gcc -I/usr/lib/jdk1.3.1/include -I/usr/lib/jdk1.3.1/include/linux -fPIC -c HelloJNI.c

Schritt 6: Test der Anwendung. Um unser erstes JNI-Programm zu testen, reicht es

java Main

aufzurufen. Der Aufruf erfolgt dabei aus dem Verzeichnis, in dem sich folgende Dateien befinden:

- *Main.class*

- *HelloJNI.class*

- *HelloJNI.dll* (Windows) bzw. *libHelloJNI.so* (Linux)

Unter Linux muss zusätzlich eine Systemvariable gesetzt werden, die auf das Verzeichnis zeigt, in dem sich das *Shared Object libHelloJNI.so* befindet (auch wenn es das aktuelle Verzeichnis ist).

LD_LIBRARY_PATH=/home/user/jni/example
export LD_LIBRARY_PATH

Wird die Anwendung aus einem beliebigen Verzeichnis gestartet, muss die *CLASS-PATH*-Variable entsprechend gesetzt werden. Unter Windows wird die *HelloJNI.dll* über die *PATH*-Variable gesucht.

10.2.2   Erweitern einer bestehenden C/C++-Anwendung mit Java

Im so genannten Invocation API in der JNI-Spezifikation wird festgelegt, wie eine Java Virtual Machine in eine beliebige *native* Applikation eingebettet werden kann, ohne auf den Quellcode der JVM-Implementierung zurückgreifen zu müssen. Dies ermöglicht es, die JVM mit Hilfe von JNI in bestehende C/C++-Programme zu integrieren und Java-Programme bzw. -Klassen hinzufügen zu können.

Im folgenden Beispiel zeigen wir das Vorgehen zum Einbinden der JVM in ein C-Programm, das Übergeben von Parametern an eine Java-Klasse und führen einen Call-back vom Java-Programm in eine C-Bibliothek durch.

Abbildung 10.3 zeigt den Aufbau und die Aufrufreihenfolge unseres Beispielprogrammes.

Die einzelnen Schritte zur Erstellung der Beispielanwendung sind:

Schritt 1:   Das C-Programm *JvmMain.c* erzeugt eine JVM.

Schritt 2:   Die Java-Startklasse *Main.java* wird der JVM als Parameter übergeben, ebenso wie die auszuführende Methode *void main(String[] args)* und ein *String[]*-Parameter.

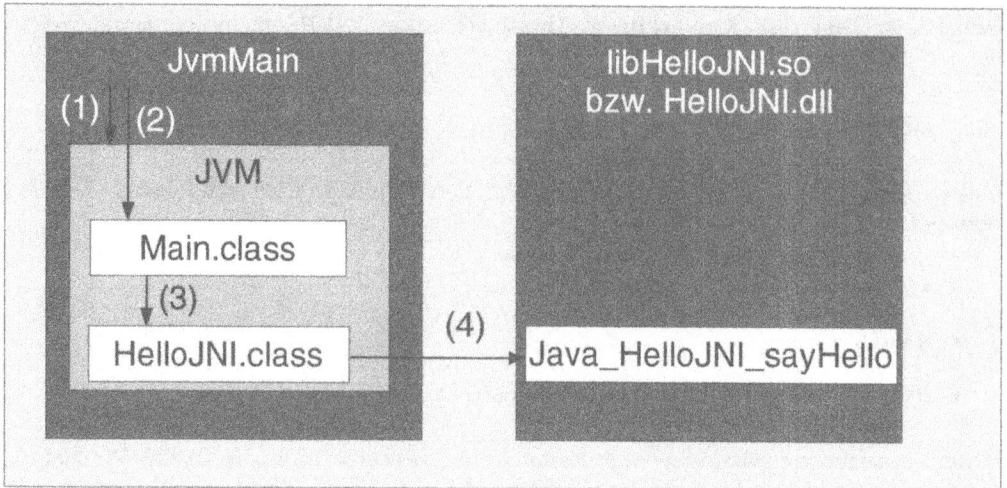

Abb. 10.3: *Aufrufreihenfolge für die Beispielanwendung zur Einbettung einer JVM in ein C/C++-Programm*

Schritt 3:   Es wird ein Objekt der Klasse *HelloJNI.java* angelegt und die *native* Methode *sayHello(String str)* aufgerufen.

Schritt 4:   Dies führt zu einem Aufruf in die dynamische Programmbibliothek *HelloJNI.dll* bzw. *libHelloJNI.so*.

Das C-Programm, das die JVM einbindet: *JvmMain.c*

```
#include <jni.h>

main() {
    JNIEnv *env;
    JavaVM *jvm;
    JavaVMInitArgs vm_args;
    JavaVMOption options[2];
    jint res;
    jclass cls;
    jmethodID mid;
    jstring jstr;
    jobjectArray args;
    char classpath[1024];

    options[0].optionString="-Djava.class.path=.";
    options[1].optionString="-Djava.library.path=.";

    vm_args.version = JNI_VERSION_1_2;
    vm_args.options=options;
    vm_args.nOptions=2;
```

```
vm_args.ignoreUnrecognized=1;

/* 1. Erzeugen der JVM */
res = JNI_CreateJavaVM(
                &jvm,(void**)&env,&vm_args);
if (res < 0) {
    fprintf(stderr, "JVM konnte nicht erzeugt"
                    " werden!\nError: %d", res);
    exit(1);
}


/* 2. Klasse Main wird geladen */
cls = (*env)->FindClass(env, "Main");
if (cls == 0) {
    fprintf(stderr, "Klasse Main konnte nicht"
                    " gefunden werden!\n");
    exit(1);
}


/* Referenz auf die main Methode */
mid = (*env)->GetStaticMethodID(env, cls, "main",
                    "([Ljava/lang/String;)V");
if (mid == 0) {
    fprintf(stderr, "Main.main() konnte nicht"
                    " gefunden werden!\n");
    exit(1);
}


/* Erzeugen eines Strings */
jstr = (*env)->NewStringUTF(env, "Andreas");
if (jstr == 0) {
    fprintf(stderr, "Out of memory\n");
    exit(1);
}
/* Erzeugen eines String Arrays mit dem bereits
   erzeugten String als erstes Element */
args = (*env)->NewObjectArray(env, 1,
            (*env)->FindClass(env,
            "java/lang/String"), jstr);
if (args == 0) {
    fprintf(stderr, "Out of memory\n");
    exit(1);
}


/* Aufruf der Methode main in der Klasse Main
   und Parameter String[] */
(*env)->CallStaticVoidMethod(env, cls, mid, args);
```

```
    /* JVM beenden */
    (*jvm)->DestroyJavaVM(jvm);
}
```

Mit dem Aufruf der Methode

```
    mid = (*env)->GetStaticMethodID(env, cls, "main",
                          "([Ljava/lang/String;)V"}
```

wird in einer gegebenen Klasse *Main* eine statische Methode mit der Signatur

```
    "([Ljava/lang/String;)V"
```

gesucht. Die in diesem Beispiel angegebenen Werte bedeuten, dass die Methode *main* als Rückgabewert *void* besitzt. Dies wird durch das *V* außerhalb der runden Klammer bestimmt. Der erste, und in diesem Fall einzige Parameter ist vom Typ *java.lang.String[ ]* oder einfach nur *String[ ]*. Dabei bedeutet die geöffnete eckige Klammer *[*, dass es sich um ein Array handelt und der Großbuchstabe *L*, dass eine Klasse vollqualifiziert angegeben wird. Bei einfachen Datentypen entfällt die Angabe von *L*.

Die Methodensignaturen der Methoden einer Java-Klasse in dieser Schreibweise können mit dem Tool *javap* aus dem JDK ausgegeben werden, wenn der Aufruf mit der Option *-s* erfolgt.

Für eine Methode

```
    public String[] test1(long ii, char x, Test test)
```

in einer Klasse *Test* wird durch den Aufruf

```
    javap -s Test
```

beispielsweise Folgendes ausgegeben:

```
    public java.lang.String test1(long, char, Test)[];
        /*   (JCLTest;)[Ljava/lang/String;   */
```

In der ausgegebenen Kommentarzeile erhält man den von JNI benötigten Signaturen-String. Dabei stehen die Buchstaben *JC* in dem Ausdruck *(JCLTest;)* für die einfachen Datentypen *long* und *char*. Vollqualifizierte Klassen werden mit einem Semikolon abgeschlossen.

Innerhalb der runden Klammern stehen die Argumente der Methode und nach der runden Klammer der Rückgabewert der Methode. Tabelle 10.1 zeigt die Abbildung der Signaturen auf Java-Datentypen.

Tabelle 10.1: *Abbildung der Signaturen auf Java-Datentypen*

Signatur	Einfacher Java-Datentyp
Z	boolean
B	byte
C	char
S	short
I	int
J	long
F	float
D	double
L+Klasse	Java-Klasse
[	Array des folgenden Typs

Das Java-Hauptprogramm: *Main.java*

```java
public class Main
{
    public static void main(String[] args)
    {
        if(args.length >=1)
            System.out.println("Argument from C: "
                                            + args[0]);

        /* 3. Erzeugen eines Objektes und
           4. Aufruf der native Methode */
        HelloJNI myJNI = new HelloJNI();
        myJNI.sayHello(args[0]);
    }
}
```

Die Java-Klasse mit *native* Methoden: *HelloJNI.java*

```java
public class HelloJNI
{
    static{
            System.loadLibrary("HelloJNI");
    }

    /* die native Methode */
    public native void sayHello(String str);

}
```

Die Implementierung der JNI-Funktionen: *HelloJNI.c*

```c
#include <jni.h>
#include <stdio.h>
```

```
#include "HelloJNI.h"

JNIEXPORT void JNICALL Java_HelloJNI_sayHello(
                                JNIEnv *env,
                                jobject obj,
                                jstring str)
{
    const char *string =
            (*env)->GetStringUTFChars(env, str, 0);
    printf("Hello from %s!", string);
    (*env)->ReleaseStringUTFChars(env, str, string);
}
```

Wird das Programm gestartet, so gibt es folgende Zeilen aus:

```
Argument from C: Andreas
Hello from Andreas
```

Die beiden Beispiele zeigen, wie eine *native* Methode in C/C++ implementiert wird, wobei von einer Definition dieser Methode in Java ausgegangen wird.

Falls eine vorhandene Programmbibliothek angebunden werden soll, ist also zusätzlicher Code notwendig, der die Anbindung der *native* Methoden gemäß der JNI-Spezifikation vornimmt (Adapter). Wie zu einer vorhandenen Programmbibliothek entsprechende Anbindungen erzeugt werden, wird im nächsten Abschnitt ausführlich behandelt.

10.3   Toolunterstützung

Das in der Praxis am häufigsten anzutreffende Einsatzgebiet von JNI dürfte die Wiederverwendung von vorhandenen C/C++-Bibliotheken in neu zu erstellende Java-Anwendungen sein.

Die wiederzuverwendenden Bibliotheken liegen im Idealfall in Form einer plattformabhängigen Bibliothek (z.B. DLL unter Windows oder Shared Object Library unter Unix) zusammmen mit einem oder mehreren C/C++-Header-Files und selbstredend einer brauchbaren Dokumentation vor.

Will man diese Bibliotheken mit Hilfe von JNI in eine Java-Anwendung einbinden, so ist erfahrungsgemäß das Vorgehen gemäß Sun-Tutorial zu JNI [2] mit einiger manueller Entwicklerarbeit verbunden. Neben dem Tool *javah* zum Generieren der JNI-Header-Dateien zu Java-Klassen mit *native* Methoden gibt es im JDK keine weitere Toolunterstützung.

Das aus Gründen eines konsistenten Software-Designs gewünschte Ziel ist es, die C++-Klassen, die in den wiederzuverwendenden Bibliotheken implementiert werden, möglichst transparent im Java-Umfeld benutzen zu können. Dies bedeutet, dass zu jeder C++-Klasse eine entsprechende Java-Klasse existieren sollte, die als Proxy für die

C++-Klasse dient, die Komplexität der JNI-Kommunikation kapselt und vor dem Java-Entwickler verbirgt.

Ausgehend von den Header-Dateien zur C/C++-Bibliothek erhält man die gewünschten Java-Wrapper-Klassen und den zugehörigen JNI-C-Code durch folgende Schritte:

Schritt 1: Ein C/C++ **und** Java-kundiger Entwickler muss festlegen, wie die Proxy-Klassen zu den gegebenen C++-Klassen auszusehen haben, das heißt insbesondere welche Methodensignaturen eine Java-Klasse haben muss, um optimal die Methoden der C++-Klassen abzubilden. Die Methoden der so gefundenen Java-Klassen müssen als *native* deklariert werden. Weiterhin muss der Entwickler dafür sorgen, dass beim Instanziieren der Java-Proxy-Klassen auch die entsprechenden C++-Objekte erzeugt werden.

Schritt 2: Mit Hilfe von javah müssen aus den Java-Klassen die Header-Dateien für die JNI-Anbindung generiert werden.

Schritt 3: Nun muss der C/C++-Code für die Implementierung der in den javah-generierten Header-Files vorgesehenen Funktionen geschrieben werden. Die Implementierung erfolgt durch Delegation des Funktionsaufrufs an das entsprechende C++-Objekt.

Schritt 4: Aus diesem C/C++-Code muss eine dynamisch ladbare plattformspezifische Bibliothek (zum Beispiel DLL oder Shared Object Library) erstellt werden. In dieser Proxy-Bibliothek erfolgt der eigentliche Zugriff auf die einzubindende Bibliothek.

Für die Erstellung der Java-Wrapper-Klassen und des JNI-C-Codes ist bei den Schritten 1 und 3 relativ eintönige aber fehlerträchtige manuelle Arbeit erforderlich. Da andererseits in den Header-Files die zu wrappende Schnittstelle schon genau beschrieben ist, sollte der benötigte Code eigentlich aus den Header-Files generierbar sein.

Genau zu diesem Zweck, zur Generierung der Java-Wrapper-Klassen und des benötigten JNI-C-Codes, dienen die beiden in diesem Artikel vorgestellten Entwicklungstools, die beide in Open-Source-Projekten entstanden sind: **cxxwrap** und **SWIG**.

10.3.1 cxxwrap

Das Tool **cxxwrap** wird seit 1999 von Dave Deaven und einigen Helfern kontinuierlich weiterentwickelt. Neben der Generierung von JNI-Code kann man mit cxxwrap aus vorhandenen Header-Files auch eine javadoc-ähnliche HTML-Dokumentation und Unix-Man(ual)-Pages zu den C++-Klassen generieren. Von der Website des Autors [5] kann der Quelltext zu cxxwrap und für die Windows-Plattform auch ein vorkompiliertes Executable heruntergeladen werden.

cxxwrap scannt die Klassendefinitionen in C++-Header-Files und generiert daraus Java-Wrapper-Klassen, die als Proxies für die C++-Klassen dienen, und den für die Anbindung erforderlichen JNI-C-Code.

Im Folgenden wird der Einsatz von cxxwrap anhand eines „Hello World"-Beispiels illustriert (siehe Abbildung 10.4). Im Gegensatz zu den Beispielen aus den vorangegangen

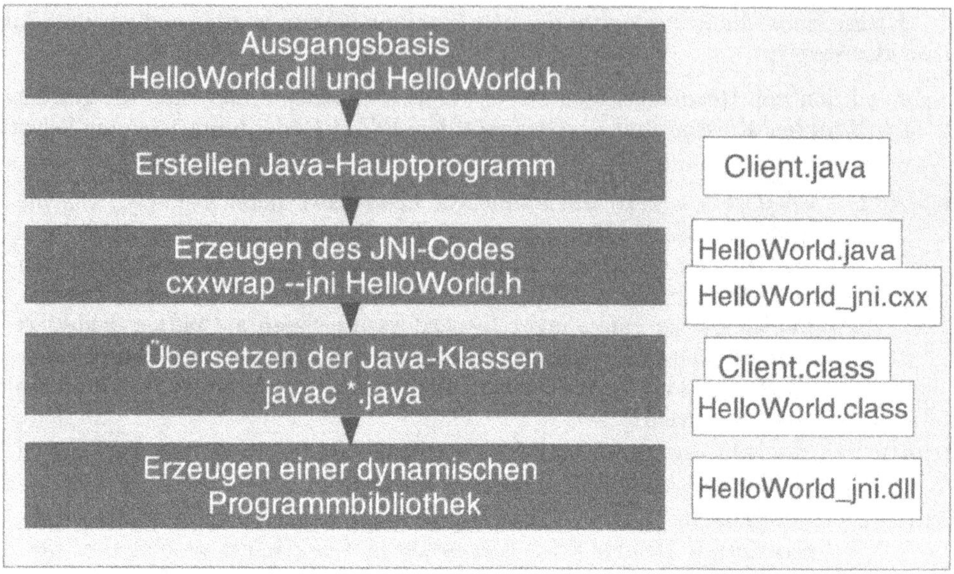

Abb. 10.4: *Vorgehen zum Einbinden einer dynamisch ladbaren Bibliothek mit Hilfe von cxx-wrap*

Kapiteln gehen wir nun aber von einer dynamisch ladbaren Bibliothek mit einer C++-*HelloWorld*-Klasse und einer zugehörigen Header-Datei *HelloWorld.h* aus, hier z.B. für die Windows-Plattform:

```
// HelloWorld.h

#ifndef HELLOWORLD_H
#define HELLOWORLD_H

#ifndef HELLOWORLD_IMPORTEXPORT
#define HELLOWORLD_IMPORTEXPORT __declspec(dllimport)
#endif

HELLOWORLD_IMPORTEXPORT class HelloWorld
{
    public:
        HelloWorld(){};
        ~HelloWorld(){};
        void sayHello();
};

#endif
```

Ausgehend von dieser Header-Datei wird die Generierung der Java-Wrapper-Klassen und des JNI-C-Codes mit Hilfe von cxxwrap folgendermaßen gestartet:

cxxwrap –jni HelloWorld.h

Als Ergebnis dieses Aufrufs erhält man die beiden Quelldateien *HelloWorld.java* und *HelloWorld_jni.cxx.*

HelloWorld.java enthält die Java-Proxy-Klasse für den Zugriff auf die C++-HelloWorld-Klasse. Die Java-Klasse *HelloWorld* besitzt eine Membervariable *implementation* vom Typ *Long*, die den C++-Zeiger auf das gewrappte C++-Objekt enthält:

```
// created by cxxwrap -- DO NOT EDIT
public class HelloWorld extends Object {
/***/
public HelloWorld()
{
implementation = new Long(__c0());
}
private native long __c0();
/**

This method may <var>not</var> be extended in Java.
*/
public void sayHello()
{
__m2(implementation.longValue());
}
private native void __m2(long __imp);
// cxxwrap ctor, do not use
public HelloWorld(Long __imp)
                        { implementation = __imp; }
protected Long implementation = null;
protected boolean extensible = false;
public Long getCxxwrapImpl()
                        { return implementation; }
public void delete()
{

__d(implementation.longValue());
  implementation = null;
}
private native void __d(long __imp);
};
```

Falls ein bereits existierendes C++-Objekt verwendet werden soll, kann der Zeiger darauf im Konstruktor *HelloWorld(Long _imp)* übergeben werden. Andernfalls wird im Default-Konstruktor *HelloWorld()* über die als *native long* deklarierte Methode *_c0()* ein neues C++-Objekt erzeugt und *implementation* mit dem Zeiger darauf belegt.

Mit Hilfe der Methode *getCxxwrapImpl()* kann der Zeiger auf das C++-Objekt als *Long* beschafft werden. Somit ist es möglich, dass mehrere Java-Wrapper-Objekte dasselbe

C++-Objekt wrappen. Die Lebensdauer des C++-Objekts ist damit nicht mehr an die Lebensdauer eines Java-Wrapper-Objekts gekoppelt.

Um das C++-Objekt freizugeben gibt es deshalb im Java-Wrapper-Objekt die Methode *delete()*, die das Zerstören des C++-Objekts an die native Methode *__d(long __imp)* delegiert.

Zu guter Letzt gibt es in der Java-Wrapper-Klasse noch die Methode *sayHello()*, die über die als native deklarierte Methode *__m2(long __imp)* den Aufruf an das gewrappte C++-Objekt delegiert.

Die JNI-Anbindung der als native deklarierten Methoden an die entsprechenden Methoden der C++-Klasse *HelloWorld* wird in der ebenfalls generierten C++-Quelldatei *HelloWorld_jni.cxx* implementiert, wobei die JNI-Funktionsnamen wie im vorangegangenen Kapitel beschrieben aus den Java-Methoden-Namen gebildet werden:

```
// created by cxxwrap -- DO NOT EDIT
#include "jni.h"
#include "HelloWorld.h"
#ifdef __cplusplus
extern "C" {
#endif
JNIEXPORT jlong JNICALL Java_HelloWorld__1_1c0(
        JNIEnv* __env, jobject __jobj)
{
HelloWorld* __obj = new HelloWorld();
return (jlong) __obj;
}


JNIEXPORT void JNICALL Java_HelloWorld__1_1m2(
        JNIEnv* __env, jobject, jlong __imp)
{
HelloWorld* __obj = (HelloWorld*) __imp;
__obj->sayHello();
}
JNIEXPORT void JNICALL Java_HelloWorld__1_1d(
        JNIEnv* __env, jobject, jlong __imp)
{
HelloWorld* __obj = (HelloWorld*) __imp;
delete __obj;
}

#ifdef __cplusplus
}
#endif
```

Diese Quelldatei kann auf der Windows-Plattform zum Beispiel mit dem Borland-Compiler mit dem Kommando

bcc32 -c -P -I%JDK_DIR%/include -I%JDK_DIR%/include/win32
HelloWorld_jni.cxx

übersetzt und zusammen mit der Import-Library *HelloWorld.lib* zur DLL *HelloWorld.dll* zur Wrapper-Dll *HelloWorld_jni.dll* gelinkt werden:

bcc32 -tWD HelloWorld_jni.obj HelloWorld.lib

Als Ergebnis erhält man zu der gegebenen DLL *HelloWorld.dll* die Wrapper-DLL *HelloWorld_jni.dll* und die Java-Klasse *HelloWorld.class*.

Um die Koexistenz von Java- und C++-Objekten zur Laufzeit zu realisieren, benötigt man nur noch eine Java-Client-Klasse, die für das Laden der dynamischen Library, das Erzeugen eines Java-Wrapper-Objekts und eines Methodenaufrufs auf diesem Objekt zuständig ist:

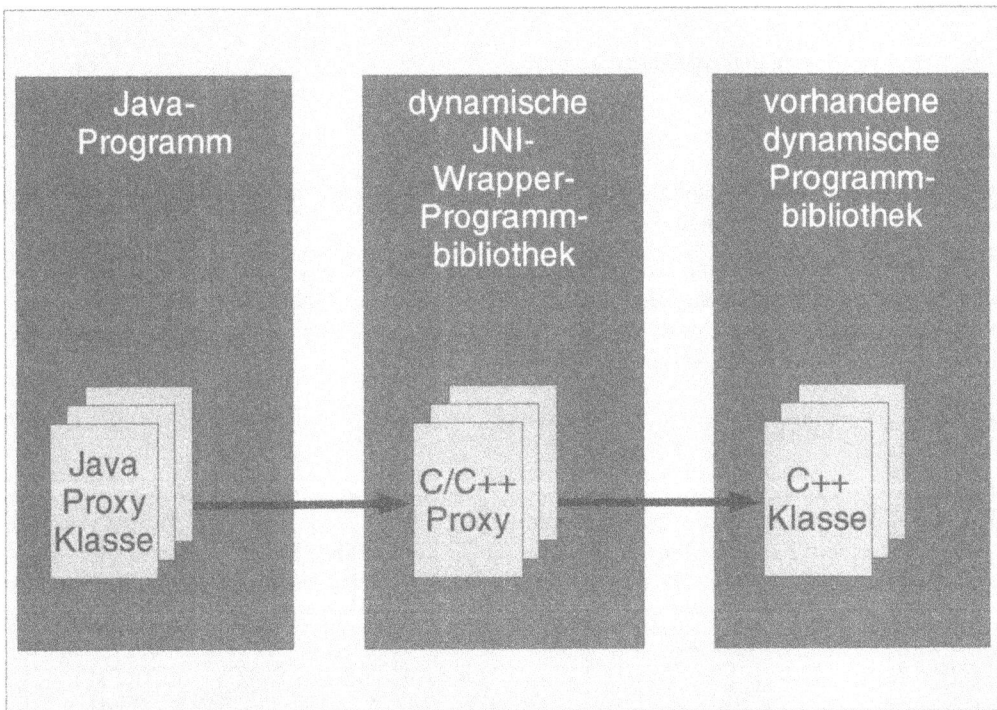

Abb. 10.5: *Zugriff auf eine vorhandene Programmbibliothek über eine Wrapper-Bibliothek*

```
// Client.java zum HelloWorld-Beispiel
public class Client
{
    public static void main(String[] args)
```

```
       {
              System.loadLibrary("HelloWorld_jni");
              HelloWorld helloWorld = new HelloWorld();
              helloWorld.sayHello();
       }
    }
```

Die von der JVM dynamisch zu ladende Bibliothek heißt *HelloWorld_jni.dll* unter Windows bzw. *libHelloWorld_jni.so* unter Unix. Beim Instantiieren des Java-*Hello-World*-Objekts wird im Konstruktor die native Methode *__c0()* aufgerufen, die in der zugehörigen Funktion *Java_HelloWorld__1_1c0()* der Wrapper-DLL ein neues C++-Objekt der C++-Klasse *HelloWorld* aus der Ausgangsbibliothek *HelloWorld.dll* (für Windows) bzw. *libHelloWorld.so* (für Linux) erzeugt.

Ein Aufruf dieser Klasse von der Kommandozeile mit

> *java Client*

führt schließlich zur gewünschten Ausgabe:

> *„Hello World!"*

wobei die eigentliche Konsolenausgabe nun tatsächlich von der *sayHello()*-Methode des C++-Objekts erzeugt wird.

Für unser Beispiel konnten der erforderliche JNI-Code und die Java-Wrapper-Klasse vollständig mit cxxwrap aus der gegebenen C++-Header-Datei *HelloWorld.h* generiert werden. Es liegt auf der Hand, dass ein Tool wie cxxwrap für umfangreiche Klassenbibliotheken eine erhebliche Arbeitserleichterung darstellt.

10.3.2   SWIG

SWIG steht für **S**implified **W**rapper and **I**nterface **G**enerator und hatte ursprünglich die Generierung von Code zur Einbindung von C-Libraries in Skriptsprachen-Umgebungen wie Perl, Python, PHP oder Tcl/Tk zum Ziel. Die Erweiterung auf C++ und die Generierung von JNI-Wrapper-Klassen bzw. JNI-Code sind erst in letzter Zeit hinzugekommen. SWIG wird seit mehreren Jahren von einer Entwicklergruppe um den SWIG-Initiator David Beazley entwickelt. Die Entwicklung des Java-Moduls von SWIG erfolgte maßgeblich durch William Fulton. Der Quellcode zu SWIG und für Windows auch ein vorkompiliertes Executable können von der Website des SWIG-Projektes [6] heruntergeladen werden.

SWIG kann in einfachen Fällen zwar auch direkt C/C++-Header-Dateien oder sogar Quelldateien als Input verarbeiten, um alle Features von SWIG nutzen zu können, sollte jedoch eine Input-Datei im SWIG-eigenen Format, bei dem es sich im Wesentlichen um mit SWIG-spezifischen Direktiven (ähnlich Präprozessor-Direktiven, beginnend mit einem %-Zeichen) angereicherte C/C++-Header-Dateien handelt, erstellt werden. Dies hat den Vorteil, dass über das Interface-File die Codegenerierung sehr genau gesteuert

werden kann. Der Nachteil dabei ist, dass das Interface-File zu einer vorgegebenen
C/C++-Header-Datei manuell erstellt und mit dieser konsistent gehalten werden muss.

Im Gegensatz zu cxxwrap kann SWIG auch C-Funktionen in ein Java-Interface wrappen.
Um dies an einem Beispiel zu demonstrieren, wollen wir von einer leicht erweiterten
HelloWorld-Library ausgehen. Das Header-File zu der dynamisch ladbaren Bibliothek
soll diesmal neben der *HelloWorld*-Klasse auch eine globale *sayGoodbye()*-Funktion
enthalten (hier wieder als Beipiel für Windows):

```
// HelloWorld.h

#ifndef HELLOWORLD_H
#define HELLOWORLD_H

#ifndef HELLOWORLD_IMPORTEXPORT
#define HELLOWORLD_IMPORTEXPORT __declspec(dllimport)
#endif

#define GOODBYE_STRING "Good bye!"

HELLOWORLD_IMPORTEXPORT class HelloWorld
{
        public:
                HelloWorld(){};
                ~HelloWorld(){};
                void sayHello();
};

HELLOWORLD_IMPORTEXPORT void
                        sayGoodbye(char* message);

#endif
```

Neben der *sayGoodbye()*-Methode wird in dieser Datei auch noch eine String-Konstante
GOODBYE_STRING definiert.

Das passende SWIG-Interface-File kann aus dieser Header-Datei folgendermaßen abgeleitet werden:

```
// HelloWorld.i

%module HelloWorldExample

%{
#include "HelloWorld.h"
%}

#define GOODBYE_STRING "Good bye!"
```

```
class HelloWorld
{
        public:
                HelloWorld(){};
                ~HelloWorld(){};
                void sayHello();
};


void sayGoodbye(char* message);
```

Mit der *%module*-Direktive wird der Name einiger generierter Quelldateien festgelegt, auf die wir im Folgenden genauer eingehen werden. Der Quelltext in der *%{ ··· %}*-Umgebung wird ohne weitere Bearbeitung in das generierte JNI-C-File übernommen. Durch das *#include*-Makro sorgen wir dafür, dass das Header-File *HelloWorld.h* in die generierte C-Quelldatei inkludiert wird und damit die Klassen und Funktionen aus der dynamischen Library darin verfügbar sind. Das *#define GOOGBYE_STRING* sorgt dafür, dass diese Konstante auch auf der Java-Seite (als *„public static final"*-Konstante) zur Verfügung steht, wie wir gleich sehen werden.

Mit dem folgenden SWIG-Aufruf lassen sich aus diesem Interface-File Java-Wrapper-Klassen (in der SWIG-Dokumentation auch *Shadow*-Klassen genannt) und JNI-Code generieren:

> *swig -java -c++ HelloWorld.i*

Damit erzeugt SWIG folgende Quelldateien:

- Eine Java-Wrapper-Klasse *HelloWorld.java*, die selbst keine *native* Methoden enthält, sondern alle Methodenaufrufe an die Java-JNI-Klasse *HelloWorldExample-JNI* deligiert.

- Eine Java-JNI-Klasse *HelloWorldExampleJNI.java*, die ausschließlich *„static native"*-Methoden enthält.

- Eine so genannte Java-Modul-Klasse *HelloWorldExample.java*, in der Java-seitig die globalen Funktionen und Konstanten aus dem Interface-File *HelloWorld.i* über statische Methoden zur Verfügung gestellt werden. Die Methoden dieser Klasse werden ebenfalls durch Aufrufe von entsprechenden Methoden in der Java-JNI-Klasse *HelloWorldExampleJNI.java* implementiert.

- Eine C++-Quelldatei *HelloWorld_wrap.cxx* mit den JNI-Funktionen zu den native Java-Methoden der Java-Klasse *HelloWorldExampleJNI.java*.

Die von SWIG generierte Java-Wrapper-Klasse *HelloWorld* enthält neben der *say-Hello()*-Methode ebenso wie die cxxwrap-generierte Klasse eine Methode zum Zugriff auf den Zeiger auf das gewrappte C++-Objekt *getCPtr()* und eine Methode *delete()* zum expliziten Löschen des C++-Objekts:

```
/* ─────────────────────────────────────────
 * This file was automatically generated by SWIG
 * ───────────────────────────────────────── */

public class HelloWorld {
  private long swigCPtr;
  protected boolean swigCMemOwn;

  protected HelloWorld(long cPtr, boolean cMemoryOwn)
  {
    swigCMemOwn = cMemoryOwn;
    swigCPtr = cPtr;
  }

  protected void finalize() {
    delete();
  }

  public void delete() {
    if(swigCPtr != 0 && swigCMemOwn) {
      HelloWorldExampleJNI.delete_HelloWorld(swigCPtr);
      swigCMemOwn = false;
    }
    swigCPtr = 0;
  }

  protected static long getCPtr(HelloWorld obj) {
    return (obj == null) ? 0 : obj.swigCPtr;
  }

  public HelloWorld() {
    this(HelloWorldExampleJNI.new_HelloWorld(), true);
  }

  public void sayHello() {
    HelloWorldExampleJNI.HelloWorld_sayHello(swigCPtr);
  }

}
```

Die Java-JNI-Klasse *HelloWorldExampleJNI* enthält eine Reihe von „*final static native*"-Methoden:

```
/* ─────────────────────────────────────────
 * This file was automatically generated by SWIG
 * ───────────────────────────────────────── */
```

```
class HelloWorldExampleJNI {
  public final static native String
                                get_GOODBYE_STRING();
  public final static native long new_HelloWorld();
  public final static native void delete_HelloWorld(
                          long jarg1);
  public final static native void HelloWorld_sayHello(
                          long jarg1);
  public final static native void sayGoodbye(
                          String jarg1);
}
```

Die globalen Funktionen und Konstanten werden in der Java-Modul-Datei *ExampleHelloWorld.java* anderen Java-Klassen zur Verfügung gestellt:

```
/* ─────────────────────────────────────────
 * This file was automatically generated by SWIG
 * ───────────────────────────────────── */

public class HelloWorldExample {
  public static void sayGoodbye(String message) {
    HelloWorldExampleJNI.sayGoodbye(message);
  }

  // enums and constants
  public final static String GOODBYE_STRING =
        HelloWorldExampleJNI.get_GOODBYE_STRING();
}
```

Der JNI-Code zur Anbindung an die C++-Methoden und C-Funktionen der zugrunde liegenden Bibliothek ist in der ebenfalls generierten C++-Quelle *HelloWorld_wrap.cxx* enthalten. Neben dem Code für die Fehlerbehandlung, der hier nicht betrachtet wird, werden darin folgende Funktionen definiert:

```
/* ─────────────────────────────────────────
 * This file was automatically generated by SWIG
 * ───────────────────────────────────── */

// ...
// Code zur Fehlerbehandlung etc.
// ...

#include "HelloWorld.h"

#ifdef __cplusplus
extern "C" {
#endif
JNIEXPORT jstring JNICALL
```

```
        Java_HelloWorldExampleJNI_get_1GOODBYE_1STRING(
                JNIEnv *jenv, jclass jcls) {
    jstring jresult = 0 ;
    char *result;

    (void)jenv;
    (void)jcls;
    result = (char *) "Good bye!";

    {
        if(result) jresult = jenv->NewStringUTF(result);
    }
    return jresult;
}

JNIEXPORT jlong JNICALL
        Java_HelloWorldExampleJNI_new_1HelloWorld(
                JNIEnv *jenv, jclass jcls) {
    jlong jresult = 0 ;
    HelloWorld *result;

    (void)jenv;
    (void)jcls;
    result = (HelloWorld *)new HelloWorld();

    *(HelloWorld **)&jresult = result;
    return jresult;
}

JNIEXPORT void JNICALL
        Java_HelloWorldExampleJNI_delete_1HelloWorld(
                JNIEnv *jenv, jclass jcls, jlong jarg1)
{
    HelloWorld *arg1 = (HelloWorld *) 0 ;

    (void)jenv;
    (void)jcls;
    arg1 = *(HelloWorld **)&jarg1;
    delete arg1;

}

JNIEXPORT void JNICALL
        Java_HelloWorldExampleJNI_HelloWorld_1sayHello(
                JNIEnv *jenv, jclass jcls, jlong jarg1)
{
    HelloWorld *arg1 = (HelloWorld *) 0 ;
```

```
        (void)jenv;
        (void)jcls;
        arg1 = *(HelloWorld **)&jarg1;
        (arg1)->sayHello();

    }

JNIEXPORT void JNICALL
        Java_HelloWorldExampleJNI_sayGoodbye(
                JNIEnv *jenv, jclass jcls, jstring jarg1)
{
    char *arg1 ;

    (void)jenv;
    (void)jcls;
    {
        arg1 = 0;
        if (jarg1) {
          arg1 =
            (char *)jenv->GetStringUTFChars(jarg1, 0);
            if (!arg1) return ;
        }
    }
    sayGoodbye(arg1);

    {
        if (arg1)
             env->ReleaseStringUTFChars(jarg1, arg1);
    }
}

#ifdef __cplusplus
}
#endif
```

In dieser C-Quelldatei werden die im *HelloWorldExampleJNI.java* als *native* deklarierten Methoden durch Delegation an Methoden bzw. Funktionen der zu wrappenden dynamischen Library implementiert.

Aus dieser Quelldatei kann unter Windows mit dem Borland-Compiler durch das Kommando

> *bcc32 -c -P -I%JDK_DIR%/include -I%JDK_DIR%/include/win32*
> *HelloWorld_wrap.cxx*
> *bcc32 -tWD HelloWorld_wrap.obj HelloWorld.lib*

eine dynamisch ladbare Wrapper-DLL erzeugt werden.

Die Client-Klasse aus dem cxxwrap-Beispiel muss nur geringfügig angepasst werden und schon kann auch mit dem SWIG-generierten Code das „Hello World!" in die Kommandozeile ausgegeben werden, dieses Mal gefolgt von einem „Good bye!":

```
// Client.java zum HelloWorld-Beispiel
public class Client
{
    public static void main(String[] args)
    {
        // Laden der Wrapper-DLL
        System.loadLibrary("HelloWorld_wrap");
        // Erzeugen eines Java-WrapperObjektes
        HelloWorld helloWorld = new HelloWorld();
        // dieser Methodenaufruf wird an das C++-Objekt
        // deligiert:
        helloWorld.sayHello();

        // dieser Methodenaufruf wird an die C-Funktion
        // sayGoodbye() delegiert:
        HelloWorldExample.sayGoodbye(
                HelloWorldExample.GOODBYE_STRING);
    }
}
```

Der für die Verabschiedung ausgegebene String ist dabei eine „final static"-Konstante der Java-Modul-Klasse HelloWorldExample, deren Generierung durch das #define im SWIG-Interface-File veranlasst wurde.

Mit Hilfe des Tools SWIG ist somit ohne größere manuelle Entwicklerarbeit die Erstellung einer JNI-Zugriffsschicht, bestehend aus einer Java-Wrapper-Klasse und JNI-C-Code gelungen.

Im Vergleich zu cxxwrap, das nur C++-Klassen wrappen kann, stellt SWIG das weitaus mächtigere Wrapping-Tool dar, dies allerdings um den Preis, ein SWIG-Interface-File erstellen zu müssen.

10.3.3 Weitere Tools

Neben den in diesem Kapitel näher betrachteten Open-Source-Tools cxxwrap und SWIG existieren noch eine ganze Reihe weiterer Tools, welche die Integration der Java- und C/C++-Welt mittels JNI erleichtern können (ohne Anspruch auf Vollständigkeit):

- xFunction, ein kommerzielles Tool der Firma Excelsior [7], ermöglicht ebenfalls den Zugriff auf DLLs bzw. Shared Object Libraries, ohne dass der Enwickler selbst JNI-Code schreiben müsste. Dazu bietet xFunction den Zugriff auf die Klassen bzw. Funktionen der dynamischen Bibliotheken über einen Reflection-ähnlichen Mechanismus an.

- *JNI++* [8] besteht aus zwei Codegeneratoren. Einer davon generiert C++-Proxy-Klassen aus gegebenen Java-Klassen oder -Interfaces und erleichtert damit den Zugriff von C++ aus auf Java-Objekte. Der andere generiert aus einem gegebenen Java-Interface eine Java-Wrapper-Klasse (Proxy) und eine C++-Peer-Klasse.

- *easyJNI* von alphaBeans [9] dient zum Wrappen von Java-Beans durch entsprechende C++-Klassen und erleichtert so den C/C++-Zugriff auf Java-Objekte.

- *jace* [10] dient ebenfalls zur Generierung von C++-Proxy-Klassen.

- *CodeRoad JNI Bridge* von der Firma Etnus [11] ermöglicht das übergreifende Debuggen von mittels JNI verbundenen Java- und C/C++-Programmteilen.

10.4   Links

[1] http://java.sun.com/products/jdk/1.2/docs/guide/jni/spec/jniTOC.doc.html

[2] http://java.sun.com/docs/books/tutorial/native1.1/TOC.html

[3] http://www.apply-it.de

[4] http://www.borland.com/products/downloads/download_cbuilder.html

[5] http://www.deaven.net

[6] http://www.swig.org

[7] http://www.excelsior-usa.com/xfunction.html

[8] http://jnipp.sourceforge.net

[9] http://java.iba.com.by/javaweb/alphabeans.nsf/beans1

[10] http://sourceforge.net/projects/jace

[11] http://www.etnus.com/Products/CodeRoad

10.5   Über die Autoren

Andreas Haug und Dr. Horst Mayer [3] sind seit mehreren Jahren als Software-Architekten in verschiedenen namhaften Unternehmen der Finanzdienstleistungsbranche tätig.

11 Mobile Datenkommunikation

Michael Maretzke

11.1 Was ist „Mobile Datenkommunikation"?

Wie kann ein bewegtes Endgerät mit einem Serversystem mittels Java verbunden werden? Entscheidend ist die Interaktion eines Clients mit einem Server, die hier im Vordergrund stehen soll. Ganz speziell sollen Probleme beim Einsatz von bekannten Technologien wie RMI, JMS, CORBA oder SOAP im Rahmen mobiler Kommunikation – also über GPRS (General Packet Radio Service) und HSCSD (High Speed Circuit Switched Data) – aufgedeckt werden. Mobiler Client heißt hier nicht unbedingt automatisch J2ME – Java 2 Micro Edition. Auch J2SE – Java 2 Standard Edition – kann auf einem Notebook laufen und stellt dann einen mobilen Client dar.

Wireless ≠ Wireline. Gerade beim Design von Architekturen kann sich hinter einem Strich, der die Kommunikation zwischen Client und Server über die Luftschnittstelle darstellt, sehr viel mehr Arbeit verbergen, als man sich zu dem Zeitpunkt des Designs bewusst ist. Besonders interessant wird es, wenn sich das Endgerät wirklich bewegt.

11.2 Wie macht man Mobile Datenkommunikation?

Normalerweise interessiert den Java Entwickler die Problematik der Kommunikation im Sinne des Datentransports nicht sonderlich. Interprozesskommunikation? Mechanismen wie RMI, CORBA, JMS oder SOAP sind bereits in Java integriert oder werden durch entsprechende APIs unterstützt. In manchen Fällen muss man auf Socket-Ebene über TCP oder UDP kommunizieren – nicht ganz so elegant, geht aber auch.

Sobald bei der Kommunikation das „Kabel" als Transportmedium ausfällt, wird es schwieriger. Der ganze Verwaltungs- und Transportaufwand bei höherwertigen Kommunikationsprotokollen wie RMI, CORBA, JMS oder SOAP wird plötzlich zum Problem. Die nachfolgende Beschreibung der einzelnen Kommunikationsmechanismen stellt lediglich die für uns relevanten Aspekte der jeweiligen Methode dar.

11.2.1 Socket Kommunikation TCP

Bei der Kommunikation über einen *TCP-Socket*[1] wird die Klasse *java.net.Socket* und *java.net.ServerSocket* verwendet. Um Daten über die Socketverbindung zu versenden be-

---

[1]http://java.sun.com/docs/books/tutorial/networking/sockets

sorgt man sich als Entwickler Streams über *Socket.getInputStream()* und *Socket.getOutputStream()*. Jeder unserer Leser hat wahrscheinlich bereits einen TCP Socket Server mit dazugehörigem Client implementiert. Der Datentransport passiert durch Zerlegen des eigentlichen Streaminhalts in TCP-Pakete und den Transport auf IP Ebene.

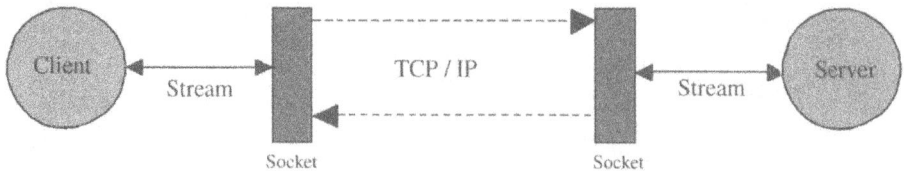

Abb. 11.1: *TCP Kommunikation über Sockets-Schema.*

Eigenschaften wie Zuverlässigkeit der Zustellung der Pakete, die Reihenfolge der Pakete, Bestätigen von Paketen, erneutes Senden von Paketen usw. sind alles Protokolleigenschaften von TCP. TCP ist ein verbindungsorientiertes Protokoll. Dies bedeutet, dass nach dem Aufbau einer Verbindung von einem zum anderen Endpunkt die Verbindung solange aufrechterhalten wird, bis einer von beiden Partnern die Verbindung abbaut.

11.2.2   Socket Kommunikation UDP

Der *UDP Socket*[2] wird in Java durch die Klasse *java.net.DatagramSocket* realisiert. Die Klasse selbst unterscheidet sich fundamental im Funktionsumfang von den TCP Socket Klassen. Die Kommunikation wird nicht über Streams realisiert. Daten werden in Instanzen der Klasse *java.net.DatagramPacket* verpackt und anschließend mit Hilfe der Methoden *send()* und *receive()* übertragen.

UDP besitzt nicht die Eigenschaften von TCP – was die Übertragungsgewähr, die garantierte Reihenfolge der Pakete, sowie die Empfangsbestätigung von Paketen anbelangt. UDP ist im Wesentlichen ein IP Paket mit einem sehr kompakten Header. UDP ist ein verbindungsloses Protokoll. Der Weg zwischen Start und Ziel ist zu keinem Zeitpunkt definiert.

Abb. 11.2: *UDP Kommunikation über Sockets-Schema.*

---

[2]http://java.sun.com/docs/books/tutorial/networking/datagrams/index.html

Die Unterstützung von Client/Server-Systemen ist auf UDP Ebene nicht gegeben. Alle relevanten Merkmale für eine gesicherte Kommunikation fehlen und müssen in der Applikationsschicht nachgebaut werden.

11.2.3 RMI

Remote Method Invocation[3,4] ist einer der ältesten Java eigenen Mechanismen zur Interprozesskommunikation. Eine Klasse S, die als Server dienen soll, implementiert ein Interface SI, das die eigentlichen Businessmethoden enthält. Das Interface SI erweitert das Interface *java.rmi.Remote*. Die Klasse S selber implementiert SI und erbt von *java.rmi.server.UnicastRemoteObject*. Aus den serverseitigen Klassen baut der RMI Compiler (*rmic*) Stub- und Skeletonklassen. Diese Klassen kümmern sich im Wesentlichen um das korrekte Ein- und Auspacken der Parameter und den eigentlichen Aufruf der entfernten Methode über das Netzwerk.

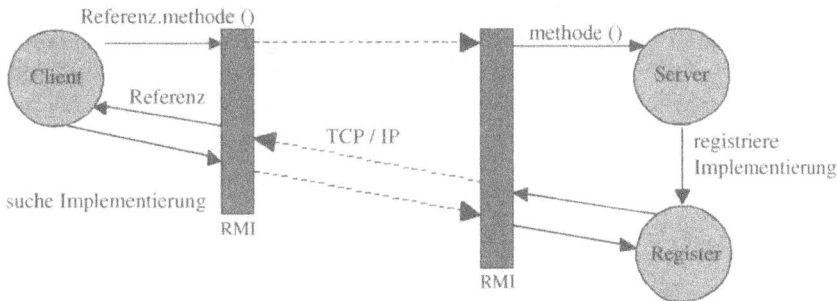

Abb. 11.3: *RMI Kommunikation-Schema.*

RMI basiert im Normalfall auf TCP als Trägerprotokoll. Die RMI-Implementierung, die mit dem SUN JDK ausgeliefert wird ist generell unabhängig vom Transportprotokoll[5]. Es ist möglich RMI über andere Protokolle zu realisieren. RMI ist an Java gebunden und es können keine Server aufgerufen werden, die in anderen Programmiersprachen geschrieben sind.

11.2.4 CORBA

CORBA (Common Object Request Broker Architecture) ist ein plattformunabhängiger und sprachenunabhängiger Standard der OMG (Object Management Group). CORBA ist RMI sehr ähnlich, nur hebt es die Einschränkung der Bindung an Java auf. Normalerweise bedient sich CORBA als Trägerprotokoll IIOP (Internet Inter ORB Protocol), das meist auf TCP basiert. IIOP ist nicht speziell an TCP gebunden.

Durch die Aufhebung der Bindung an eine Programmiersprache ist der Prozess des Ein- und Auspackens von Parametern natürlich komplexer.

---

[3]http://java.sun.com/products/jdk/rmi/
[4]http://java.sun.com/j2se/1.4/docs/guide/rmi/index.html
[5]http://java.sun.com/j2se/1.4/docs/guide/rmi/socketfactory/index.html

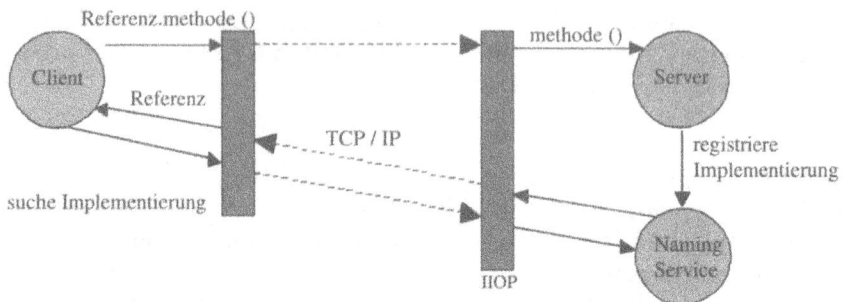

Abb. 11.4: *CORBA Kommunikation-Schema.*

Wie auch RMI eignet sich CORBA hervorragend für Client/Server-Systeme. Die Businessmethoden werden in einer „Interface Definition Language" (IDL) sprachunabhängig beschrieben und durch einen Compiler in Stubs und Skeletons übersetzt, die wiederum die Aufgabe des Ein- und Auspacken der Parameter übernehmen und letztlich die entfernte Methode aufrufen.

11.2.5   JMS

Java Messaging Service[6] gehört eher zur Klasse Middleware statt zu den Kommunikationsmethoden. Auf JMS basieren gängige Integrationsarchitekturen. Dennoch gibt es die Möglichkeit JMS für – zumindest asynchrone – Kommunikation zu verwenden. Dazu wird auf dem Messaging Server eine Queue (Point-to-Point-Kommunikation) oder ein Topic (Publish/Subscribe-Kommunikation) definiert. An dieses Ziel wird vom Client eine Nachricht gesandt. Die Kommunikation ist gesichert und zuverlässig. Als Transportprotokoll werden je nach Implementierung TCP oder auch UDP verwendet.

Queues definieren die Point-to-Point-Kommunikation. Dies bedeutet, dass die Nachricht, die an eine Queue versandt wurde, einen einzigen Empfänger erreicht. Es gibt hier einen Sender und genau einen Empfänger. Bei Verwendung von Topics wird die Nachricht vom Sender übermittelt und die angemeldeten Empfänger erhalten diese Nachricht übermittelt. Ist ein Empfänger nicht erreichbar, so wird die Nachricht entweder verworfen oder aber gespeichert bis zum erneuten Anmelden des Empfängers am JMS Provider.

11.2.6   SOAP

Simple Object Access Protocol[7],[8] *(SOAP)* ist ein Protokoll zur Inter-Objekt-Kommunikation, das unabhängig vom verwendeten Trägerprotokoll definiert ist. Es wird aber meist in Verbindung mit HTTP verwendet. HTTP nutzt als Transportprotokoll TCP.

---

[6]http://java.sun.com/products/jms/
[7]http://www.w3.org/TR/SOAP/
[8]http://ws.apache.org/soap/

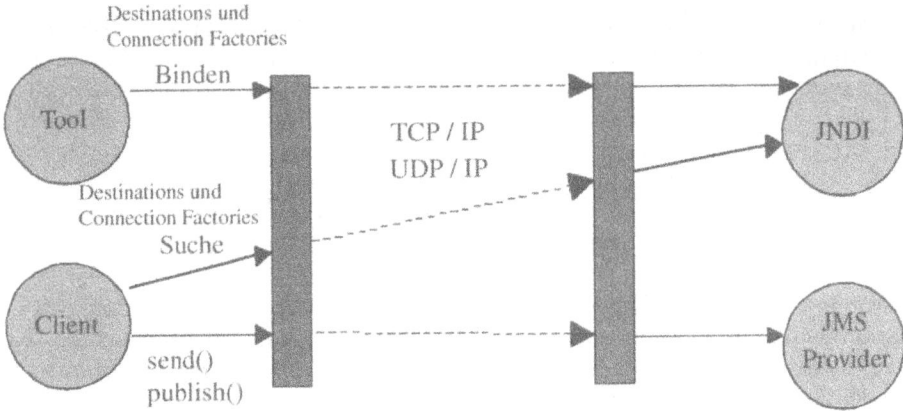

Abb. 11.5: *JMS Kommunikation-Schema.*

SOAP wird meist zur Integration von älteren EDV-Anlagen in neuere System-Architekturen verwendet. Die Funktionalität des alten EDV-Systems wird über Wrapper um die SOAP-Funktionalität erweitert und kann somit einfach in neu zu schaffende EDV-Infrastrukturen eingebettet werden. Dadurch, dass SOAP meist mit HTTP verwendet wird, ist es auch möglich über Firewallgrenzen hinweg unterschiedliche Standorte oder unterschiedliche EDV-Systeme anzubinden. RMI oder CORBA werden dagegen eher hinter der Firewall im firmeneigenen Netz zur Interprozesskommunikation verwendet.

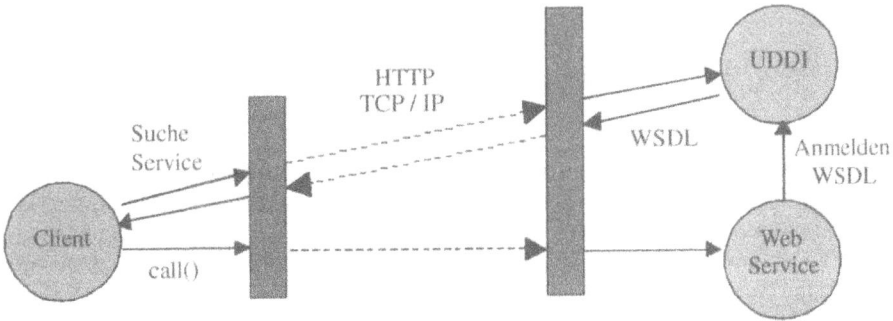

Abb. 11.6: *SOAP Kommunikation über HTTP-Schema.*

SOAP basiert auf XML und ist rein textbasiert. Um einen SOAP basierten Service – meist auch WebService genannten – Dienst aufzurufen braucht man eine Referenz in Form einer URL. Diese kennt der Client bei statisch verbundenen Systemen oder er besorgt sich diese beim Universal Description, Discovery and Integration (UDDI) Dienst. Die Beschreibung wird in Form der Web Service Description Language (WSDL) – ein XML Dialekt – hinterlegt und auch an anfragende Instanzen ausgeliefert. Sobald die URL bekannt ist, kann ein Aufruf aufgebaut werden. Parameter werden an den Aufruf angehängt und ausgeführt. Über eine Tabelle werden Java-Datentypen in SOAP-XML-Datentypen übertragen. Dieses Mapping ist nötig, da SOAP nicht an Java als Sprache gebunden ist.

11.3   Herausforderungen der Mobilen Datenkommunikation

Allen vorgestellten Technologien gemeinsam ist die Abstraktion der Kommunikation auf Transportebene hin zu einer entwicklerfreundlichen Programmierschnittstelle. Zusätzlich zur Abstraktion sind je nach Form weitere Eigenschaften wie z.B. „Dienste auffinden" oder Service Discovery mit integriert. Ebenso ist fast allen Technologien gemeinsam, dass gängige Implementierungen auf TCP beruhen.

Um nun die Probleme bei der Mobilen Datenkommunikation zu verstehen, muss die Charakteristika der Datenübertragung über die Luftschnittstelle bekannt sein und auch das TCP-Protokoll stückweise verstanden werden.

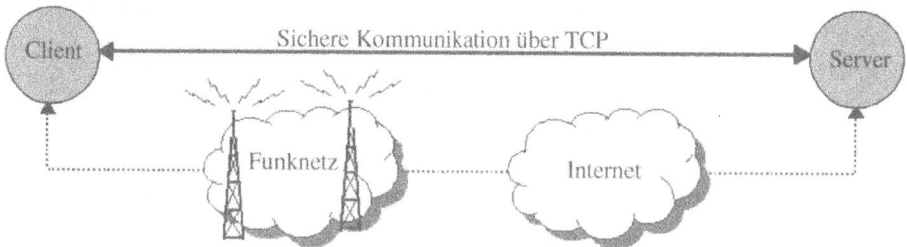

Abb. 11.7: *Mobile Kommunikation über die Luftschnittstelle.*

Sollen Daten von einem Client zu einem Server über die Luftschnittstelle transportiert werden, so sind vereinfacht gesprochen zwei Netzwerke involviert. Das erste Netzwerk ist das Funknetz mit den Protokollen GPRS oder HSCSD. Hier sind speziell die Latenzzeiten und die Verbindungsabrisse ein Problem. Im zweiten Netz, dem Internet, sind ebenfalls Verzögerungen in der Kommunikation und der Verlust von Paketen die größten Probleme, wobei hier die Störfaktoren um ein Vielfaches weniger stark ins Gewicht fallen als beim Funknetz.

11.3.1   TCP

Transmission Control Protocol (TCP) ist das weithin verbreiteste Kommunikationsprotokoll im Internet. TCP basierend auf IP wurde für reine LAN-Umgebungen und kabelbasierte Weitverkehrsnetze mit relativ hoher Übertragungsbandbreite und geringer Latenzzeit konzipiert. Die Eigenschaften von TCP orientieren sich weitgehend an der hohen Stabilität und Zuverlässigkeit in Bezug auf Paketverlust und Latenzzeit des kabelgebundenen Netzwerkes. Speziell die Flusskontrolle (Flow Control) von TCP wurde explizit an die Eigenschaften des LAN/WAN angepasst. Gerade die Annahme einer stabilen Netzverbindung führt in einer Mobilfunkumgebung dazu, dass die Nutzdatenbandbreite nur schlecht ausgenutzt wird. Dafür ist maßgeblich die Flusskontrolle von TCP verantwortlich.

Umgang mit Fehlern – Error Recovery. TCP besitzt zwei Mechanismen zur Fehlererkennung und -behebung – „Timeout" und „Fast Retransmission". Um Übertragungsfehler zu erkennen, wird jedem TCP Datensegment eine eindeutige, fortlaufende Sequenznummer zugefügt. Der Empfänger des Datenpaketes beantwortet das eingehende Datenpaket mit einem „Acknowledge" (ACK) und übermittelt mit diesem Paket die Sequenznummer der bis jetzt korrekt empfangenen Datenpakete. Fehlt in einer Sequenz nur ein bestimmtes Datenpaket und nachfolgende Pakete wurden korrekt empfangen, empfängt der Sender sogenannte „Duplicate Acknowledgements" (DUPACK). Diese DUPACK-Pakete bestätigen alle den Empfang der gleichen Sequenznummer. Nach dem dritten DUPACK-Paket überträgt TCP das fehlende Datenpaket erneut und sendet bisher noch nicht gesendete Pakete. Dieser Vorgang wird als „Fast Retransmission" bezeichnet.

Empfängt der Sender nach einer bestimmten „Timeout"-Zeit kein ACK-Paket vom Empfänger, so beginnt TCP mit der erneuten Übertragung der bisher noch nicht bestätigten Pakete. Der Timeout-Wert ist an die bisher beobachtete Round Trip Time (RTT – Zeit, die ein Paket für die Strecke Sender-Empfänger-Sender benötigt) angepasst.

Überlast-Kontrolle. Die Anzahl der Datenpakete, die ein Sender ohne ACK übertragen darf, wird von der „Send Window Size" (SWS) bestimmt. Zu Beginn der Kommunikation und nach jedem Timeout wird die SWS auf ein Segment gesetzt. Für jedes empfangene ACK-Paket wird SWS um die „Maximum Segment Size" (MSS) erhöht. Dieser Algorithmus wird „Slow Start" genannt und führt zu einem exponentiellen Wachstum der SWS. Nachdem die SWS eine bestimmte Grenze („Slow Start Threshold" SST) erreicht hat, wird SWS nur noch um einen festen Faktor erhöht. Das führt zu einem linearen Wachstum des SWS und wird als „Congestion Avoidance" bezeichnet.

Eine Überlastsituation wird von TCP durch den Empfang von drei DUPACK-Paketen oder durch einen Timeout erkannt. Beide Fälle führen zu einer Halbierung des SST. Zusätzlich wird beim Timeout die SWS auf 1 Segment zurückgesetzt. Durch das „Congestion Control" genannte Verfahren kann sehr schnell auf eine Überlastsituation im Netzwerk reagiert werden. Dieses Verhalten ist entscheidend, um ein gesamtes Netzwerk vor dem Zusammenbruch zu bewahren.

Überspitzt dargestellt stellt sich bei einem relativ instabilen Netzwerk ein Sägezahnmuster des SWS ein. Send Window Size ist aber ein entscheidender Parameter für die Qualität der Kommunikation. Die Anzahl der Datenpakete, die zum Bestätigen von Paketen benötigt wird ist unabhängig von der SWS. Eine hohe SWS ist ein Indiz für effiziente Kommunikation. Wenn nun das SWS niedrig ist oder immer wieder reduziert wird, so ist das Verhältnis zwischen reinen TCP-Protokoll-Datenpaketen (z.B. ACK) zu den wirklichen Nutzdaten relativ ungünstig.

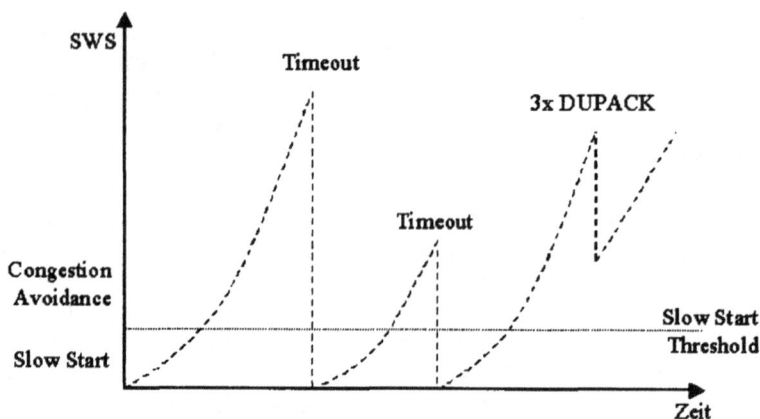

Abb. 11.8: *Schematische Darstellung der SendWindowSize im Verlauf einer Kommunikation.*

In einer Mobilfunkumgebung, in der sich die Qualität der Verbindung und damit des Übertragungsmediums wie auch die Verzögerungszeit der Kommunikation auf Grund kurzfristiger Störungen im Verlaufe einer TCP-Kommunikation auch mehrmals ändern kann, sorgen genau die Mechanismen zur Überlastvermeidung und Error Recovery zu einer relativ ineffektiven und ineffizienten Datenkommunikation.

Bei GPRS sind derzeit Bandbreiten im Uplink von 13,4 kBit/s und im Downlink von 53,6 kBit/s üblich. Gerade für die bidirektionale Datenkommunikation ist der Uplink genauso wichtig, wie der Downlink. Wenn nun 13,4 kBit/s die Bruttobandbreite darstellt und davon auch noch 40-60% von TCP verbraucht werden, dann bleibt für die Nutzdatenbandbreite ein Wert um 6,7 kBit/s übrig. Kalkuliert man noch mögliche Komplettabbrüche der Kommunikation mit ein – z.B. bei der Fahrt durch einen Tunnel oder schlechter Mobilfunknetzabdeckung – so bleibt ein denkbar ungutes Szenario für höherwertige Kommunikationsmechanismen wie beispielsweise RMI oder CORBA übrig.

11.3.2   RMI, CORBA, JMS, SOAP

Alle genannten Kommunikationsformen sind unabhängig vom Transportprotokoll spezifiziert, dennoch basieren die meisten Implementierungen auf TCP. Nur wenige Hersteller sind sich der Problematik des TCP-Protokolls im mobilen Umfeldes bewusst. Nachfolgend eine Bewertung der einzelnen Kommunikationsmechanismen für die mobile Kommunikation.

RMI, CORBA, JMS. Diese Formen der Kommunikation haben eines gemeinsam – sie haben eine aufwändige Initialisierungsphase der logischen Verbindung. In RMI müssen erst die Registry angefragt werden um eine Referenz auf eine entfernte Methode zu bekommen, in CORBA der Nameservice. In JMS müssen ConnectionFactory und Destinations gefunden und gebunden werden, bevor eine Nachricht versandt werden kann. Dies sind alles Gelegenheiten, in denen Kommunikationsprobleme auftauchen können.

RMI und CORBA sind keine leichtgewichtigen Kommunikationsformen. Gerade in CORBA fallen das sprachunabhängige Ein- und Auspacken bei jedem Aufruf ins Gewicht. Bei RMI findet der gleiche Vorgang für die Zielsprache Java statt. Die Parameter werden für den sicheren Versand über das Netzwerk vorbereitet und mit zusätzlichen Informationen angereichert. Das Übertragungsvolumen wird erhöht.

RMI-Implementierungen, die nicht auf TCP basieren sind selten. Hier findet man im Internet nur die Implementierung „NinjaRMI"[9] der Berkeley Universität. Es ist uns leider nicht gelungen die Implementierung im Einsatz zu testen, da Probleme damit auftauchten.

JMS-Implementierungen basieren gewöhnlich ebenfalls auf TCP als Transportprotokoll. Hier werden aber eher Implementierungen mit einem optionalen Transport basierend auf UDP angeboten. Generell eignet sich aber der Mechanismus von JMS nicht für klassische Client/Server-Kommunikation. Hinter JMS versteckt sich vielmehr das Prinzip des Messaging und damit asynchrone Kommunikation. Synchrone Kommunikation kann man lediglich durch Tricks erreichen (z.B. eine Queue als Dateneingang für den Server und eine andere Queue als Dateneingang für den Client).

SOAP. SOAP nimmt in dieser Aufstellung eine gewisse Sonderrolle ein. SOAP kann in verschiedenen Ausprägungen verwendet werden. Zum einen kann die dynamische Adressierung von Webservices über UDDI in Kombination mit WSDL verwendet werden, zum anderen die statische Variante, bei der die URLs des Webservices bereits bekannt sind. Die letztere Variante eignet sich besser für das mobile Umfeld, da protokollspezifische Kommunikation minimiert wird.

Ein Nachteil von SOAP ist die zeichenbasierte XML basierte Kodierung der eigentlichen Übertragungsdaten. Diese Kodierung ist für Menschen lesbar, ist aber im Vergleich zu Binärkodierungen erheblich ineffizienter.

11.3.3   UDP

Angesichts der Probleme mit TCP bleibt an dieser Stelle der Schritt zurück. Warum nicht UDP verwenden? Das *Universal Datagram Protocol (UDP)* zeichnet sich in der mobilen Datenkommunikation durch seine Einfachheit aus. UDP-Datenpakete sind um einen Header erweiterte IP-Pakete und bieten von der Protokollebene keine Unterstützung.

Im Rahmen von Projekten ist es nicht unüblich auf proprietäre UDP basierende Kommunikationsformen zu bauen und diese zur Client/Server-Kommunikation einzusetzen. Aufwändig an diesem Ansatz ist nur, dass viele Protokolleigenschaften von TCP für eine sichere Kommunikation nötig sind und daher auf Applikationsebene nachprogrammiert werden müssen.

Bereits 1984 haben sich David Velten, Robert Hinden und Jack Sax von der IETF im RFC 908[10] Gedanken über das „Reliable Datagram Protocol" (RDP) gemacht. Viele

---

[9]http://ninja.cs.berkeley.edu/release.html
[10]http://www.ietf.org/rfc/rfc0908.txt?number=908

Eigenschaften von TCP sind dort konzeptionell vorgesehen. Leider ist uns keine Implementierung des RDP bekannt, die für Java adaptiert ist.

11.4 Optimierungsmöglichkeiten

Welche Lösungen gibt es für Java in der mobilen Datenkommunikation?

11.4.1 Verwendung von Wireless TCP

Einfachste Lösung an dieser Stelle ist sicherlich der Austausch des TCP-Protokollstacks durch eine leistungsfähigere Lösung. Ungünstig ist nur, dass das gesamte Internet auf TCP basiert. Lösungen, die im mobilen Umfeld und auch im Internet funktionieren sollen, benötigen dann spezielle Adaptionen.

Der Austausch von TCP durch andere Protokolle scheint somit nicht sonderlich reizvoll zu sein. Die Applikation könnte aber mit einem TCP-Stack arbeiten, der auf Transportebene ein eigenes Protokoll umsetzt. Solche Stacks[11] bieten oftmals mehr Unterstützung als „nur" die reine Kommunikation. Features wie *Dial on demand* (automatische Einwahl bei Bedarf), *Short Hold Mode* (Verbindung wird solange aufrechterhalten wie nötig), *Crash Recovery* (logische Verbindung bleibt trotz Netzausfalls erhalten) und Kompression des Datenverkehrs werden bei solchen Lösungen angeboten. Nachteil hierbei ist, dass der Mobilfunkbetreiber in den meisten Fällen mit in die Lösung involviert werden muss. Zudem muss das Ziel der Kommunikation die proprietären Protokollerweiterungen unterstützen.

11.4.2 Lösung bei Verwendung von Standard-TCP

Trotz der negativen Aspekte von TCP eignet es sich doch bedingt für die mobile Datenkommunikation. Die besten Resultate konnte unser Entwicklerteam beobachten, wenn sich der Standort während der Kommunikation nicht änderte. Hier bleiben die Eigenschaften für den Übertragungskanal weitgehend konstant und die Überlasterkennung und -vermeidung von TCP damit inaktiv. Bei der Kommunikation in Bewegung gibt es durch Schwankungen der Qualität des Übertragungsmediums Probleme mit TCP.

Die besten Resultate bei Verwendung von TCP konnten bei Verwendung von Socket basierter Kommunikation erzielt werden. Mit einigem Abstand folgen anschließend SOAP, JMS, RMI und CORBA in genannter Reihenfolge.

11.4.3 Lösung mit UDP

Um eine vernünftige Datenkommunikation auf Basis UDP realisieren zu können, ist in jedem Falle ein Protokoll nötig, das die Basiseigenschaften von TCP zur gesicherten Kommunikation nachbildet. Im Idealfall würde dieses Protokoll dann als Basis für höherwertige Kommunikationsmechanismen wie z.B. RMI oder CORBA dienen.

---

[11]http://www.dialogs.de

Im Rahmen eines Projektes zum Thema „Mobile Communities" mussten wir ebenfalls das Problem der Kommunikation zwischen einem Client – installiert in einem Fahrzeug (Geschwindigkeiten bis zu 260 km/h !) – mit einem Server realisieren. Aufgrund des Kommunikationsverhaltens haben wir uns für eine UDP-Implementierung auf Basis GPRS entschieden. Unser UDP-Protokoll zeichnet sich durch eine geschwindigkeitsabhängige Paketgrößenanpassung zur Kommunikationsoptimierung aus. Je schneller das Fahrzeug sich bewegt (diese Informationen werden aus GPS Informationen errechnet), desto kleiner werden die Datenpakete zur Übertragung. Dabei bewegt sich die Paketgröße in einem Kanal zwischen 500 Byte bis zu 4500 Bytes. Für die Kommunikation nötige Sicherungsmechanismen, Reihenfolge der Datenpakete usw. wurden auf Anwendungsebene nachprogrammiert.

11.4.4 Optimale Lösung

Wie sieht nun die optimale Lösung aus? DIE Lösung für alle Probleme gibt es leider nicht. Um eine effektive und effiziente Kommunikation zu realisieren, wird eine Optimierung des gesamten Client/Server-Systems auf allen sieben ISO/OSI-Schichten angestrebt.

Für die Transport- und Netzschicht bieten sich proprietäre Protokollerweiterungen wie oben erwähnt an. Auf Applikationsschicht konzentriert man sich bei der Kommunikation darauf, so wenige Daten so selten wie möglich zu transportieren. Wenn kommuniziert werden muss, so ist zu empfehlen eine Kommunikation über ValueObjects[12] zu realisieren. Anwendungen, die feingranulare entfernte Methoden aufrufen, sollten dahingehend modifiziert werden, tendenziell grobgranularere entfernte Methoden aufzurufen.

Um eine optimale Lösung aus finanzieller Sicht zu bekommen, sollte HSCSD in Kombination mit GPRS verwendet werden. Sollen viele Daten transportiert werden (z.B. Dateidownload oder E-Mail Empfang), so bietet sich HSCSD als Protokoll an. HSCSD ist eine zeitabhängig berechnete Kommunikationsform. Hier kostet ein übertragenes MB an Daten 0,50 €. GPRS bietet sich hingegen an, wenn ständig geringe Datenmengen transportiert werden sollen. GPRS ist ein volumenabhängig berechnete Kommunikationsform. Hier fallen pro übertragenes MB typischerweise 2,50 € an. Die Preisangaben variieren natürlich je nach verwendetem Tarif.

Für eine optimale Lösung bei der Kommunikation sollte auch den ein oder andere Gedanken auf das verwendete Kommunikationsmodul verschwendet werden. Die Qualität des GPRS/HSCSD-Moduls wirkt sich entscheidend auf die Qualität des Übertragungsmediums und damit auf die Effizienz von TCP aus. Unser Entwicklungsteam konnte Unterschiede um den Faktor 2–3 bei Verwendung verschiedener Kommunikationsmodule feststellen.

11.5 Datenkommunikation in der Praxis

Nach all der Theorie folgt in den nächsten Abschnitten Java Praxis. Nachfolgend wird anhand einer Kommunikation, basierend auf RMI, JMS und HTTP, die einfachste und

---

[12]http://java.sun.com/blueprints/patterns/TransferObject.html

effizienteste Verbesserung der Methoden vorgestellt: Wiederholung. Hierbei werden im
Fehlerfalle auftretende Exceptions abgefangen und die Kommunikation einfach wiederholt. Dieses Verhalten wird auf eine zu definierende Anzahl an Wiederholungen begrenzt.

Alle kompletten Beispiele können von meiner Website[13] heruntergeladen werden. Aus
Platzgründen kann hier nur auf die wesentlichen Merkmale der Kommunikation eingegangen werden.

11.5.1   RMI über GPRS

Ein Client versucht eine entfernte Methode *echo()* aufzurufen. Die entfernte Serverin-
stanz implementiert das Interface *StringServer* und ist in der *rmiregistry* eingebunden.
Die Methode *echo()* macht nichts anderes als den übergebenen String zurückzugeben.

Im Falle der RMI-Kommunikation wiederholt der Client die Aufrufe der Servermethode
genau 5 Mal – *RMI_MAX_RETRIES*. Der Client ruft die Methode *echo()* des Servers
auf. Sollte dieser Aufruf fehlschlagen, so wird eine *RemoteException* geworfen. Diese
wird abgefangen und die Kommunikation erneut versucht. Kontrollvariablen sind hier
commOk und *commCounter*. *commOk* zeigt an, ob die Kommunikation insgesamt erfolgreich war. *commCounter* zählt die erfolglosen Versuche zu kommunizieren.

Für die RMI Kommunikation wird auf Bordmittel von Java zurückgegriffen.

```
...
public class RMIClient {
  ...
  public static void main(String[] args) {
    // maximum amount of communication retries
    final int RMI_MAX_RETRIES = 5;
    // number of RMI calls to do during execution
    final int RMI_CALLS = 1000;
    ...
    // flag indicating whether communication succeeds or fails
    boolean commOk = false;

    // counter for communication retries
    int commCounter = 0;

    while ((!commOk) && (commCounter < RMI_MAX_RETRIES)) {
      try {
        ssref = (StringServer)
                Naming.lookup ("//localhost/StringServer");

        for (int i = 0; i < RMI_CALLS; i++) {
          rmessage = ssref.echo(smessage);
          // reset commCounter
```

---
[13]http://www.maretzke.com/pub/mobiledatacom.html

```
            commCounter = 0;
            ...
        }
        commOk = true;
    }
    catch (RemoteException re) {
        commCounter++;
        System.out.println("Caught a RemoteException: " + re);
    }
    catch (Exception e) {
        commCounter++;
        System.out.println("Caught an Exception: " + e);
    }
    }
    if (!commOk) {
        // unable to complete Communication
    }
    else {
        // communication successfully ended
    }
    }
}
```

11.5.2   JMS über GPRS

Bei der JMS-Kommunikation sendet eine Klasse *JMSSender* 10 Instanzen von *Text-Message* an eine JMS-Queue namens „*ConnectionTestQueue*". Das Klassengerüst von JMSReceiver unten zeigt prinzipiell die gleiche Vorgehensweise, wie bei der RMI-Kommunikation.

In *JMS_MAX_RETRIES* wird die maximale Anzahl erfolgloser Kommunikation festgelegt. Durch *commOk* wird angezeigt, ob die gesamte Kommunikation erfolgreich war. Erfolglose Kommunikationsversuche zählt *commCounter*. Im Falle eines Kommunikationsproblemes während des Lookup-Prozesses oder dem eigentlichen Empfang der Nachrichten wird die gesamte Kommunikation wiederholt.

Bei diesem Ansatz muss darauf geachtet werden, nur den Teil der Kommunikation zu wiederholen, der auch tatsächlich wiederholt werden muss. Hier kann man sonst schnell auf Probleme von mehrfach empfangenen Nachrichten stoßen. Im Beispiel wird hier eine gesamte Kommunikations-Session nur dann mit *qs.commit()* bestätigt, wenn wirklich alle Elemente empfangen wurden.

Im Beispiel wird als JMS-Server die freie Implementierung JoRAM[14] verwendet.

```
...
public class JMSReceiver {
    ...
```

---

[14]http://www.objectweb.org/joram/index.html

```
public static void main(String [] args) {
  // maximum amount of communication retries
  final int JMS_MAX_RETRIES = 5;
  ...
  // flag indicating whether communication succeeds or fails
  boolean commOk = false;
  // counter for communication retries
  int commCounter = 0;
  ...
  while ((!commOk) && (commCounter < JMS_MAX_RETRIES)) {
    try {
      ...
      Context ctx = new InitialContext(env);
      // Lookup the queue in JNDI space
      queue = (Queue) ctx.lookup("ConnectionTestQueue");
      // Lookup the queue connection factory in JNDI
      qcf = (QueueConnectionFactory)
            ctx.lookup("ConnectionTestQueueFactory");

      ctx.close();
      ...
      qc = qcf.createQueueConnection();
      qs = qc.createQueueSession(true, 0);
      qrec = qs.createReceiver(queue);
      qc.start();
      int i;
      for (i = 0; i < 10; i++) {
        msg = qrec.receive();
        if (msg instanceof TextMessage)
          ...
      }
      qs.commit();
      ...
      commOk = true;
      commCounter = 0;
    }
    catch (JMSException je) {
      commCounter++;
      System.out.println(commCounter + ". Retry,");
      System.out.println("Caught a JMSException: " + je);
    }
    catch (NamingException ne) {
      commCounter++;
      System.out.println(commCounter + ". Retry");
      System.out.println("Caught a NamingException: " + ne);
    }
  }
}
```

```
  if (!commOk) {
    // unable to complete Communication
  }
  else {
    // communication successfully ended
  }
  }
}
```

11.5.3   HTTP Kommunikation im J2ME Midlet

Als letztes Beispiel soll ein J2ME-Telefon verwendet werden. Die Applikation (MID-let) auf dem Telefon soll eine URL entgegennehmen und über eine HTTP-Verbindung den angegebenen Inhalt über *HTTP GET* holen. Hierbei wird wieder das Prinzip der Wiederholung umgesetzt.

HTTP_MAX_RETRIES legt die maximale Anzahl der erfolglosen Kommunikations-versuche fest. *CommOk* zeigt an, ob die Kommunikations insgesamt erfolgreich war. *commCounter* zählt die erfolglosen Kommunikationsversuche. Tritt ein Fehler während der Kommunikation auf, so wird eine IOException geworfen. Diese wird in der Methode *getPage()* abgefangen und je nach Zählerstand entweder einfach weitergereicht oder die Kommunikation wiederholt.

Für die Implementierung und den Test der Applikation wurde das Wireless Toolkit von Sun verwendet.

```
...
public class HTTPMIDlet extends MIDlet
  implements CommandListener {
  ...
  public void commandAction(Command c, Displayable d) {
    ...
    if (command == getCommand) {
      ...
      try {
        getPage(textbox.getString());
      }
      catch (IOException ioe) {
        System.out.println("Caught an IOException: " + ioe);
      }
    }

    }
  }
  ...
  public void getPage(String url) throws IOException {
    // maximum amount of communication retries
    final int HTTP_MAX_RETRIES = 15;
```

```
  . . .
  // flag indicating whether communication succeeds or fails
  boolean commOk = false;
  // counter for communication retries
  int commCounter = 0;

  while ((!commOk) && (commCounter < HTTP_MAX_RETRIES)) {
    try {
      . . .
      connection = (HttpConnection) Connector.open(url);
      input = connection.openInputStream();
      int length = (int) connection.getLength();
        if (length > 0) {
          byte[] data = new byte[length];
          int read = input.read(data);
          System.out.println(new String(data));
        }
      commOk = true;
      commCounter = 0;
    }
    catch(IOException ioe) {
      if (commCounter == HTTP_MAX_RETRIES)
        throw ioe;
      commCounter++;
      System.out.println(commCounter + ". Retry");
      System.out.println("Caught an IOException: " + ioe);
    }
    finally {
      if (input != null)
        input.close();
      if (connection != null)
        connection.close();
    }
    System.out.println("Finished.");
    }
  }
}
```

Neben der Wiederholung der Kommunikation sollte man bei der Implementierung die Verwendung des ValueObject Patterns[15] in Betracht ziehen. Je weniger Kommunikation, desto weniger Problemursachen. Diese ValueObjects sollten je nach Anwendungsfall natürlich nur die Daten enthalten, die tatsächlich verwendet werden.

---

[15]http://java.sun.com/blueprints/patterns/TransferObject.html

11.6   Nebenbei erwähnt

Bei der Implementierung des Clienten ist es wichtig die Zielplatform genau zu kennen. J2ME, Personal Java / Personal Profile und J2SE unterscheiden sich in den Kommunikationseigenschaften gravierend. Bei J2ME mit MIDP 1.0 ist ein Socket nur optional und in den wenigsten Telefonen implementiert. Selbst in MIDP Version 2.0 sind bis auf HTTP und HTTPS alle anderen Kommunikationsformen optional und müssen vom Telefonhersteller nicht implementiert werden. JMS läuft in nur einigen Spezialfällen auf einer J2ME. RMI kann erst mit Verwendung der CDC (Connected Device Configuration) bzw. nach Herunterladen eines optionalen Packages[16] verwendet werden. Für CORBA wird sogar Personal Java bzw. das Personal Profile vorausgesetzt. SOAP kann zwar auf J2ME Geräten verwendet werden, aber selbst bei Verwendung von speziell optimierten XML-Parsern (z.B. kSOAP) kann ein Parsingvorgang auf einem aktuellen J2ME-Gerät bis zu 30 Sekunden dauern.

Die Entwicklung für spezielle Zielplattformen sollte gleich auf dem Zielgerät erfolgen bzw. regelmäßig darauf getestet werden. Meist sind diese Geräte langsamer, haben kleinere Displays, geringere Eingabemöglichkeiten und andere Restriktionen (z.B. Hauptspeicher, Festplattenspeicher). Dadurch werden Kommunikationsmöglichkeiten, die auf dem normalen PC „normal" sind, oft schlichtweg unmöglich.

Die Besonderheiten bei der mobilen Datenkommunikation haben unserem Entwicklungsteam beim ersten mobilen Projekt ziemlich große Probleme bereitet. Eines haben wir dabei fürs Design von Anwendungen gelernt und wollen es nicht vorenthalten: **„Never trust a simple line!"**.

11.7   Über den Autor

Michael Maretzke arbeitet im deutschen Arm der Forschungs- und Entwicklungsgruppe des Mobilfunkbetreibers Vodafone. Als Software Developer beschäftigt er sich hauptsächlich mit der prototypischen Umsetzung von neuen Serviceideen im Mobilfunk. Umsetzungsplattform ist zumeist eine Java Variante. Als Software-Architekt entwickelt er Systemarchitekturen, die die Konvergenz zukünftiger Sprach- und Datendienste beim Mobilfunkbetreiber ermöglichen. Erreichbar ist er unter *michael@maretzke.de*.

---

[16]http://wwws.sun.com/software/communitysource/j2me/rmiop/

12 Server-Konfiguration und -Betrieb

Henrik Klagges und Gerhard Müller

12.1 Überblick

Bei der Software-Entwicklung im Team gibt es eine Vielzahl von Aufgaben, die gelöst werden müssen. Dabei sind Abdeckung der funktionalen Anforderungen sowie Erreichen der Performanceziele oft schon so aufwändig, dass der eigentliche **Betrieb** der entwickelten Software nur stiefmütterlich behandelt wird. Daher stellen wir in diesem Kapitel Probleme, Lösungsmöglichkeiten und „Best Practices" aus dem Spannungsfeld zwischen Entwicklung und Betrieb von Web-Anwendungen vor. Besonderer Schwerpunkt ist dabei die einfache und nachvollziehbare Konfiguration von Software.

12.2 Entwicklung

Bei der Entwicklung von Java-Anwendungen im Team ist der Einsatz von Versionskontrollsoftware zur Verwaltung von Quellcode und Konfigurationsdateien sowie die Verwendung eines ordentlichen Build-Konzeptes glücklicherweise bei den meisten Projekten Standard. Häufig eingesetzte Produkte sind CVS zur Versionskontrolle und Ant von Apache als Builder.

Multiple Zielsysteme, multiple Konfigurationen. Doch ein Problem, dass über ein Versionsverwaltungssystem wie CVS und ein Buildsystem wie Ant nicht a priori abgedeckt wird, ist die Verwaltung unterschiedlicher Konfigurationen für die Vielzahl an Systemen, auf denen die Anwendung entwickelt, getestet und produktiv genommen wird. Typischerweise gibt es pro Entwickler eine Konfiguration an, außerdem natürlich eine für das Produktionssystem, auf dem die Anwendung „wirklich" läuft, d.h. für das Unternehmen (hoffentlich) einen Mehrwert erzeugt. Da Entwicklungssysteme oft sehr verschieden von den Produktionssystemen sind, werden in den meisten kommerziellen Projekten so genannte „Integrationssysteme" eingesetzt, die der eigentlichen Produktionsumgebung möglichst nahe kommen sollen. Dies ist besonderes dann wichtig, wenn die zu entwickelnde Software nicht „auf der grünen Wiese" entsteht, sondern mit einer Vielzahl von sich parallel ständig weiterentwickelnden anderen IT-Systemen und Datenquellen zurechtkommen muss. Damit sind schon mindestens drei Konfigurationen zu verwalten[1]. Dabei umfassen die Konfigurationsdaten nicht nur Ablaufparameter,

---

[1] Noch eine Stufe komplexer ist die Entwicklung von Standardsoftware, die auf einer noch größeren Anzahl von Systemen getestet werden muss, und in der die eigentlichen Produktionsumgebungen

sondern aufgrund der unterschiedlichen Anforderungen und Vorlieben der Entwickler
auch „build"-Parameter. Pfade auf verwendete Libraries und Tools unterscheiden sich
(man denke allein an den Unterschied zwischen UNIX und Windows), die verwendete
Datenbank wird geändert und Remotesysteme sind anders.

Kein Hartverdrahten von Parametern. Die Unterschiede durch den Einsatz der
Software auf unterschiedlichen Rechnern und Umgebungen sollen natürlich nicht in der
Software selber „hart verdrahtet" werden. Alleine schon durch das gemeinsame CVS-
Repository gäbe es sonst einen „Krieg der Konfigurationen", bei dem immer der Entwickler gewinnt, der als letzter seine Konfiguration im CVS gespeichert hat. Damit wird
klar, was benötigt wird: Je nach Rechner und/oder Login müssen komfortabel unterschiedliche Konfigurationen möglich sein. Diese Konfigurationsdaten sollten möglichst
redundanzfrei sein. Konfigurationsparameter, die nicht abhängig vom verwendeten System bzw. Benutzer sind, sollten nur einmal, d.h. nicht redundant, gespeichert werden.
Anderenfalls hat man das leidige Problem, mehrere Konfigurationsdaten synchronisie-
ren zu müssen, was gern vergessen wird.

Als vorteilhaft erweist es sich, wenn die Konfigurationsparameter in Dateien vorliegen.
Diese sind leicht zu verstehen, zu kommentieren und per „diff" zu vergleichen. Außerdem
kommen sie ohne den Systemoverhead aus, der z.B. nötig wäre, wenn man pro Entwickler eine Instanz einer Konfigurationsdatenbank betreiben müsste. Zusätzlich lassen sich
diese Konfigurationsdateien als Text leicht im Versionsverwaltungssystem ablegen.

Hierarchische Properties-Dateien für Ant. Bei der Verwendung von Ant als Buildsystem hat sich die Verwendung von so genannten „Properties"-Dateien bewährt. Ant
unterstützt in `build.xml`-Dateien feste Properties:

```
<property name="propertyname" value="propertyvalue"/>
```

Möglich ist auch die Angabe von Dateien:

```
<property file="build.properties"/>
```

Hierdurch werden alle in der Datei definierten Property-Namen mit den in der Datei
hinterlegten Werten belegt. Falls einem Property-Namen mehrfach ein Wert zugeordnet
wird, übernimmt Ant den Wert der *ersten* Zuordnung[2]. Dieses können wir ausnutzen,
um eine *hierarchische* Konfiguration von Ant zu erlauben. Ausgehend von sehr speziellen
Konfigurationsparametern in benutzer- oder systemspezifischen Konfigurationsdateien
können immer allgemeinere Konfigurationsdateien geladen werden.

Um über die aktuellen Umgebungsvariablen auf Benutzernamen und Rechnernamen
zugreifen zu können, sind folgende zwei Property-Definitionen notwendig:

```
<property environment="env"/>
<property name="env.HOSTNAME" value="${env.COMPUTERNAME}"/>
```

---

außerhalb dem Einflussbereich der Entwickler liegt. Dieses Szenario wird hier nicht weiter betrachtet.
    [2]Dies ist genau umgekehrt zum Verhalten bei Java-Properties-Objekten, bei denen der letzte zuge-
ordnete Wert alle vorher zugeordneten überschreibt.

Durch die erste Zeile erlaubt Ant den Zugriff auf alle Umgebungsvariablen (mit dem
env.-Präfix). Die zweite Zeile stellt sicher, dass auch unter Windows die unter UNIX
definierte Umgebungsvariable HOSTNAME mit einem vernünftigen Wert belegt ist.

Nach der Definition des aktuellen Projektnamens können wir nun - abhängig von
dem verwendeten Benutzer- und Rechnernamen - die hierarchische Konfiguration von
Ant vornehmen, indem wir mehrere Konfigurationsdateien nacheinander in die Master-
Konfigurationsdatei von Ant inkludieren:

```
<property name="name" value="myprojectname"/>
<property file="${user.home}/${name}.${env.HOSTNAME}.build
                                        .properties" />
<property file="${user.home}/${name}.build.properties" />
<property file="${user.home}/build.properties" />
<property file="${basedir}/build.${user.name}_${env.HOSTNAME}
                                        .properties" />
<property file="${basedir}/build.${user.name}.properties" />
<property file="${basedir}/build.${env.HOSTNAME}
                                        .properties" />
<property file="${basedir}/build.properties" />
```

Dabei stört es nicht, wenn einige Dateien davon nicht existieren, solange nur alle
benötigten Konfigurationsparameter gesetzt werden. Der Vorteil dieses Ansatzes ist,
dass alle Konfigurationsdateien ohne Konflikte in die Versionsverwaltung eingecheckt
werden können. Damit können auch bei Refaktorierungen alle Konfigurationsparameter
geändert werden. Zusätzlich wird die Redundanz bei den Build-Konfigurationsdateien
auf ein Minimum reduziert[3].

12.2.1   Besondere Anforderungen

Die Anforderungen an Serveranwendungen liegen häufig deutlich über dem, was sich
mit der einfachen hierarchischen Konfiguration durch Ant erreichen lässt. Zusätzliche
Forderungen sind zum Beispiel:

- Anwendungen sollten möglichst als ein einziges „Paket", d.h. in einer einzigen Datei, auslieferbar sein. Eine Web-Anwendung sollte also z.B. als ein einziges .war-
  File ohne weitere Änderungen auf allen Zielsystemen eingesetzt werden können.

- Die Konfiguration der Anwendung sollte automatisch abhängig vom System (Entwicklung, Integration, Betrieb) sein, auf dem die Anwendung läuft.

- Die Anwendung muss ohne einen Neustart für während des Betriebs zu erwarten-
  de Standardänderungen (zum Beispiel Veränderung des Loglevels einer Klasse)
  umkonfigurierbar sein.

- Konfigurationsänderungen müssen für Administratoren über Logs nachvollziehbar
  sein.

---

[3]Ein vollständiges Ant-Build-Skript für eine kleine Demo-Anwendung findet sich auf der zum Buch
befindlichen Webseite unter www.java-praxis.de

- Konfigurationsänderungen müssen auch über einen Neustart hinweg erhalten bleiben. Anderenfalls würde alleine schon ein Neustart ein korrekt konfiguriertes System in ein fehlerhaft konfiguriertes überführen bzw. ein händisches Nacharbeiten
  der Konfiguration erzwingen.

- Die Konfigurationsänderungen sind gerade in größeren Unternehmen häufig nicht
  durch direkten Zugriff als eingeloggter User am System möglich, sondern nur
  über Standard-Ports möglich, also Port 80 für http und Port 443 für https. Diese
  Notwendigkeit ergibt sich dadurch, dass Web-Anwendungen oft in der DMZ (De-
  Militarisierten Zone) eines Unternehmens laufen, auf die sowohl vom Internet als
  auch vom Intranet des Unternehmens aus nur eingeschränkt zugegriffen werden
  kann.

Diese Anforderungen haben Konsequenzen:

- Alle Konfigurationsdaten für alle beteiligten/benötigten Systeme sollten in der
  Distributionsdatei enthalten sein. Wenn hier Passwörter im Klartext gespeichert
  sind, die nicht für alle Beteiligten bekannt sein dürfen, muss es die Möglichkeit geben, diese erst „auf der Zielmaschine" hinzuzunehmen, ohne die Distributionsdatei
  verändern zu müssen.

- Das Suchen nach Konfigurationsparametern darf nicht nur innerhalb der Distributionsdatei geschehen, sondern muss auch im Dateisystem der Zielmaschine möglich
  sein, etwa um Passwörter zu lesen.

- Wenn lokale Konfigurationsparameter zur Laufzeit geändert werden, sollten diese
  Änderungen mit Datum, Uhrzeit, Benutzername und ggfs. auch IP-Adresse des
  Benutzers protokolliert werden. Hierzu bietet sich eine Log-Datei an.

- Diese Log-Datei sollte nicht nur schreibend, sondern auch lesend genutzt werden
  können. Dadurch kann man „das Log nachfahren" und somit die zur Laufzeit ge-
  machten Änderungen rekonstruieren, was z.B. nach einem Neustart sehr hilfreich
  ist.

- Für die Änderung der Konfigurationsparameter sollte es eine einfache Adminis-
  trationsseite geben.

Auf diese Anforderungen und deren Umsetzung wird nun genauer eingegangen.

12.2.2   Lesen von Konfigurationsparametern

Das Lesen von Konfigurationsdateien aus einer Web-Anwendung heraus macht erstaunlich große Probleme. Nach unserer Erfahrung gibt es nur eine empfehlenswerte Lösung
dafür, wo Konfigurationsdateien abgelegt werden sollten und wie diese einzulesen sind.
Hierzu wird über den aktuellen Classloader die Methode `getResourceAsStream(String
filename)` aufgerufen:

```
InputStream in = Thread.currentThread()
    .getContextClassLoader().getResourceAsStream(filename);
```

Diese Methode erwartet die Dateien dann entweder in einer der jar-Dateien einer Web-
Anwendung unter `WEB-INF/lib` oder im Verzeichnis `WEB-INF/classes`. Um die Dateien

gegebenenfalls auch im Produktionsbetrieb per „Hand" lesen und ggf. ändern zu können, bietet es sich an, alle benötigten Konfigurationsdateien unter `WEB-INF/classes` abzulegen. In JAR-Dateien verpackte Konfigurationsdateien sind nur umständlich zu ändern.

12.2.3 Kontrollierte Initialisierung von Web-Anwendungen

Häufig ist Entwicklern von Web-Anwendungen nicht klar, welche Möglichkeiten es gibt, eine Web-Anwendung nachvollziehbar und zuverlässig zu initialisieren. Dabei ist die Initialisierung sehr wichtig, da es typischerweise Abhängigkeiten zwischen den zu initialisierenden Ressourcen gibt. Z.B. sollte man erst Konfigurationsparameter einlesen, dann einen Connection-Pool für Zugriffe auf eine Datenbank initialisieren und dann erst verschiedene Caches aus der Datenbank über den Pool befüllen.

Die bis zum Servlet 2.2-API wohl gängigste Methode ist gewesen, ein spezielles Servlet zu schreiben, welches nur die Methode

```
public void init(ServletConfig config) throws ServletException
```

überschreibt, um hier alle gewünschten Initialisierungen vornehmen zu können.

Mit der Einführung des Servlet 2.3-APIs macht es jedoch Sinn, die gewünschten Initialisierungen in einem *Filter* vorzunehmen, da Filter vor den Servlets initialisiert werden. Hier ist ein Beispiel für einen `InitFilter`:

```
package com.tngtech.util.webapp.filter;

import javax.servlet.*;
import java.io.IOException;

public class SimpleInitFilter implements Filter {
    public void init(FilterConfig filterConfig)
        throws ServletException
    {
        // Initialisierungs-Code...
    }

    public void doFilter(
        ServletRequest  servletRequest,
        ServletResponse servletResponse,
        FilterChain     filterChain)
        throws IOException, ServletException
    {
        // in case we are called: no nothing
        filterChain.doFilter(servletRequest, servletResponse);
    }

    public void destroy() {}
}
```

Damit der Filter auch wirklich aufgerufen wird, ist noch ein entsprechender Eintrag in
WEB-INF/web.xml der Web-Anwendung vorzunehmen:

```
<web-app>
  <filter>
    <filter-name>InitFilter</filter-name>
    <filter-class>
      com.tngtech.util.webapp.filter.SimpleInitFilter
    </filter-class>
  </filter>
  ...
</web-app>
```

Filtern können genau wie Servlets Initialisierungsparameter mitgegeben werden. Bei
dem Source-Code zu dem Buch ist ein komplexerer InitFilter zu finden, der dieses
ausnutzt.

12.2.4   Dynamische Änderungen über das Preferences-API

Um eine Konfigurationsänderung nicht nur während der Initialisierungsphase einer Applikation, sondern auch „on the fly" während des Betriebs machen zu können, muss man
vorausschauend programmieren. Besonders elegant ist, wenn der Anwendung Konfigurationsänderungen aktiv über ein Listener-Konzept mitgeteilt werden können. Dies ist
z.B. mit dem Preferences-API des JDK 1.4 möglich. Das Preferences-API realisiert eine
Baumstruktur von (Preferences-)„Knoten", an denen die „Blätter", also die eigentlichen
Konfigurationsinformationen, hängen. Die Speicherung der Preferences geschieht von
Betriebssystem zu Betriebssystem unterschiedlich. Unter Windows-Betriebssystemen
werden die Daten in der Registry gespeichert; bei UNIX-artigen Betriebssystemen in
einem speziellen Unterverzeichnis des Dateisystems.

Einfaches Einbinden von Listenern. Die Benutzung des Preferences-APIs ist erstaunlich einfach. An dem Initialisierungs-Code einer einfachen Beispielklasse soll die
Verwendung demonstriert werden:

```
package com.tngtech.serverconfigwebapp;

import org.apache.log4j.Logger;

import java.util.prefs.Preferences;
import java.util.prefs.PreferenceChangeListener;
import java.util.prefs.PreferenceChangeEvent;

public class DemoConfigClass {
    private static final Logger log =
        Logger.getLogger(DemoConfigClass.class);
    private Preferences prefs;
    private String configString;
    private boolean configBoolean;
    private int configInt;
```

```
public DemoConfigClass(Preferences prefs) {
    this.prefs = prefs;

    prefs.addPreferenceChangeListener(
        new PreferenceChangeListener(){
            public void preferenceChange(PreferenceChangeEvent event){
                log.info("preferenceChange - property " +
                    event.getKey() +
                    " changed, starting reinitialization here");
                init();
            }
    });

    init();
}

private void init() {
    configString  = prefs.get(
        "myConfigString", "myConfigStringDefault");
    configBoolean = prefs.getBoolean(
        "myConfigBoolean", true);
    configInt     = prefs.getInt("myConfigInt", 42);
}
}
```

Durch die Verwendung der anonymen Klasse `PreferenceChangeListener(...)` wird automatisch die `init()`-Methode erneut aufgerufen, wenn sich Konfigurationsdaten geändert haben. Für das Ändern gibt es natürlich entsprechende Methoden. Beispiel:

```
preferences.put("myConfigString", "myNewConfigString");
preferences.putInt("myConfigInt", 43);
```

Properties zur einfachen Speicherung von Preferences. Nun ist die Verwendung von der Registry unter Windows oder speziellen Pfaden im Dateisystem weder portabel noch gut in einer dateibasierten Versionsverwaltung zu speichern. Es gibt zwar die Möglichkeit, die aktuellen Preferences als XML-Datei zu im- oder exportieren. Doch nach unserer Meinung ist die Verwendung von normalen Properties-Dateien oft eleganter. Sie sind einfacher aus Teilen zusammensetzbar, leicher kommentierbar und leichter über Versionskontrolle nachvollziehbar.

In Properties-Dateien wird einem gegebenen String ein Wert zugewiesen („key-value pair"). Daher besitzen die Dateien per se keine hierarchische Struktur. Wenn wir jedoch wie bei den Java-Paketnamen zum Beispiel Punkte zur Hierarchisierung einsetzen, also z.B.

```
node.subnode.myConfigString=My config String
node.subnode.myConfigBoolean=false
node.subnode.myConfigInt=43
```

sind wir nicht mehr weit von einer einfachen Lösung, diese einfachen Properties-Dateien auch als Speicherungsform einer Preferences-Implementierung zu nutzen. Dies ist in der Klasse `com.tngtech.util.preferences.PropertyPreferences` im Quellcode zum Buch exemplarisch implementiert.

Aggregation von Properties. Was jetzt noch fehlt, ist die Möglichkeit, aus verschiedenen, sich überlagernden und ergänzenden Quellen je nach Benutzernamen und Rechnernamen die Initialisierungsdaten zusammenzusuchen. Mit der oben beschriebenen `getResourceAsStream()`-Methode, sowie der Suche von Dateien im Home-Verzeichnis des aktuellen Benutzers kommen wir hier recht schnell zum Ziel. Die Idee ist einfach: Man erstelle ein Properties-Objekt, lade zuerst die allgemeinste Konfigurationsdatei (falls vorhanden) aus dem aktuellen Classpath, dann den gleichen Namen aus dem Dateisystem, dann mit etwas spezielleren Werten, bis hin zu ganz speziellen Ressourcen- bzw. Dateinamen, die vom Benutzernamen und der aktuellen IP-Adresse abhängen. Die jeweiligen Properties-Einträge überschreiben sich dabei gegebenenfalls, so dass die jeweils speziellsten Werte zum Schluss übrig bleiben.

Die Implementierung einer solchen Utility-Methode ist wiederum auf der zum Buch gehörigen Webseite zu finden: die Klasse `com.tngtech.util.PropertyUtil` stellt die statische Methode `loadConfig()` zur Verfügung, die diese gewünschte Funktionalität enthält. Die Klasse `PropertyUtil` kann nun für alle möglichen Property-Konfigurationsdateien genutzt werden, um geeignete Konfigurationen zur Verfügung zu stellen. Was jedoch noch nicht von den oben genannten Anforderungen damit realisiert ist, ist die persistente Änderung von Parametern, ohne die Konfigurationsdateien zu verändern. Damit beschäftigen wir uns weiter unten.

12.2.5 Logging mittels Log4j

Log4j ist im Java-Bereich vermutlich das am häufigsten eingesetzte Logging-API. Die Verwendung in eigenen Klassen geschieht üblicherweise nach folgendem Muster: Pro Klasse deklariert man einen eigenen statischen „Logger" als privaten Member. Diese Logger können genutzt werden, um Meldungen von den Log-Leveln DEBUG, INFO, WARN, ERROR und FATAL zu „loggen".

Welche Log-Meldungen überhaupt und wohin geloggt werden, wird durch die Konfiguration von log4j bestimmt. Hier hat man zwischen der Konfiguration mittels eines Properties-Objektes oder einer XML-Datei die Wahl. Wir entscheiden uns meistens für das Properties-Objekt, da wir hier den für Konfigurationsdateien dargestellten Mechanismus gleich wiederverwenden können, um die Log-Konfiguration auf verschiedenen Rechnern unterschiedlich zu konfigurieren. Ein komplexeres Beispiel für die Konfiguration von Log4j mittels dieser Idee ist im Quellcode zu dem Buch in der Klasse `com.tngtech.util.init.InitializeLogging` realisiert.

Zusammenspiel von Servlet-Filtern und Logging. Im Bereich Web-Anwendungen möchte man häufig nicht nur die Log4j-Standarddaten wie Datum/Uhrzeit, Log-Level, Threadname, Klasse und Meldungstext in einem Log haben. Wichtig sind auch andere, dem Web nähere Informationen: der Benutzernamen, die IP-Adresse des Benutzers

und/oder der Browser („User Agent"). Dies ist mit Log4j glücklicherweise leicht mach-
bar. Mit dem bereits schon oben angesprochenem Filter-API ist es ja möglich, jede
Request-Verarbeitung genau mitzubekommen. Dies machen wir uns zunutze, um die
Informationen, die für das Logging zur Verfügung stehen, mittels des „MDC" (*Mapped
Diagnostic Context* von Log4j) zu setzen. Der Filter hierzu sieht wie folgt aus:

```java
package com.tngtech.util.webapp.filter;

import org.apache.log4j.MDC;
import org.apache.log4j.Logger;

import javax.servlet.*;
import javax.servlet.http.HttpServletRequest;
import java.io.IOException;

public class WebLoggingFilter implements Filter {
    private static final Logger log =
        Logger.getLogger(WebLoggingFilter.class);
    public void init(FilterConfig filterConfig)
        throws ServletException
    {
        log.info("init() - called.");
    }

    public void doFilter(
        ServletRequest servletRequest,
        ServletResponse servletResponse,
        FilterChain filterChain)
        throws IOException, ServletException
    {
        if(servletRequest instanceof HttpServletRequest) {
            HttpServletRequest httpRequest =
                (HttpServletRequest) servletRequest;
            String userName = httpRequest.getRemoteUser();
            if (userName == null) {
                userName = "[anonymous]";
            }
            MDC.put("user", userName);

            String browser = httpRequest.getHeader("User-Agent");
            if(browser == null) {
                browser = "[User-Agent not set]";
            }
            MDC.put("browser", browser);
        }

        String ip = servletRequest.getRemoteAddr();
        MDC.put("remoteIP", ip);
```

```
        filterChain.doFilter(servletRequest, servletResponse);

        MDC.remove("user");
        MDC.remove("remoteIP");
        MDC.remove("browser");
    }

    public void destroy() {
        log.info("destroy() - called.");
    }
}
```

Hiermit steht uns jetzt für jeden Logging-Event, der als Web-Request in die Web-Anwendung hineinkommt, der Benutzername, die IP-Adresse des aktuellen Benutzers und dessen Browser zur Verfügung. Diese Informationen lassen sich z.B. mit folgender Log4j-Konfigurationsdatei nutzen:

```
log4j.rootCategory=DEBUG, stdout

log4j.logger.com.tngtech.util.webapp.InitServlet=INFO
log4j.logger.com.tngtech.util.webapp.LogfileServlet=INFO
...

log4j.appender.stdout=org.apache.log4j.ConsoleAppender
log4j.appender.stdout.layout=org.apache.log4j.PatternLayout
log4j.appender.stdout.layout.ConversionPattern=\
    %d{ISO8601} %-4r [%t]user="%X{user}"ip="%X{remoteIP}"
    browser="%X{browser}" %-5p %c %x - %m%n
```

Eine Zeile im Log sieht dann z.B. wie folgt aus:

```
2003-03-24 08:55:14,839 50303 [Thread-6] user="[anonymous]"
ip="127.0.0.1" browser="Mozilla/4.0 (compatible; MSIE 6.0;
Windows NT 5.0; .NET CLR 1.0.3705)"
DEBUG com.tngtech.util.DemoLogger  - demoLoggingText
```

Ein Log für lokale Preferences-Änderungen. Hiermit ist es nun ein Leichtes, ein Log für lokale Preferences-Änderungen anzulegen: Die Klasse `PropertyPreferences` loggt einfach alle Änderungen an Preferences an einen dedizierten Logger `properties.changes.log`, dessen Konfiguration in Log4j wie folgt aussieht:

```
# append local prefs changes
log4j.logger.properties.changes.log=INFO, PreferenceChanges

log4j.appender.PreferenceChanges.layout=
    org.apache.log4j.PatternLayout
log4j.appender.PreferenceChanges.layout.ConversionPattern=\
    %d{ISO8601}%-4r user="%X{user}" ip="%X{remoteIP}"
    browser="%X{browser}"%m\n
log4j.appender.PreferenceChanges=
    org.apache.log4j.RollingFileAppender
```

```
log4j.appender.PreferenceChanges.MaxFileSize=1MB
```

```
log4j.appender.PreferenceChanges.File=\
x:/serverconfigwebapp/temp/logs/PreferencesChanges.log
# Do not truncate the file on reopen.
log4j.appender.PreferenceChanges.Append=true
```

Innerhalb der Klasse **PropertyPreferences** werden nun alle Änderungen (sowie natürlich neue Preferences oder gelöschte Preferences) im Properties-Dateiformat mit Kommentar geloggt:

```
changeslogger.info(
    "\n# change in preferences, old value was: "
    + oldValue + "\n" + prop + "=" + value + "\n");
```

Die Datei PreferencesChanges.log kann nun noch bei der Initialisierung der Property-Preferences-Klasse durch die Klasse `com.tngtech.util.init.InitializePreferences` als letzte Datei mit eingelesen werden. Dadurch werden die Laufzeitänderungen auch nach einem Neustart wieder ins System übernommen. Damit sind die Anforderungen nach Persistenz von Konfigurationsänderungen erfüllt.

12.3 Betrieb

Auf das Ziel eines stabilen und unterbrechungsfreien Betriebs kann durch eine Vielzahl von Maßnahmen hingearbeitet werden. Dazu gehört zum Beispiel die Überwachung von Rechnern und Anwendungen mit Werkzeugen wie Big Brother oder Patrol, was vom Betriebspersonal organisiert wird.

Aus Entwicklersicht sind andere Punkte interessant, durch die man den Betrieb leichter gestalten kann:

- Bei Bedarf muss ausführlich Debugging-Information geloggt werden. Dazu muss der Logging-Level der Anwendung auf einer fein granularen Ebene auch im Betrieb änderbar sein.

- Das Starten und Stoppen der Anwendung soll bemerkt werden, zum Beispiel mit einer Erfolgsmail nach Abschluss der Initialisierung beim Start.

- Beliebiger Java-Code sollte von versierten Administratoren zum „On the fly-Debugging" in der Web-Anwendung eingeb- und ausführbar sein.

Den wichtigen Punkt, dass Konfigurationsänderungen möglichst ohne einen Neustart der Anwendung möglich sein sollen, haben wir ja bereits über den Einsatz von Preferences und Listenern vorbereitet. Es fehlt nur noch eine Oberfläche, um die Änderungen tatsächlich anstoßen zu können. Hierzu haben wir eine generische Webseite `changeprefs.jsp` realisiert, welche im Quelltext zu dem Buch zu finden ist. Wenn das oben dargestellte Schema zur automatischen Rekonfigurierbarkeit verwendet wird, ist man schon fast im grünen Bereich.

12.3.1   Schnelles Logging und Log-Level

Gerade bei der Fehlersuche ist es äußerst hilfreich, wenn auch im Produktionsbetrieb
die Log-Level der verschiedenen Logger beliebig hoch- und heruntergeschaltet werden
können. Dafür ist es natürlich nötig, die Log-Anweisungen auch im Code zu belassen.
Gerade in öfter durchlaufenem Code kommt bei vielen Entwicklern Angst auf, dass die
Abarbeitung der Logging-Anweisungen zu viel Zeit kosten würde, auch wenn die An-
weisungen aufgrund des Log-Levels gefiltert werden und nicht wirklich zu Logeinträgen
führen. Dieses Problem kann man leicht vermeiden, wenn man konsequent bei allen
Logging-Anweisungen, die häufig durchlaufen werden, erst überprüft, ob das Logging
überhaupt eingeschaltet ist:

```
if (log.isDebugEnabled()) {
    log.debug("debugging message..");
}
if (log.isInfoEnabled()) {
    log.info("info message...");
}
```

Das Überprüfen ist eine sehr schnelle Operation, sodass im Vergleich mit auch nur einem
Datenbankzugriff alle Logging-Überprüfungen völlig irrelevant werden.

Auf der anderen Seite ist es sehr wichtig, gute Logs für das Nachvollziehen von Fehlern
zu haben. Wenn Exceptions auftreten, ist es sehr hilfreich zu wissen, aus welcher Quelle
diese kommen. Extra dafür kann man die aufgetretene Exception auch beim Logging
mit übergeben, so dass sie komplett mit Stacktrace geloggt wird:

```
try {
    ...
} catch (Exception e) {
    log.error("got unexpected exception: " + e, e);
    /* anderer Fehlerbehandlungs-Code ...*/
}
```

Man darf nicht vergessen, dass das Logfile die einzig wirkliche Kommunikationsform
zwischen Web-Anwendung und Entwickler darstellt. Je ausführlicher und genauer hierin
alle aufgetretenen Fehler beschrieben sind, umso besser.

Beispielseite zum Ändern der Log-Level. Damit die Log-Level der verschiedenen
Logger auch im Betrieb geändert werden können, ist wie bei den Preferences eine JSP-
Seite sinnvoll. Im Quellcode zum Buch findet sich dafür die JSP-Seite
changeloglevel.jsp.

Mehrfache Error Pages. Bei Fehlern in Webanwendungen reichen auch die erweiterten Informationen Logging-Informationen (Benutzer, Browser, IP-Adresse) nicht wirklich aus, um Probleme mit Formularen, Parametern etc. in Webseiten oder JSP-Seiten
wirklich nachzuvollziehen. Besser sind hier explizite Fehlerseiten, die alle zur Verfügung
stehenden Informationen aufsammeln und mitloggen. Die Fehlerseiten lassen sich automatisch durch den Applikationsserver aufrufen, wenn z.B. Exceptions auftreten oder

Seiten nicht gefunden werden. Dafür muss nur in der Datei WEB-INF/web.xml konfi-
guriert werden, welche Seite bei welchem HTTP-Return-Fehler-Code oder bei welcher
Exception aufgerufen werden soll. Hier ein Beispiel:

```
...
<error-page>
    <error-code>404</error-code>
    <location>/pagenotfounderror.jsp</location>
</error-page>
<error-page>
    <error-code>500</error-code>
    <location>/internalerror.jsp</location>
</error-page>
<error-page>
    <exception-type>javax.servlet.ServletException
        </exception-type>
    <location>/internalerror.jsp</location>
</error-page>
</web-app>
```

Diese Einträge sorgen dafür, dass die Seite pagenotfounderror.jsp immer dann aufgerufen wird, wenn die angeforderte Seite nicht gefunden wurde. Bei internen Serverproble-
men (500) oder ServletExceptions wird die JSP-Seite internalerror.jsp aufgerufen.
Die Implementierung dieser Seite kann dann dazu genutzt werden, alle Requestparame-
ter, Requestdaten, Sessiondaten etc. aufzusammeln und entweder zu loggen oder besser
gleich an die Entwickler der Anwendung per Email zu schicken. Im Code zum Buch ist
dies in der JSP-Seite internalerror.jsp entsprechend realisiert.

12.3.2   Mail

Die Versendung von E-Mails aus einer Anwendung heraus hat sich in der Praxis schon
oft bezahlt gemacht: Bevor sich ein Anwender über eine nicht funktionierende Web-Seite
beschweren kann, oder bevor ein „Backend"-Problem sich wirklich zum Problem entwickelt, können die für den Betrieb Verantwortlichen sofort entsprechende Gegenmaß-
nahmen einleiten. Das Versenden von E-Mails ist von Java aus normalerweise einfach.
Schwierigkeiten machen meistens nur recht strenge Authentifikationsmechanismen zum
SMTP-Server.

Mailen von Fehlern und kritischen Events. Auch hier bietet die Webseite zum
Buch die kleine Klasse com.tngtech.util.mail.SimpleMailer an. Sie kommt mit den
üblichen Authentifizierungsmechanismen in Firmen zum SMTP-Server klar. Es macht
Sinn, diese Klasse möglichst schnell nach dem Server-Start zu initialisieren, um schon
Probleme beim Serverstart selber nicht nur loggen, sondern auch gleich per E-Mail
verschicken zu können. Bei Problemen mit der Konfiguration oder der Umgebung (nicht
laufende Datenbank, nicht laufende Backend-Systeme...) kann dann ohne mühseliges
Durchsuchen der Log-Dateien sofort der komplette Stacktrace des Problems in der Mail
begutachtet werden. Gerade wenn die Produktionsserver abgeschirmt in einer DMZ oder
gar komplett im Intranet stehen, kann man durch die Mail ohne weiteres Nachlesen in
den Logs die Ursache meist schnell erkannt und behoben werden.

Neben dem Versenden von Fehlermeldungen hat sich es in der Praxis auch als sehr vorteilhaft herausgestellt, wesentliche Ereignisse in Form von E-Mails der „Außenwelt" mitzuteilen. Jedes mal, wenn eine Anwendung gestoppt oder neu gestartet wird, wenn das nächtliche Aktualisieren von Daten erfolgreich war, kann es sich lohnen, eine E-Mail mit einigen Statistiken zu verschicken. So wird sichergestellt, dass die betroffenen Personen proaktiv über alle wesentlichen Ereignisse informiert sind und beim Ausbleiben der „Heartbeat"-Emails tätig werden können.

12.3.3   Dynamisches Ausführen von Java-Code

Sowohl während der Entwicklung wie auch beim Betrieb ergibt sich nicht selten die Notwendigkeit, kurzfristig und unerwartet z.B. den Wert von gewissen Informationen darzustellen oder eine Cleanup-Funktion aufzurufen. Dies ist naturgemäß schwierig, wenn man keinen echten Zugriff auf den Produktionsrechner hat oder das Hinzunehmen von neuen JSP-Seiten oder neuen Klassen ohne Betriebsunterbrechung nicht möglich ist. Als Lösung bietet es sich dann an, *dynamisch* Java-Code zu compilieren und auszuführen. Durch zwei Open-Source-Bibliotheken ist dies erstaunlich einfach. Das Projekt *InstantJ* stellt eine Bibliothek zum dynamischen Compilieren von Java-Ausdrücken, und Pizza stellt einen rein in Java geschriebenen (sogar um neue Möglichkeiten erweiterten) Java-Compiler dar. Damit können kleine Abfragen ganz einfach über eine JSP-Seite eingegeben, dynamisch compiliert und ausgeführt werden, ohne dass nur eine Zeile in einer JSP-Seite oder gar einer Klasse geändert werden müsste.

Beispielseite zum Code-Ausführen. Die wesentlichen Zeilen aus der JSP-Seite `execute.jsp` zeigen, wie es geht:

```
String javaExpression = ...
Object expressionresult = "undefined";
try {
    Map propertiesMap = new HashMap();
    propertiesMap.put("application", ServletContext.class);
    propertiesMap.put("session", HttpSession.class);
    propertiesMap.put("request", HttpServletRequest.class);
    propertiesMap.put("response", HttpServletResponse.class);

    Collection imports = new ArrayList();
    imports.add(ServletContext.class.getName());
    imports.add(HttpSession.class.getName());
    imports.add(HttpServletRequest.class.getName());
    imports.add(HttpServletResponse.class.getName());

    Map context = new HashMap();
    context.put("application", application);
    context.put("session", session);
    context.put("request", request);
    context.put("response", response);

    expressionresult = new Expression(
```

```
          javaExpression, propertiesMap,
          imports).getInstance(context).evaluate();
} catch (Exception e) {
    expressionresult = StackTrace.getStackTrace(e);
}
```

Ein kleines Beispiel: Der Ausdruck

```
int j=0; for(int i=0; i < 100; i++) { j+=i;}; j
```

berechnet „mal eben" die Summe der Zahlen von 0 bis 100; das Ergebnis des Ausdruckes ist der Wert der Variablen „j" (also 4950).

Da wir uns im Web-Umfeld bewegen, wurden die JSP-Variablen application, session, request und response mit den dafür notwendigen Imports bereits vorbelegt. Damit kann man gleich Ausdrücke wie `request.getRequestURI()` direkt eingeben, ohne die Klassen voll zu qualifizieren. Dies könnte natürlich auch für andere Objekte aus der Anwendung durchgeführt werden.

12.4   Zusammenfassung

Bei der Entwicklung von serverseitigen Anwendungen ist es mit einfachen Best Practices möglich, eine saubere, nachvollziehbare Konfiguration in der Entwicklung und im Betrieb sicher zu stellen. Durch einfache Konzepte (Logging, Mail, sauberes Exception-Handling) und gute Open-Source-Bibliotheken können Fehler deutlich schneller identifiziert und behoben werden, als es ohne sie der Fall wäre. Kleinere Konfigurationsänderungen können mit Hilfe des Preferences-APIs im Betrieb durchgeführt werden, ohne dass ein Neustart der Anwendung notwendig wäre.

12.5   Links

Ant http://ant.apache.org

Log4j http://jakarta.apache.org/log4j/docs/index.html

Tomcat http://jakarta.apache.org/tomcat/index.html

Preferences-API
    http://java.sun.com/j2se/1.4.1/docs/guide/lang/preferences.html

InstantJ http://sourceforge.net/projects/instantj/

Pizza Compiler http://pizzacompiler.sourceforge.net

12.6   Über die Autoren

Siehe die Beschreibung im Kapitel KGB-Programmierung auf Seite 89.